普通高等学校“十三五”规划教材

财经应用文写作

主　编　胡立和　曹春丽
副主编　董　伟　肖玲君　朱玲君　艾泽银

中国铁道出版社有限公司
CHINA RAILWAY PUBLISHING HOUSE CO., LTD.

内 容 简 介

本书分为九章，首先对财经应用文的概念、特点、写作要求等进行介绍，然后详细分析财经类常用公文、财经管理类、经济类、财经宣传类、财经论文、求职类和日常类等应用文写作的概念、特点、作用、分类、写作格式和写作注意事项。本书特色一是理论介绍和范文展示相结合，学生能够生动形象地理解并掌握写作的基础知识和基本技能；二是精选的应用文范文采用“左文右注”结构，较之传统的教材更加简洁直观；三是具有明显的时代性和先进性。

本书适合作为高校经济管理类各专业的教材和参考书，也可作为在职管理人员继续教育的参考书。

图书在版编目（CIP）数据

财经应用文写作/胡立和，曹春丽主编.—北京：中国铁道出版社，2018.8（2021.1 重印）
普通高等学校“十三五”规划教材
ISBN 978-7-113-24690-7

Ⅰ.①财…　Ⅱ.①胡…②曹…　Ⅲ.①经济-应用文-写作-高等学校-教材　Ⅳ.①H152.3

中国版本图书馆 CIP 数据核字（2018）第 182874 号

书　　名：财经应用文写作
作　　者：胡立和　曹春丽

策　　划：曹莉群　　**编辑部电话：**（010）51873202
责任编辑：刘丽丽　李学敏
封面设计：刘　颖
责任校对：张玉华
责任印制：樊启鹏

出版发行：中国铁道出版社有限公司（100054，北京市西城区右安门西街 8 号）
网　　址：http://www.tdpress.com/51eds/
印　　刷：三河市航远印刷有限公司
版　　次：2018 年 8 月第 1 版　2021 年 1 月第 5 次印刷
开　　本：787 mm×1 092 mm　1/16　**印张：**16.5　**字数：**412 千
书　　号：ISBN 978-7-113-24690-7
定　　价：46.00 元

版权所有　侵权必究

凡购买铁道版图书，如有印制质量问题，请与本社教材图书营销部联系调换。电话：（010）63550836
打击盗版举报电话：（010）63549461

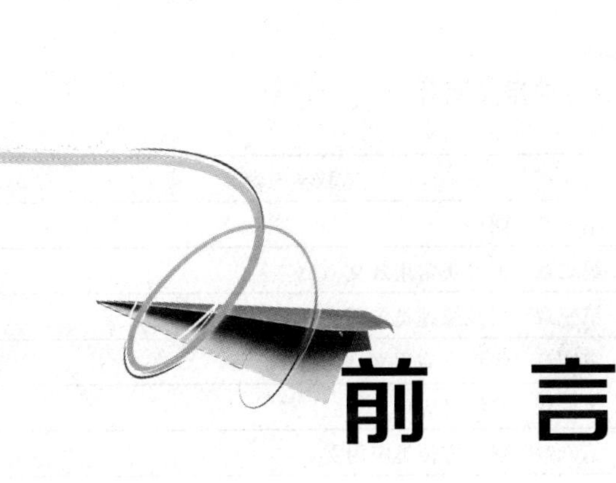

前　言

“财经应用文写作”是经济管理类各专业开设的一门基础课和必修课，旨在培养学生具备基本的应用写作理论知识、较强的专业写作能力和文章分析与处理能力，它具有示范性强、实用性强和操作性强三个方面的突出优点。

随着社会的发展和时代的变化，用人单位越来越看重员工的综合职业素质和应用能力。对于当代大学生而言，熟练地掌握财经应用文的理论知识和应用技能，是成功进入职场不可或缺的重要条件。本课程的教学目的和任务在于，使学生能够受到较系统的财经应用文写作的训练，掌握必要的写作技能技巧，获得较完备的关于财经应用文写作的理论知识，提高专业写作的实际能力，以适应今后学习、生活和工作的需要，并为毕业论文写作做好充分的知识准备。

本书分为九章，分别为：绪论、财经类常用公文、财经管理类应用文、经济类应用文（一）、经济类应用文（二）、财经宣传类应用文、财经论文、求职类应用文、日常类应用文。严格地说，求职类应用文和日常应用文不属于财经应用文的范畴，但它又是所有专业学生都必备的知识和技能，因此将其列入其中。

与传统教材相比，本书有以下三个方面的特色：

第一，本书的编写方式注重培养学生完成工作的能力，没有烦琐的概念描述和深奥的理论分析，而是通过各种应用文的文体知识、写作格式和写作要求的简要介绍，把大量的篇幅用于对财经应用文写作的细节进行深入的分析，并通过例文的示范剖析以及适当的写作训练，使学生把握财经应用文写作的要领和精髓，以便于学生更好地了解财经应用文写作的知识要领和要素结构，旨在使学生更好地掌握财经应用文写作的基本知识、基本方法和基本技能，达到学以致用的教育目的。

第二，采取“左文右注”的编排结构，易教易学易用。多年来的财经应用文教学实践表明，对文体结构的分析，仅靠文字陈述，学生往往难以精准掌握，常常容易在写作中出现结构混乱，以至表述不清的现象。在本教材中，对所有应用文均采取“左文右注”的编排结构，对精选的范文进行结构剖析，简洁直观，易于学习。学生可以在有限的教学时间内准确地掌握财经应用文写作的基本结构，进而使学生在最短的时间写出符合“格式”规范要求的财经应用文。

第三，本书法定公文的内涵、写作格式和写作要求完全依据新的《公文处理工作条例》，具有明显的时代性和先进性。

本书可作为会计学、财务管理、市场营销、营销策划、工商管理、物业管理、物流管理、公共管理、行政管理、工程管理、金融管理等相关专业的教材，也可以作为在职工程技术人员和管理人员继续教育的参考书。

“财经应用文写作”课程一般安排 32 或 48 课时，建议按以下进度进行教学。

教学内容	课时安排
第一章　绪论	4 或 6 课时
第二章　财经类常用公文	6 或 8 课时
第三章　财经管理类应用文	4 或 6 课时
第四章　经济类应用文（一）	4 或 6 课时
第五章　经济类应用文（二）	4 或 6 课时
第六章　财经宣传类应用文	4 或 6 课时
第七章　财经论文	2 或 4 课时
第八章　求职类应用文	2 或 3 课时
第九章　日常类应用文	2 或 3 课时

本书由胡立和、曹春丽任主编，董伟、肖玲君、朱玲君、艾泽银任副主编，具体分工为：胡立和编写第三章；曹春丽编写第二章；董伟编写第一章、第七章；肖玲君编写第四章、第六章；艾泽银编写第五章、第七章；朱玲君编写第八、第九章。全书由胡立和统稿、定稿。

由于编者水平有限、时间仓促，不当和疏漏之处在所难免，恳请批评指正。

编　者

2018 年 5 月

目　录

第一章 绪论

学习目标：

（1）了解应用文写作的概念、特点、作用和分类。

（2）知晓应用文写作的基础知识。

（3）掌握财经应用文写作的具体要求。

应用文是指国家、机关企事业单位、社会团体和个人，在处理公私事务、传播信息和沟通关系时使用的具有一定格式文章的总称。它为解决实际问题，处理实际事务而写，因此在人们的日常生活中具有极其重要的作用。本章主要介绍应用文的特点和应用文的结构、主题、材料、语言的相关基础知识。一篇好文章应该主题深刻、结构完整、语言准确、材料丰富，做到言之有“理”，言之有“序”，言之有“文”，言之有“物”。

第一节 概述

一、财经应用文的概念

应用文是指国家、机关企事业单位、社会团体和个人，在处理公私事务、传播信息和沟通关系时使用的具有一定格式文章的总称。它为解决实际问题，处理实际事务而写，因此也称实用文。财经应用文是应用文的一个分支，是人们在反映财经工作、经济运行状况、传播和沟通财经信息、处埋和解决经济事务所写的应用文。

财经应用文不是供人欣赏、娱乐、陶冶情操的，而是具有实用价值。它主要采用叙述、议论、说明等表达方式，大多具有特定的惯用格式。

二、财经应用文的特点

（一）鲜明的政策性

一切财经业务活动都必须遵循有关的法律、法规和规章制度，而法律、法规和规章制度都是国家机关根据当前国家的方针政策制定的，所以，财经应用文必然具有鲜明的政策性，否则，会给国家的财经经济工作带来难以估量的损失。

（二）内容的真实性

财经应用文的生命是具有真实广泛的内容。它不像文学作品那样可以进行艺术虚构和夸张。应用文所反映的人和事必须是真实的。例如，工作中的成绩与不足正确与错误、经验和教训都要一分为二，实事求是，不能够夸大或缩小，不能歪曲事实，不能够文过饰非。例如，一份起诉书如果材料虚假，就会成为诬告。由此可见，真实性是应用文的显著特征。

（三）表达的程式性

财经应用文一般都有惯用的格式。有的约定俗成，如信封。有的是国家统一规定、要求遵照执行的规范格式，如：公文。应用文在程式上有相对的稳定性，也就是说，在一个相当长的时期内不会有很大的变动。即使有所变动，也会相当缓慢。而文学作品刻意求新，不仅要有新的意境也要有新的形式。因此，程式性是应用文的又一个特点。

（四）目的的实用性

与文学作品具有审美价值不同，财经应用文具有明显实用价值，它的根本目的是解决实际生活中的实际问题。例如：公文是传达政策命令和处理公务的依据；书信、广告用来传递信息；规章制度用来规范人们的行为；合同是双方约定的凭证；调查报告和总结是反映情况和交流经验。因而内容上具有明显的实用性。因此，实用性是应用文区别于其他文体的明显标志。

（五）应用的时效性

时效性包括两方面的含义，一方面是内容的时效性。有的应用文写明生效或执行的日期。例如，法律文书，合同，公文和制度。有的不一定写明生效的时间，但是同样具有很强的时效性，过期无效，例如，工作计划和总结。另一方面，是办文的时效性。应用文是为了解决实际问题而写，所以写作要求及时。例如，急需上传下达的文件，急需解决问题的重大决定等，都要求在时间上给予保证，做到快写、快办、快发，否则延误时机会造成严重后果。

（六）语言的务实性

文学作品以情感人，语言要求生动形象、含蓄委婉；政论文章以理服人，语言要求准确严肃、铿锵有力，有强烈的鼓动性和战斗性。而财经应用文或以理服人，或以法规规章处理各种事务，其语言表达从务实着手，追求朴实、庄重、简明、准确、规范。

三、财经应用文的作用

在现代社会，作为传递信息、交流经验的重要工具，应用文的作用越来越彰显，具体说来，其作用有以下几个方面。

（一）领导指导作用

凡是经过国家机关颁发的法规、文件，都具有严肃性和法律约束力，有发必行。尤其是公文，具有传递和记录国家机关的意图，具有强制力。人们是通过文件来贯彻执行国家的方针政策、法律法规。从这个角度来说，财经应用文对实际生活具有领导指导作用。

（二）宣传教育作用

财经应用文具有宣传教育的作用。如表彰财经战线先进人物的决定与通报，就起了正面教育的作用，而那些揭露财经战线坏人坏事的批评性通报，则有反面教育或警示的作用。另外，财经应用文中的财经新闻，对党和政府的财经政策及时地起着宣传的作用。

（三）沟通联系作用

财经应用文中的请示、报告、通知、通报、函、纪要等文体，起到了将下情上达，将上情下达，或沟通不相隶属的单位之间信息的作用，所以，财经应用文是联络公务、交流经验、传播信息的桥梁和纽带，它可以突破时间与空间的限制，把各地区、各部门、各单位联系起来，编织成庞大的网络，使人们互相配合，加强协作，共同做好各项财经工作。

（四）规范凭证作用

财经应用文具有规范约束作用，这主要表现在财经领域的条例、办法、细则等文体上。这些文体，为我们制定了财经工作的规范，是工作的准绳。而合同、协议等财经文体，对双方当事人则有约束的作用。同时，公文是国家机关运行的最真实的记录，是最权威的依据和凭证，具有凭证和依据作用。

第二节 财经应用文写作的要求

要写好财经应用文，除了掌握应用文的特征外，还必须做到以下几点。

一、加强政治修养，掌握国家的方针政策

财经应用文写作的政策性很强。一定时期的应用文反映了党和国家在这一时期的方针政策，只有加强政治修养，掌握党和国家的方针政策，深刻领会党中央的精神，才能够写出好的应用文。

二、掌握财经应用文写作规律，加强基础训练

认真学习和掌握财经应用写作的基本理论知识，用它来指导总结的实践，可以避免盲目性，增强自觉性，少走弯路。另外，还需要加强基础训练，掌握各种应用文的格式，熟悉其写作要求。

三、深入调查研究，提高观察分析能力

有价值的财经应用文总是调查研究的产物。注重深入社会实际，进行调查研究，才能获得大量的第一手资料。只有对真实的材料刊物进行正确的分析、处理，才能撰写出能反映事实真相、解决实际问题的财经应用文。所以，撰稿者应力争亲自参加调查，避免坐在办公室里凭臆想杜撰出华而不实的财经应用文。

四、加强业务学习，提高专业理论修养

财经应用文写作不能空谈理论，需理论联系实际，否则不能解决实际问题。因此，财经应用文与专业知识之间有密切的关系。如写法律应用文，应具有一定的法律知识；写经济应用文，应懂得相应的经济知识。因此，要写好财经应用文，必须不断增加相应的专业知识，熟悉本行业和本部门的工作规律。尤其法律、经济等类应用文，都与国计民生相关联，如果不精通专业知识，稍有疏忽就会造成不可估量的损失。

五、多读勤写善改，在实训中提高动手能力

“多读”，指多看一些财经应用写作方面的范文。唐朝大诗人杜甫曾说：“读书破万卷，下笔如有神。”阅读《国务院公报》等规范的文件，不仅可以学习、了解国家方针政策，也可学到很多有关研究方法、思维方式和写作技巧方面的知识。

“勤写”，指勤于动笔，勇于实践。只有坚持不懈地努力，才能不断提高应用文写作的水平，成为名副其实的“笔杆子”。

“善改”，指对初稿不厌其烦地修改。由于财经应用文具有宣传、贯彻执行党和国家的方针政策、书面指导，以及凭证和依据等作用，所以，写作财经应用文要具有高度的负责精神和严谨的写作态度。写作中，要字斟句酌；写作后，还要反复修改。避免因一字之差，而谬以千里。所以在财经应用文写作中，无论是格式、证据，还是内容、落款，都应一丝不苟，严肃认真地对待。

总之，提高财经应用文写作能力的重要诀窍，就是反复认真地阅读范文，反复认真地练习写作，反复认真地订正修改。

第三节　财经应用文基础知识

一、财经应用文的主旨

（一）主旨的含义

主旨即主题，是指作者通过文章的全部内容所表现出来的核心思想和主要意图。主旨是事物的客观意义和作者对事物的主观评价在文章中的高度统一。主题的作用表现在：首先，主题决定着材料的取舍和使用；其次，主题统领文章的结构；最后，主题制约着语言的运用。词语的选择、句式的运用、表达方式的运用都受到主题的制约。

（二）财经应用文主旨的含义

财经应用文有其特定的写作意图，或制定计划，或总结经验，或发布指令，或告知事项等。财经应用文的主旨特点是直截了当，而文学作品的主旨则贵在曲折、含蓄、委婉等；财经应用文的主旨往往是单一的，而其他文体的主旨往往追求多元中的统一。如议论文由多个分论点集中为一个总论点，又如有的文学作品的主旨由丰富多彩的宽广视野聚焦为一个闪光点，等等。财经应用文却常常有一文一事之说。一篇应用文只写一件事，主旨就自然是单一的，这是财经应用文处

理财经经济工作、解决问题、提高工作效率的实用性目的所决定的；财经应用文的主旨应符合实际工作的需要，它是从工作实践中来的，它所反映的工作情况应客观真实，提出的建议应在实际工作中行得通、有落实的可能性并能产生实际的效果。而文学作品的主旨却往往要升华为精神的享受。

（三）主旨的要求

(1) 正确：主旨能反映事物的本质，符合客观事物发展的规律，具有科学性，还要有益于时，有补于世。

(2) 鲜明：作者的基本态度、文章的基本思想十分明确，毫不含糊。对问题的认识，对事物的评价，主张什么，反对什么；应该怎样做，不应该怎样做；解决什么问题，达到什么目的，都要旗帜鲜明地表达出来，不能含糊其辞，模棱两可，要用“直笔”。

(3) 深刻：在主旨正确的基础上，要有思想深度，要反映和提示客观事物的深层本质，阐明事物之间的必然联系，具有深刻的思想意义和丰富的内涵。

(4) 专一：一篇财经应用文只能有一个主旨，也就是说，只有一个意图、一个中心，全文围绕这个意图、这个中心，把问题说透。切忌多主旨、多中心。

(5) 严谨：文中提出问题、分析问题、解决问题的思维方式要符合逻辑，符合客观事物的发展规律。也就是说，概念要明确，判断要准确，推理要符合逻辑规律。

(6) 新颖：主旨要有新意，所反映的作者的观点、感受、主张、意见，不落俗套，不拾人牙慧，有自己的独特性，给人以新鲜醒目之感，使人耳目一新。

（四）确立主旨的原则

1. 工作需要和写作目的

动笔之前，首先要考虑作文的具体目的是什么，主题必须符合行文目的，作者在确立主题时要正确理解和深刻领会办公意图。

2. 符合实际，切实可行

确立主题要立足实际，要从个人、本地区、本部门的实际情况出发，只有这样，所作的指示，所提出的意见和办法，所总结的经验，才能有的放矢，才切实可行。

3. 以丰富、真实的材料为基础

必须深入生活，掌握丰富真实的材料，了解全面、真实的情况，才能提炼出正确、深刻的主题。

（五）对应用文主旨的特殊要求

1. 要符合实际工作的需要

这就是说，应用文的主旨要从工作实践中来，主旨要反映客观实际的工作情况。应用文中提出的建议、办法要切实可行，要有实际效果。

2. 要符合政策法规

在具体的工作方面，党有政策、国家有法律法规。应用文的主旨不能与之相悖，因为政策法规都是从实践中来的，都是正确的。当然，随着经济形势的发展，在业务工作中，原有的一些规定不适合新形势，可以写文章研讨。

3. 应用文在表达主旨方面有其独特的表达方式

(1) 一文一事：一篇财经应用文里只讲一件事情。“一事”的实质是为了“一旨”。一文一事作为一种写法，唐宋时期已普遍采用。如宋代规定：群臣奏状，直达事状，若条件不同，应分送所属，而非一宗者，不得同为一状。这样做，既有利于提高办事效率，也有利于主旨的表达。

（2）片言撮要：晋朝文论学家陆机曾说："立片言以居要，乃一篇之警策，虽众辞之有条，必待兹而效绩。"意思是说，写文章要用一两句精练扼要的话概括出文章的要点，揭示出文章的主旨，并且将其放在显要的位置。在财经应用文中，"撮要"的位置大致有两种类型：一是篇首撮要，即撮要出现在文章的开头，开门见山点出主旨。二是段首撮要，即"撮要"出现在段落的开头。

（3）标题现旨：在文章的标题中将主旨体现出来，例如，《××市财政局关于追加乡镇企业管理人员和财会人员培训补助费的通知》一文中的"追加乡镇企业管理人员和财会人员培训补助费"就是主旨。

二、财经应用文的材料

（一）材料的含义

材料，是指作者为完成文章的写作，体现自己的写作意图和目的，从实际工作、学习、生活中搜集到的或写入文章中的一系列事实根据和理论根据，如人物、事件、数据、例证、原因、道理等。它包括经过作者选择提炼后写进具体文章中的材料，以及作者在写作之前搜集积累的原始材料。

材料是写作活动的基础，是构成文章的一个基本要素，应用文写作的过程，就是作者将各式各样的原始材料进行分析、提炼、综合加工的过程。有了切实、充分、具体的材料，构思才有依托，剪裁加工才有对象，写作活动才得以进行。

（二）财经应用文的材料的含义

财经应用文的材料是指来源于财经业务实际工作，并在文章中加以阐述的事实及道理。财经应用文的材料分为事实材料和理论材料两大类。财经应用文的材料要做到忠于生活的真实，即按照实际情况采用原原本本的真实材料，而文学作品的材料可以经过虚构、可以夸张甚至变形，其真实表现为艺术的真实。

（三）怎样搜集财经应用文的材料

搜集应用文的材料可以有以下几种方法。

1. 通过自身实际业务工作搜集

社会的经济活动每天都在发生着、进行着，新的情况、新的问题层出不穷，实际业务工作中有很多有用的材料，只要我们留心，就可以搜集到。自己在实际工作中得到的材料，称为第一手材料，往往是别人未曾注意或不了解的实况，往往是别人未曾触及或无从知道的真情，所以这类材料最有价值，十分重要，在搜集时要尽量做到细致、准确。

2. 通过调查访问搜集

通过向知情人、有经验的人询问以了解真实情况，获得材料。通过综合运用观察、体验、查询、阅读等手段，采用开座谈会、个别访问、现场了解、蹲点调查、问卷调查等方法有目的、有计划地采集第一手和第二手材料。

3. 通过文献资料搜集

就是从各种文献、音像资料中获取材料。通过广泛的阅读，可以掌握大量的知识与信息，从而进行比较、分析、归纳，提炼出正确的决策或论题。可以通过报刊剪贴、复印、录音、录像和网络等手段来获取资料。

(1) 剪辑：就是把报纸上的材料，根据自己的需要剪贴起来，要随剪随贴，并且分门别类，为了便于装订，剪贴用纸应质地较好、规格相同。对于被剪贴的材料要在空白处标明出处（报纸名称及年、月、日、第几版）装订时要加封面、编目录。用这种剪辑方法收集资料比较快、灵活方便，而且简单，易于归类。

(2) 复印：对于那些急用的、重要的、常用的材料可以复印，完整地掌握在自己手中。

(3) 录音、录像：就是采用录音机，摄像机，手机等搜集材料。

(4) 网络下载：网络等现代科技手段给我们搜集材料提供很好的帮助。它是当今最便利、最普遍的搜集材料的方法。通过计算机网络，可以在很短时间内比较容易地调用所需材料，而且收集保存也极为方便。

（四）怎样选择财经应用文的材料

材料可以搜集很多，但不能全部写进文章，要经过挑选。

(1) 选择最能说明文章主旨的材料。材料的取舍，取决于文章的主旨，能说明主旨的则取，与主旨无关或说服力不强的则弃。例如，要写一份说明某银行贷款使用情况的调查报告，与此无关的企业环境绿化、消防安全等情况是不需要写的。

(2) 选择有普遍性的个性材料，也就是典型材料。某个时期，在某个地方会出现某种普遍的经济现象或经济上的整体性倾向，对全社会的经济活动会产生较大的影响，这就是需要注意和重视的，这些典型材料，应及时写文章反映出来。

(3) 选择真实、准确的材料。真实的材料，是指在财经活动中真实发生或存在的事物，包括时间、人物、地点，也包括问题、数据、政策、法令等。准确，是指所选择的材料要反复核实、查对，保证确凿无误，不能添枝加叶，不能想当然，更不能随意编造，特别是数据，更要十分留心。

(4) 选择新颖的材料。文章要出新意，要避免雷同，就要注意选用新颖的材料，有新意的文章，读者们看了就会有新感觉，文章就有发表的价值。一是新近发生的别人未曾使用过的、鲜为人知的材料，如新人、新事，新方针、政策，新的统计数字、新成果、新发生的问题等；二是虽为人知却因变换角度而具有新意的材料。

（五）怎样使用财经应用文的材料

选好材料之后，要正确使用，应注意：

1. 量体裁衣，决定取舍

所谓取舍，针对的是一些法规性、指令性文书，多数材料只是作为写作的依据，不进入正文，虽然通过了挑选，但实际写作过程中还是要舍的。“量体裁衣”，是根据文章体裁不同，对选定的材料进行不同的剪裁加工。

2. 主次分明，详略得当

使用材料时，能直接说明和表现主题的，应置于主要核心地位；配合或间接说明、表现主题的，应置于次要地位，两者是“红花”与“绿叶”的关系。骨干核心材料，要注意详尽；过渡材料、交代性材料，要相应从略；读者感到生疏或难以把握的材料应详，读者所了解或容易接受的材料可从略。

3. 条理清晰，排好顺序

对已选定的材料，应根据事物发展的过程、人们的认识规律或材料之间的逻辑关系排好顺序，将各种不同类型的材料合理搭配，有条不紊地写出来。

大多数应用文，是选择若干材料，从不同角度、不同层次，阐明主题。写作过程中，将同类型的材料结合使用，可以优势互补，提高整体表达效果。常用的结合方式有：理论材料与事实材料结合；具体材料与概括材料结合；文字材料与数字材料结合。

（六）主旨与材料的关系

主旨与材料必须统一。主旨是应用文的灵魂，是材料的“统帅”，材料是应用文的血肉，是主旨的依托和基础。材料形成主旨，而主旨支配材料的选择、使用和安排。主旨要靠材料来支持，材料要为表现主旨服务。二者相互依存，相互制约。

1. 材料是形成或提炼主旨的基础

正确的主旨不是作者冥思苦想出来的，而是从客观实际出发，大量而详细地占有材料，并通过科学的分析提炼出来的。

2. 主旨是选择运用材料的统帅

主旨是从大量的材料中提炼出来的，但表达主旨时，不能不加选择地把所有的材料全都用上，必须加以筛选，筛选的标准则是主旨的需要。

病例

病例原文（节选）	分析（提示）
全国电子琴产品大量积压 据有关部门调查，风行一时的电子琴已处于滞销的状态。电子琴曾被广大音乐爱好者所喜欢，它发出的声音悦耳动听，工作之余弹上一曲，会使人心旷神怡。现在全国商业部门却积压电子琴达 200 万台，占压资金 2 亿元。仅某市电子系统的 4 个企业就压货 1.7 万台。这实在是个浪费，与当前资金紧缩的政策是相违背的，应引起我们的高度重视。行家分析，电子琴滞销的主要原因是： 一、产大于销。目前全国电子琴生产企业有 2 万多个，年产 300 万台，而市场需求量仅为 100 万台。 二、消费面窄。购买者主要集中在一些大城市，一般都是为了培育下一代成人买来娱乐的较少。 三、宣传不力。对电子琴的宣传没有做到家喻户晓、人人皆知，特别是农村，有人还不知道电子琴是什么。 四、质量低劣。电子琴的质量普遍不好，信誉差，返修率高，销售服务跟不上。 因此，我们应大力开展对电子琴的宣传，让电子琴进入千家万户，这样既打开销路，也能丰富群众的业余生活。	文章的材料是为主旨服务的。有时，我们手头的材料又长又杂，都把它们写入文章就会引起不必要的混乱，我们完全可以将材料大量删去，把全文精简成一短文。

【修改稿】

全国电子琴产品大量积压

据有关部门调查，现在全国商业部门积压电子琴达200万台，占压资金2亿元。仅某市电子系统的4个企业就压货1.7万台，应引起我们的高度重视。行家分析，电子琴滞销的主要原因是：

一、产大于销。目前全国电子琴生产企业有2万多个，年产300万台，而市场需求量仅为100万台。

二、消费面窄。购买者主要集中在一些大城市，一般都是为了培育下一代，成人买来娱乐的较少。

三、宣传不力。对电子琴的宣传没有做到家喻户晓、人人皆知，特别是农村，有人还不知道电子琴是什么。

四、质量低劣。电子琴的质量普遍不好，信誉差，返修率高，销售服务跟不上。

三、财经应用文的结构

（一）结构的概念

结构即文章的内部构造，是如何运用材料以表现主题的组织安排，它是作者的思路在文章中的反映，其实质是一个如何认识和反映客观事物的问题。文章的结构包括两个方面：表现为思维形式的称为逻辑结构，表现为语言形式的称为篇章结构。

（二）财经应用文结构的基本内容

1. 标题

（1）大标题：直接或间接揭示主题，点明文章主要内容、暗示文章体裁，是文章标题的主要形式。

（2）副题：补充正题的不足，或指出文章内容的范围，或补充交代事实，或点明主题的来源、依据等。

（3）小标题：是篇幅较长的文章中的每一小部分的标题。它同大标题是纲与目的关系，有着不可分割的内在联系。

2. 开头与结尾

（1）开头。

俗话说万事开头难，大多数人认为写文章开头是最难的事情。应用文的开头要求开门见山、直接了当。由于文种不同，文章的内容不同，文章的开头方式也不同。但是，无论使用哪一种开头方式，必须做到两点：一要紧扣主题，二要吸引读者。常用的开头方式有：应用文的开头方法有目的式、起因式、根据式、提问式、引语式。

① 目的式开头。这种开头方式就先交代行文的目的。常用“为”“为了”等表示目的的词语。

② 根据式开头。文章一开始说明行文的依据。常用“根据”“遵照”等词语。

③ 起因式开头。这种开头方式就先交代行文的缘由。常用“鉴于”“由于”“因为”等表示原因的词语。

④ 提问式开头。文章一开始就提出一些问题，引起读者的思考，吊住读者的胃口。

⑤ 引语式开头。一开头就先引用文件或者领导指示中的一句话。

(2) 结尾。

结尾也非常重要，好的结尾会给读者留下深刻的印象。应用文的文种内容不同，其结尾的方式也不同。无论采用何种方式结尾，应用文的结尾要求简洁明了，干净利落。应用文的结尾方式有总结式、号召式、规范式、说明式等。

① 总结式。总结式，是依据正文的中心内容，进行概括总结，得出结论，点明主旨，以加深人们对文章的印象。这多用于总结、调查报告、通报等。

② 号召式。号召式，是在结尾处发出号召，号召人们行动起来去落实文中所提出的要求和任务。这多用于总结、决定、纪要等。

③ 说明式。说明式，主要是对主体部分的未尽事宜作一些补充说明，或者对与内容有关的问题做一些必要交代。这多用于公告、通报、通告、规章制度等。如“本通告自公布之日起生效”“这个通知精神，适用于政府机关和事业单位”之类的结尾语句，都是对有关事项的补充说明。

④ 规范式。惯用式多用于公文的结尾。其中包括上行文中的祈请式，如“妥否，请审查批示”“以上意见，如无不妥，请批转各地执行”等带有祈请意思的语句，作为公文的结束语；还有下行文中期望式，如“特此公告”“希遵照执行”“希参照执行”等带有期望意思的惯用语句作结尾。

这些开头与结尾的方法各有其优点和长处，要根据不同的写作目的采用不同的方法。

3. 层次与段落

(1) 层次。

层次是结构诸环节中最重要的一环。结构的完整性和严密性，主要通过层次安排得以实现。层次又称“部分”“大段”“逻辑段”等，是小于篇、大于段（有时也可以等于段）的结构单位。在公文中，它可以像篇和段一样，有明确的外部标志，如章程、条例等法规类公文，由“总则、第一章、第二章……附则”来构成，清晰地显现出层次来。它也可以没有明确的外部标志，但人们在阅读时，仍然能够区分出来，因为不同层次承担着文章内容展开的不同步骤。

财经应用文的层次安排，有三种基本形态：一种是总分式，一种是递进式。一种是并列式。

① 总分式：有三种形式：分—总；总—分；总—分—总。一般来说，计划，总结等，开头通常是总述或总论，它自成一个层次。主体部分的各层或分述或分论。

② 递进式：如果是从事物的表象逐步深入去探索其本质，每一个深化的阶段就形成一个层次，各层次之间就是递进形态。从原因出发推导结果，或者反过来从结果出发寻找原因，也会有步步深入的过程，也是递进形态。另外，文章在偏重于记述事件或过程时，按照事实发生的先后顺序表述，事件的阶段性也必然会形成层次，各层之间也属于递进形态。

③ 并列式：层次与层次之间不是总分关系，也不是递进关系，而是相互并列，对事物几个不同侧面的考察，对事件发生的几种不同原因的分析，对法规中不同条文的陈述等等，都将形成相互并列的关系。

(2) 段落。

段落就是我们平时所说的自然段，它是小于层次（有时也会有一个段落自成一个层次的情况）大于句子的结构单位。段落的划分使文章的结构更明晰、醒目。相对于层次的安排，段落的划分比较容易一些，只需注意以下三点：

首先，保持段意的单一性。一篇文章只能办理一件事务，只能有一个中心话题，只能有一个中心思想。一个层次也是如此，对于一个段落而言，当然要遵循相同的原则。除过渡段承上启下，内容可以不单一外，意义段都不应违背这一原则。

其次，注意段意的完整性。只有单一性还不够，如果一段话的意思没有表达完整就结尾，读者不知所云，也是结构的严重失误。

其三，段落安排要长短适度。段落多长才合适？这并没有统一的标准。但是，如果一段文字有七八百字还不分段，读者就很难把握作者的思路和内容的步骤了。相反，段落都只有一两行文字，读者也难以接受。一般说来，长到三四百字，短到三四十字，都是比较合适的长度，特殊情况可以例外。

4. 过渡与照应

(1) 过渡。过渡解决层次与层次、段落与段落之间的衔接，起承上启下的作用。应用文的过渡方式有四种：一是以词语过渡，如“总之”“由此可见”“综上所述”“但是”“相反”等；二是用总结上文、提示下文、设问句等表承上启下的句子过渡；三是用一个相对独立的自然段来承转过渡。

(2) 照应。行文中的有意反复和强调、时时瞻前顾后等。总之，前边预伏，后必照应。常见的有：首尾照应、伏笔照应、正文与标题的照应。

（三）财经应用文的基本结构形态

结构形态，即文章在外形上表现出来的整体规格式样。财经应用文的基本结构形态，归纳起来大致有如下五种。

1. 篇段合一式

这是指一篇文章的正文部分仅有一个自然段。它主要出现在行政公文中的某些文种之中，如发布法规性文件的通知、转发和批转文件的通知以及命令（令）、批复、公函等。之所以出现这种结构形态，完全是由财经应用文的特点及其主旨所决定的。将有关的问题一气呵成说清楚，既直观又快捷，有利于节约阅读时间，提高办事效率。

2. 总分式

总分式，是指一篇文章由两部分以上的内容组成，或先总述再分述；或先分述再总述；或先总述再分述最后再总述，这种结构形态在财经应用文中的使用比较普遍。

3. 条法体例式

它可从两个方面去理解：一是一般文章的分条列项式，二是法规、规章类文件的内在条法式。

(1) 分条列项式。财经应用文重在实用，为了写作、阅读、记忆、引用的方便，多将重大、复杂的内容，按其性质分成若干条项予以表述，每一条项还冠以序数，如一、二、三、四等。它的结构形式或是前言加分条列项，或是分条列项到底。这种形式在财经应用文中运用十分普遍。例如：写报告，先综述报告的根据、目的、前一段的工作情况，接下来再分条列项分析其具体内容；写通知，先写根据什么，为了什么，接下来用一过渡词语如“现将有关事项通知如下”，然后将内容分条列项进行书写等。内容较多的文章，大多采用这种形式。

(2) 内在条法式。这种结构形式专用于法规规章类文件。法规、规章类文件的结构形式基本上有三种，即章则条文式、前言条文式、条文到底式。这只是法规性文件章法结构的外部表现形式，但有关法规性文件的内容，如目的、依据、适用范围、对象、管理机关、实施条款、奖惩办法、解释权限、生效日期及与其他有关法规性文件的关系等内容，前后安排的顺序是递进式而不是并列式的。也就是说，这些内容只能按固有的顺序安排，而不能颠倒，这和一般文章的分条列项式有本质的区别。

4. 事理进层式

事理进层式是指以事物或某种经济现象为脉络而阐明一定道理或观点的一种结构形态，它主要出现在财经论文之中。这种结构形态的核心在于“论理”，在于“进层”。

5. 形象感染式

形象感染式是指以形象感染读者的一种结构形态。它往往用鲜明生动的形象，富有文艺色彩的语言吸引读者或观众，主要运用在财经宣传文体的某些文种之中，如商品广告、财经公关文书等。

（四）财经应用文的结构与文学作品结构的区别

财经应用文的结构框架较平直和简明，多是单线条的，也就是说，在财经应用文中应按事物自然的、正常的顺序来编排文章。一篇文章可分为几个部分，每个部分可分为几个层次，每个层次可分为几个自然段，都要按读者容易理解的顺序来安排，而不能让读者觉得头绪纷繁不清。这是因为写财经应用文的目的是处理财经经济工作、解决财经经济问题的、是为了提高工作效率。而文学作品则不同，它的结构框架往往曲折多姿、起伏变化，很多作品是双线条或多线条的结构。为了讲究故事情节波澜起伏，引人入胜，文学作品须在结构上刻意安排、故布疑阵、设置悬念、埋下伏笔、倒叙插叙、环环相扣等，所谓“文似看山不喜平”“神龙见首不见尾”。

范例

原文（节选）	提示
××市物价局关于地铁二号线路运价费率的复函 ×价函〔2012〕87号 ××市地铁有限责任公司： 你公司《关于地铁二号线路旅客列车票价的函》(×铁函〔2012〕47号)收悉。经研究，现函复如下： 地铁二号线路是我市重点建设的项目，曾得到全市社会各界广泛的关心与支持。按照铁路运价管理的相关规定，运价费率标准为 0.3086 元/(人·千米)，经核算全程票价约为15元。 为更好地服务于本市市民的出行，提高地铁运营效率，地铁二号线路在运营初期实行优惠费率，现暂定标准为0.18元/(人·千米)，地铁票价起价为2元，全程票价为10元。今后可根据客运市场和运营成本等情况作适时调整，待报批后正式实施。 请你公司会同有关运营单位公布线路各站级票价，并做好宣传解释工作。 特此函复 ××市物价局 2012年9月25日	题目点明文章主要内容和文种。 第一段引述来文，以惯用语“现函复如下”引出答复内容。 这篇复函段落层次清楚，对运价费率的缘由、定价标准等问题层层道来，结构严谨、完整。

四、财经应用文的语言

财经应用文具有实用性、真实性、程式性、特定性、时效性、政策性就决定了它在语言方面与文学作品有很大的区别，要提高应用文的写作水平就必须掌握应用文语言与文学语言的区别，以及其语言特点和要求。

（一）财经应用文语言使用的特点

1. 有一套固定的习惯用语

开端用语，用来表示行文的目的、依据、原因等，例如：根据、按照、遵照、值此、为了，等等。

引叙用语，用来引叙对方的来文，例如：顷接、前接、近接、现接、收悉、蒙，等等。

称谓用语：本（公司）、我（行）、贵（单位），等等。

经办用语，用来说明公务的处理，例如：经、现经、业经、提请、送达、知照、酌情、责成、办妥、参照执行，等等。

批转用语，例如：转发、批转、下发、批示、审批，等等。

期望、请求用语，例如：请、希、望、拟请、恳请、务求、尚希、见谅，为荷，等等。

意见用语，例如：同意、原则同意、务必、准予，等等。

总结用语，例如：据此、鉴于、总之、综上所述，等等。

征询用语，例如：当否、妥否、可否、如无不当、如无不妥，等等。

时限用语，例如：从速、当即、定期、如期、逾期、届时、亟待，等等。

谦虚、感谢用语，例如：承蒙（协助、支持、关照）、不胜感激、不胜荣幸，等等。

结尾用语，例如：特此（通知、通告、报告）、当否请（批发、批示），等等。

2. 有一定的专业术语

应用写作有很强的专业性，自然要涉及大量的专业术语，例如，在经济类应用写作中要涉及金融、财政、税务、外贸、商业等部门的业务专业术语。以金融部门为例，它的专业术语有头寸、银根、结算、承兑、背书、汇率、利率等，在写作中要学习掌握。

3. 常用简缩句和重点后置的修辞手法

在财经应用文写作中，经常使用一种高度简化紧缩的句式。如“四项基本原则”“三定一奖”之类。这种修辞方式，不同于一般的简称，如“北京大学”简称“北大”，这是简称，是在全称的基础上简化。而“简缩”则是在原来句式基础上的重新概括，这种概括往往以数字标示之。例如：

北大校长王恩哥上任时，向学生提出的十句话，就运用了简缩句：

第一句话，结交“两个朋友”：一个是图书馆，一个是运动场。到运动场锻炼身体，强健体魄。到图书馆博览群书，不断的“充电”“蓄电”“放电”。

第二句话，培养“两种功夫”：一个是本分，一个是本事。做人靠本分，做事靠本事。靠“两本”起家靠得住。

第三句话，乐于吃“两样东西”：一个是吃亏，一个是吃苦。做人不怕吃亏，做事不怕吃苦。吃亏是福，吃苦是福。

第四句话，具备“两种力量”：一种是思想的力量，一种是利剑的力量。思想的力量往往战胜利剑的力量，这是拿破仑的名言。一个人的思想走多远，他就有可能走多远。

第五句话，追求“两个一致”：一个是兴趣与事业一致，一个是爱情与婚姻一致。兴趣与事业一致，就能使你的潜力最大限度地得以发挥。恩格斯说，婚姻要以爱情为基础。没有爱情的婚姻是不道德的婚姻，也不会是牢固的婚姻。

第六句话，插上“两个翅膀”：一个叫理想，一个叫毅力。如果一个人有了这“两个翅膀”，他就能飞得高，飞得远。

第七句话，构建“两个支柱”：一个是科学，一个是人文。

第八句话，配备两个“保健医生”：一个叫运动，一个叫乐观。运动使你生理健康，乐观使你心理健康。日行万步路，夜读十页书。

第九句话，记住“两个秘诀”：健康的秘诀在早上，成功的秘诀在晚上。爱因斯坦说过：人的差异产生于业余时间。业余时间能成就一个人，也能毁灭一个人。

第十句话，追求“两个极致”：一个是把自身的潜力发挥到极致，一个是把自己的寿命健康延长到极致。

这十句话都使用了简缩句，但简缩的方法不同。四、五、九、十句是词语简缩式。一、二、三、六、七、八句是句义简缩式。总之，简缩使用得当，可以使语言简明，意思高度概括，读者容易记住，但要反对滥用。

重点后置是汉语修辞中的手法之一，它在语序表达上将重点之意落在后面。这种手法在应用写作中经常被用到。例如“事出有因，查无实据，”重点在“查无实据，”如果这句话是“查无实据，事出有因”，那么重点就在“事出有因”。又如：清代的曾国藩与太平军打仗总是吃败仗，他在一份给皇帝的奏折中说他自己“屡战屡败”，重点在“屡败”，他的一位师爷看了之后给他改写为“屡败屡战”，重点在“屡战”，皇帝阅后认为曾国藩是死心塌地为朝廷卖命，就不会惩办曾国藩了。行文中遇到这类问题，应该根据实际情况，正确运用这一修辞手法，更巧妙地反映出所要反映的问题。

（二）财经应用文语言的要求

1. *准确*

准确，就是要正确地、恰当无误地表达出所要表达的内容，用词用语含义清楚，概念恰当明确，不产生歧义，不引起误会，无溢美之词，无隐恶之嫌。

要做到语言准确，必须要把握词语的分寸感和合适度。特别是要区分同义词、近义词在适用范围、词义轻重、搭配功能、语体雅俗、词性差别等方面的细微差别。

要做到语言准确，还要注意语意鲜明，不能模棱两可，含糊其辞，以免产生歧义，延误工作。如“大致尚可”“有关部门”“条件许可时”“事出有因，查无实据”等表达含糊的词应谨慎使用。

2. *简明*

简明，指文字的简洁、明白，用较少的文字清楚表达较多、较丰富的内容，要“有话则长，无话则短”。要做到简明，首先要精简文意，压缩篇幅，突出主干，把无关或关系不大的内容删去。其次要反复锤炼，提高概括能力，杜绝堆砌修饰语，适当使用缩略语，如“五讲四美”等。第三，要推敲词语，锤炼句子，一句话就能说明白的决不用两句话，一个词能概括清楚的决不用两个词。恰当地运用成语、文言词语等，也有助于语言的简明。第四，要注意用词通俗，不用生僻晦涩的字句。应该指出的是，“简”要得当，不能苟简，要以不妨碍内容的表达为前提，绝不能为简而生造词语、乱缩略、滥用文言，不能让人不明白或产生歧义，引起误解。

3. 平实

财经应用文是为解决财经工作中的问题而写的，它的语言重在实用。一个字、一句话，往往至关重要。为了便于读者理解，应用文语言应力求平实。行文时多用平直的叙述，恰当的议论，简洁明了的说明。比如公文，它具有行政约束力和法定的权威性，因此，用语必须朴素、切实，不能浮华失实，不能乱用形容词或俚俗口语。

财经应用写作要求用语平实，但平实不等于平淡。我国历史上保留下来的许多文章既是应用文，同时又是文学佳作。

4. 得体

财经应用文实用性强，讲究得体，一方面要适合特定的文体。按文体要求遣词造句，保持该文体的语言特色。如公文宜庄重，调查报告须平实，学术论文应严谨，社交文书需较浓的感情色彩，广告就常用模糊的语言，使用说明书则需具体实在，商业交际文书要委婉，合同书则要精确等。另一方面要考虑作者自己的身份、阅读的对象、约稿的单位、行文的目的、甚至与客观环境的和谐一致，恰如其分。比如需要登报或张贴的，语言要通俗易懂；需要宣读或广播的，语言应简明流畅、便于朗读；书信的写作，要根据远近亲疏、尊卑长幼的关系使用相应的语言；公文的写作要根据不同文种和行文关系而使用相应的语言，否则就不得体。如：请示公文，用语要谦虚，讲究礼貌，结尾多用“望”“请、给予指示”以表示下级对上级的尊重。切勿用“必须”“如此”之类词语。总之，作者应针对性地运用得体的语言取得最佳的表达效果。

（三）财经应用文语言的主要表达方式

表达方式，即古人所称的“笔法”，今人称之为表达手法、表现方法。

人们写文章的表达方式通常有五种，即叙述、议论、说明、描写、抒情。由于受应用文书的文体特点和写作目的的制约，应用文书语言的表达方式主要为说明、叙述和议论。本节介绍财经应用文语言的主要表达方式：叙述、说明和议论。

1. 叙述

所谓叙述，是有次序地叙说、介绍人物的经历、言行或事物发展变化过程的表达方式。完整的叙述包括时间、地点、人物、事件、原因、结果六要素。在财经应用文写作中是最基本、最常用的表达方式。

财经应用文写作中叙述的人称，有第一人称（“我”“我们”）和第三人称（“他”“他们”）。使用第一人称“我”“我们”系指作者本人，或作者所代表的群体、单位，如书信、请示、报告、总结等文体的写作，多用第一人称。有时，为简要起见，常使用无主句。有的财经应用文体，如新闻报道、简介、调查报告、会议纪要，为表明作者立场客观、公正，传播的信息真实、可信，常采用第三人称写作。财经应用文中的叙述方式有顺叙、倒叙、插叙、分叙等。财经应用文中记叙事件的发展过程，介绍单位的基本情况，一般都是按顺叙，即时间先后为序来叙述。其原因在于，财经应用文重在实用，不求委婉、曲折，故多采用直接的笔法叙事、说理。倒叙、插叙、分叙等用得较少，只在通讯、消息、调查报告的写作中才用得上。

财经应用文中的叙述要力求真实、准确，不带主观感情色彩；线索清晰，表述完整；以概述为主，尽可能用概括的语言说出其前因后果、来龙去脉，使读者了解其梗概。

2. 说明

所谓说明，是用简明扼要的文字，对客观事物或事理的状态、性质、特点、功能、成因、关系、功用等属性，加以客观的解释和介绍的表达方式。财经应用文的说明常与议论、叙述结合使用。

说明在财经应用文中使用广泛，如解说词、广告词、说明书、简介等文体，主要是用说明的方法来写的。其他文体如经济文书、科技文书、诉讼文书、行政公文等，也常常借助说明的方法解释事理，剖析事理。

说明的方法多种多样，在使用过程中应注意：定义说明要求“被定义者”和“定义者”外延相等，用语简明准确，具有科学性，不能用否定形式，避免“同义反复”；解释说明要求抓住要领，言简意明；分类说明注意根据写作意图选择恰当的分类角度，再次分类只能依据一个标准，各类的总和要等于被分类的事物；比较说明运用时要求用来作比的事物与被比物要相似，有明确的相比点，尽量用人们熟悉的事物作比；举例说明要求事例典型能给人以深刻的印象，举例应扼要，只需概述介绍，不必具体铺叙；引用说明要求引文要有针对性，要贴切，所引资料要认真核实，使之准确可靠；数字说明要求数字准确无误，每个数据都要有来源；图表说明要求选择图表要有代表性和针对性，表格的设计要合理，使人一目了然。

3. 议论

所谓议论，是作者对某件事情或某个问题进行分析、推理、评论，表明自己的立场、观点、意见的一种表达方式。它主要特点是证明性，即通过摆事实、讲道理，或证明自己观点的正确，或驳斥对方观点的错误。议论是由论点、论据、论证构成。常用的议论的方法有例证、引证、对比、因果、喻证。

在财经应用文写作中，议论经常使用。调查报告、总结、通报等文体，经常在叙述事实、说明情况的基础上，表明对人物、事件、问题的评价。指示、决议、会议纪要等公文，也常用议论来阐明党和国家的方针、政策，让下级机关和群众理解和执行。

财经应用写作中的议论，与一般议论文中的议论有明显的区别。一般议论文中，议论是最主要的表现方法，贯穿全文始终，论点、论据、论证三要素齐备。而在财经应用文写作中，最主要的表达方式是叙述和说明，议论居于从属的地位，一般只是在叙述、说明的基础上进行。另外，财经应用文的议论，一般也不需要作长篇大论，不需作复杂的多层次的逻辑推理，也不一定具备论点、论据、论证这样一个完整的议论过程，而只是在需要分析论证的地方，采取夹叙夹议的方法，或采取三言两语的方式，点到即止，不作深入论证。

运用议论要注意，一要庄重，对任何事物的评价要实事求是，以理示人，以理服人。二要明快，要直截了当地阐明观点，不拐弯抹角，不回避矛盾。

（四）财经应用文中数字形象化的方法

应用写作中常常引用数字，财经应用写作尤其是这样。而数字要依靠文字来说明，有时数字过大或过小，人们不容易感知，在应用文中，对于不容易感知或需要特别强调的数字，可采用一些方法，以加强表达效果。

(1) 比较法，调查报告《两毫钱精神》，一文中指出两毫钱很少，用“过滤布边缘抽出来的一根一尺长的线”与之比较，说明少。

(2) 排列法，调查报告《滞销纽扣，加班生产为什么》为说明积压的 106 万箩纽扣，采用排列法："如果铺在南京路上，可以从外滩直铺到静安寺再打 394 个来回。"

(3) 计时法，例如，为说明 1 光年有多远，可以这样说，若世界上最快的飞机可以达到每小时 11 260 km 的时速，那么，飞越 1 光年的距离需要用 95 848 年。

(4) 供用法，如《故宫简史》中说明朝万历三十七年（1600 年）重修两大殿，仅采木一项，就费银九百三十万两，约合当时八百万贫苦农民全年口粮所需银两。

（五）财经应用文语言与文学语言的比较

财经应用文写作的目的是处理工作、解决问题，因而它的语言强调实用。而文学写作目的在追求文学艺术的美感和娱乐，因而强调语言运用的风格各异。

财经应用文写作的语言要求客观纪实，不能感情用事，不能夸大和掩饰。而文学写作的语言贵在以情感人，喜怒哀乐，应能感染读者，或因同情而挥泪，或因憎恨而发怒，不一而足。

财经应用文写作的语言要直接明快，为了提高工作效率，不能绕圈子，不能隐晦曲折，让人难以领会。而文学语言追求意境美和艺术性，常常是含蓄的、隐喻的，"弦外之音"和"言外之意"往往给想象与回味留下美好的空间。

财经应用文写作的语言还要严密，所谓严密是指：第一，语言表达没有漏洞，意思表达完整，不让人钻空子。第二，掌握好分寸，不说过头话。第三，语言表达不能含糊不清，使读者无法理解，而文学语言为了达到艺术效果，可采用夸张、联想、变异、跳跃等手法，无拘无束，挥洒自如。

课后练习

一、单项选择题

1. 表述数量增加时，如果用"增加到"，则指（　　）。

A. 增加后的总数　B. 净增数　　C. 原数　　D. 余数

2. 下面这条信息的主旨是（　　）。

按照收入的来源，可支配收入包括工资性收入、经营净收入、财产净收入和转移净收入。国家统计局数据显示，2018 年上半年，全国居民人均工资性收入 8 091 元，增长 8.8%，占可支配收入的比重为 57.5%。

A. 工资性收入是居民增收主要来源

B. 工资性收入是居民增收唯一来源

C. 工资性收入增长速度过快

D. 居民经营性收入下降

E. 居民增收来源较多

3. 下列句子中用词无误的一句是（　　）。

A. 请你明天在家里等候，我会按时光临的

B. 你们的服务质量不错，下次我一定惠顾

C. 星期天我登门拜访你，你可以在家恭候

D. 我们一定提供最好的服务，欢迎各位光临

E. 你对老师一定要不耻下问

二、判断题

1. 财经应用文的表达方式主要是议论。(　　)

2. 数字的书写有时应该用阿拉伯数字，有时应该用汉字。请判断下面写法的对错，错的请予以改正。

（1）二十世纪九十年代（　　　　）　（2）二十多万千米（　　　　）

（3）二00四年财务计划（　　　　）　（4）上午八点三十分（　　　　）

（5）“十五”规划（　　　　）　（6）5省1市（　　　　）

（7）“12.9”运动（　　　　）　（8）第2产业（　　　　）

（9）五六米长（　　　　）　（10）4、5天（　　　　）

（11）16、7岁（　　　　）　（12）2个学生（　　　　）

三、分析题

（一）下面是某篇总结中的两段文字，一段是初稿，另一段是修改稿，请你将二者进行比较，并说明修改稿好在哪里。

〔原稿〕

改革开放20多年以来，我县教育事业发展很快。不但办起了多所中小学，还办起了中专、技校和大学；在校学生人数已占全县人口的25%，专职教师逾2000。还聘请了不少有实践经验的兼职教师。全县乡级以上的领导干部和科技人员中，80%是本县的学校培养出来的。

〔修改稿〕

改革开放20多年以来，我县教育事业蓬勃发展。1978年以前全县仅有一所中学、十几所小学，现在已有小学635所，普通中学40所，中专技校10所，高等学校4所；各级各类在校学生已达23万人，专职教师共2300多人；适龄儿童入学率达96%，全县2000年已普及初等教育；幼儿教育、特殊教育、成人教育也都有较大发展。

（二）阅读下面一则通知，分析它在结构、语言等方面与文学作品的区别。

财政部国家发展改革委

关于取消和免收进出口环节有关行政事业性收费的通知

财综〔2012〕71号

海关总署、国家质量监督检验检疫总局，各省、自治区、直辖市财政厅(局)、发展改革委、物价局，新疆生产建设兵团财务局、发展改革委：

为落实《国务院办公厅关于促进外贸稳定增长的若干意见》(国办发〔2012〕49号)的要求，现就取消和免收进出口环节有关行政事业性收费事项通知如下：

一、自2012年10月1日起，取消海关监管手续费。

二、自2012年10月1日起至2012年12月31日，对所有出入境货物、运输工具、集装箱及其他法定检验检疫物免收出入境检验检疫费（不包括对出入境人员预防接种和体检收取的费用，以及企事业单位承担与出入境检验检疫有关的商业性自愿委托检测和鉴定、出入境检疫处理、动物免疫接种工作收取的费用）。

三、取消和免收上述行政事业性收费后，中央财政将统筹安排相关部门的经费预算，保证其正常履行职责。

四、有关执收部门和单位要到国家发展改革委办理《收费许可证》注销手续，并到财政部办理票据缴销手续。有关行政事业性收费的清欠收入，按照财政部规定渠道全额上缴国库。

五、各地区和有关部门要严格执行本通知规定，对取消和免收的行政事业性收费，不得以任何理由拖延或者拒绝执行，不得以其他名目或者转为经营服务性收费方式变相继续收费。各级财政、价格主管部门要加强对落实本通知情况的监督检查，对不按规定取消或免收相关收费的，按有关规定给予处罚，并追究责任人员的行政责任。

财政部

国家发展改革委

2012 年 9 月 18 日

第二章 财经类常用公文

学习目标：

（1）了解公文的内涵，掌握公文写作的基础知识。

（2）知晓公文写作的常识。

（3）掌握公文写作的格式基本和具体要求。

（4）能写作和修改公文。

本章介绍公文的概念、种类、作用、特点和基本格式。其中通知、通报、报告、请示、批复、函、纪要等文种是我们财经经济活动中常用的公文类应用文。掌握不同的文种各自的文体知识和写作要求，以便为财经经济工作服务。

第一节 概　　述

一、公文的概念

关于现行公文的概念，有广义和狭义之分，广义的公文是一切公务文书的简称，它指党政机关、社会团体和企业事业单位为了处理公务而形成的文字材料。狭义的公文专指党政机关公文。2012 年《党政机关公文处理工作条例》规定："党政机关公文是党政机关实施领导、履行职能、处理公务的具有特定效力和规范体式的文书，是传达贯彻党和国家方针政策，公布法规和规章，指导、布置和商洽工作，请示和答复问题，报告、通报和交流情况等的重要工具。"本章所讲的公文，指狭义的公文。

为统一党政机关公文处理工作，2012 年 4 月 16 日中共中央办公厅、国务院办公厅联合印发了《党政机关公文处理工作条例》，其中第八章附则部分，第四十二条明确规定该条例自 2012 年 7 月 1 日起施行，同时 1996 年 5 月 3 日中共中央办公厅发布的《中国共产党机关公文处理条例》和 2000 年 8 月 24 日国务院发布的《国家行政机关公文处理办法》停止执行。

二、公文的特点

公文在长期的使用过程中，逐渐形成了自身鲜明的特点，其主要表现为以下几个方面。

（一）法定的写作主体

公文的写作主体，必须是法定党政机关及其代表人。而非法定机关及个人则无权制发。所谓法定的写作主体，是指依法成立，并能以法定的名义行使职权和承担义务的组织，它可以体现为该组织的领导人，也可体现为经领导人授权的其他人。在公文的具体写作过程中，公文文稿一般是由职能部门的文秘人员执笔撰写。但这种写作更多地体现为代单位立言、代领导人立言的“遵命式”写作，写作主体显然不能完全按照自己的意图和思维自由行文，而是只能依照单位或领导的意图，忠实、准确地将领导决策的依据、目的、原因、指导方针、实施意见等准确地传达出来。而公文文本最终还得由法定的写作主体按照法定程序发布。

（二）实用性

公文是为了解决实际生活中的问题和矛盾而制作的，或者颁布法规，或者交流经验，或者商洽事务，公文最终是为现实服务的。

（三）权威性

公文是法定的党政机关或代表人在法定的范围内行使职权而制发的文本形式，尤其是涉及政策法规的指挥性下行公文，代表着党政机关的意志与权威，一经公布生效，便具有法定的强制执行效力，下级机关必须遵照实施。

（四）时效性

任何机关的公文，其执行效力都有明确的时间限度。不同的公文，由于内容和用途的不同，时效也长短不一。例如，涉及一些琐碎的日常工作处理的公文，其行文的时效性往往很短；而涉及一些需进行长效管理工作的公文，则具有比较长的时效性。因此，发文单位应该按照具体工作的性质与作用，及时制发公文，收文单位也应按照公文所规定的时限，及时办理相关事项。否则必然会影响公文的现实执行。

（五）规范性

规范性一方面是指公文有法定的格式。为了适应现代化管理工作的需要，体现公文处理的规范化、制度化与科学化的要求，提高公文处理的效率，《党政机关公文处理工作条例》第三章明确规定了公文格式的具体内容，不仅详细说明了一份完整的行政公文应当具备的各个要素，同时也对各个要素的具体写法作出了明确的说明。公文文本格式的法定规范，可使发文单位对公文文本的把握与撰写变得较为简便，能够在尽可能短的时间内及时行文；同时也有助于收文单位对公文文本内涵作准确感知，并及时化为现实执行效应。另一方面是指公文具有法定的制办程序。法定的制办程序涉及行文规则、公文拟制、公文办理及公文管理等多个方面。例如，公文拟制中包括起草、审核、签发等程序，公文办理中则包括收文办理、发文办理和整理归档等程序。从公文的制发到最终的办理完毕及整理归档，都必须严格地按照法定程序的工作流程认真处理，从而有效地避免公文处理中的草率现象，提高公文的实际效用。

三、公文的作用

工具性是公文的本质属性。具体而言，公文最主要的作用大致有以下几个方面。

（一）领导和指导作用

公文中的下行文，或用来传达贯彻党和政府的方针政策，或对相关重要事项或重大活动作出具体安排，或对下级机关的请示事项作出答复，或对重要问题提出见解与处理办法，这种决策与安排，都将成为下级党政机关开展各项公务活动的重要依据和行动指针，并对各项工作的开展与深入起到直接领导或指导的作用。

（二）依据和凭证作用

公文既是受文机关办理公务的依据，又是衡量公务活动是否正确的重要凭证。即使是已经办理完毕的公文，作为党政机关公务活动的真实记录与历史凭证，在相当时期内仍有参考备查的价值。公文处理中的立卷、归档、保存的制度，正是考虑到了其所具有的凭证作用。

（三）协调和沟通作用

公文是联系与协调各机关工作的桥梁与纽带，也是各级党政机关之间相互沟通的重要工具。无论是何种性质的行文，无非是上情下达，下情上达，或是同级机关、不相隶属机关之间的平等商洽，其最终目的是实现上下级之间、各部门之间的协调与沟通，从而使上下左右信息畅通，使各项公务活动和管理工作正常有序地开展。

（四）规范和准绳作用

公文是传达贯彻党和政府的方针政策。发布行政法规和规章，施行党政措施的重要形式，我国的各类法律文件和行政法规、规章，大多是以公文的形式发布的。这些公文，对各级党政机关公务活动的组织与开展，起着规范与准绳的作用。党政机关公务活动与管理工作的制度化与科学化，在相当程度上有赖于各种法定公文的规范。

（五）宣传和教育作用

公文向人们进行宣传和教育，提高人们的认识，统一人们的思想。虽然公文与书籍、报纸上的教育类文章不同，但是也有一定的宣传教育功能，特别是一些重大政策性和纲领性的文件，例如通知、决定、公告、通告等文件的宣传教育作用十分明显。

四、公文的种类

公文种类是以其不同的作用、不同的特点和不同的行文关系加以区分的，它反映了发文机关不同的行文目的与行文权限。根据不同的标准，公文种类的划分也有各种不同的方法。

按适用对象来划分，现行公文的种类共有 15 种。

(1) 决议：适用于会议讨论通过的重大决策事项。

(2) 决定：适用于对重要事项作出决策和部署、奖惩有关单位和人员、变更或者撤销下级机关不适当的决定事项。

(3) 命令（令）：适用于公布行政法规和规章、宣布施行重大强制性措施、批准授予和晋升衔级、嘉奖有关单位和人员。

(4) 公报：适用于公布重要决定或者重大事项。

(5) 公告：适用于向国内外宣布重要事项或者法定事项。

(6) 通告：适用于在一定范围内公布应当遵守或者周知的事项。

(7) 意见：适用于对重要问题提出见解和处理办法。

(8) 通知：适用于发布、传达要求下级机关执行和有关单位周知或者执行的事项，批转、转发公文。

(9) 通报：适用于表彰先进、批评错误、传达重要精神和告知重要情况。

(10) 报告：适用于向上级机关汇报工作、反映情况，回复上级机关的询问。

（11）请示：适用于向上级机关请求指示、批准。

（12）批复：适用于答复下级机关请示事项。

（13）议案：适用于各级人民政府按照法律程序向同级人民代表大会或者人民代表大会常务委员会提请审议事项。

（14）函：适用于不相隶属机关之间商洽工作、询问和答复问题、请求批准和答复审批事项。

（15）纪要：适用于记载会议主要情况和议定事项。

按行文方向划分：可分为上行文、下行文和平行文三种。上行文是下级机关向具有行政隶属关系的上级机关及指导机关所呈送的公文，如报告、请示；下行文是上级机关向其所属的下级机关所下发的公文，如决议、决定、命令（令）、通知、通报、批复等；平行文是同一组织系统的同级机关之间或不相隶属机关之间的行文，如议案、函。有的公文的行文方向具有多样性，应根据其不同的行文关系，体现不同的行文职能，如意见。

按秘密等级划分：可分为绝密、机密、秘密及普通公文四类。

按办理的时限要求来划分：可以分为特急件、急件和平件。

按使用范围来划分：可以分为通用公文和专用公文。通用公文指各级党政机关、军队、人民团体、企事业单位普遍使用的文件，例如通知、通报、请示、报告等。专用公文指一些专门部门在一定的业务范围内使用的公文，具有很强的专业性。例如，经济文书，法律文书，科技文书等。

另外还可按公文的来源等角度进行划分。总之，按照不同的分类标准，可以划分为不同的类别，帮助我们从各个不同的角度去认识、了解公文，从而掌握公文的规律。

五、公文的写作

公文的格式，又称“程式”或“体式”，主要包括公文文本结构的构成要素、各要素在文面上的排列顺序、标识规则、用纸要求等多个方面。《党政机关公文处理工作条例》第三章第九条规定：公文一般由份号、密级和保密期限、紧急程度、发文机关标志、发文字号、签发人、标题、主送机关、正文、附件说明、发文机关署名、成文日期、印章、附注、附件、抄送机关、印发机关和印发日期、页码等组成。由上述组成要素所构成的完整的公文，在文面的排列顺序上又可分为版头（或称文头）、主体（或称正文）及版记（或称文尾）三部分。2012 年 6 月 29 日，国家质量监督检验检疫总局、国家标准化管理委员会发布了《党政机关公文格式》国家标准（GB／T 9704—2012），按照《党政机关公文处理工作条例》的有关规定，并结合多年来党政机关公文格式的实际应用，对公文用纸、印刷装订、格式要素、式样等作出了具体规定。

（一）版头部分

公文的版头是指首页红色分隔线以上的部分，一般由公文的份号、密级和保密期限、紧急程度、发文机关标志、发文字号、签发人等要素构成。

1. 份号

公文的份号是将同一文稿印制若干份时每份公文的顺序编号。编定份号的目的是为了准确掌握公文的印制份数和分发的范围及对象，以便收发登记和控制管理。《党政机关公文处理工作条例》中明确规定，“涉密公文应当标注份号”。根据《党政机关公文格式》的具体规定，编制份号一般用 6 位 3 号阿拉伯数字，并顶格编排在版心左上角第 1 行。如 000001。

2. 密级和保密期限

公文的秘密等级简称密级。某些公文内容涉及党和国家的机密，必须在一定时期内人为地限制阅读的范围，只有那些职务、职责相当的人员才有资格阅读带有密级的公文，这就需要对公文划定密级。现行党政公文，应当根据其涉密的程度，分别标注“绝密”“机密”“秘密”。保密期限是对公文密级的时效加以规定的一种说明。秘密等级和保密期限用 3 号黑体字顶格编排在版心左上角第二行，保密期限中的数字用 3 号阿拉伯黑体字数字标注。

3. 紧急程度

紧急程度是公文传送和办理时限的要求，标明紧急程度可以确保有关公文在规定的时间内迅速办理，常见的有“特急”“加急”两种。电报应当根据具体情况分别标注“特急”“加急”“平急”。

党政公文如需同时标注份号、密级和保密期限、紧急程度，则按照份号、密级和保密期限、紧急程度的顺序自上而下分行排列。

4. 发文机关标识

由发文机关全称或规范化的简称之后加“文件”二字组成。联合行文时，发文机关标志可以并用联合发文机关名称，也可以单独用主办机关名称。如需同时标注联署发文机关名称，一般应当将主办机关名称排列在前；如有“文件”二字，应当置于发文机关名称右侧，以联署发文机关名称为准上下居中排布。发文机关标识使用 2 号小标宋体字，红色标识。

党的机关与同级的行政机关、军队机关、人民团体联合行文，通常按照党、政、军、群的顺序排列。不管联合行文的机关有多少，都必须保证首页显示正文。

5. 发文字号

发文字号是由发文机关编制的文件代号，以便于公文的收发、统计和查询。发文字号由发文机关代字、年份与发文顺序号三个要素组成。如“湘政发〔2013〕10 号”，表明其为湖南省人民政府 2013 年下发的第 10 号公文。其中“湘政”是湖南省人民政府的机关代字，“〔2013〕”是年度号，“10”是发文顺序号。联合行文，只用主办机关的发文字号。发文字号编排在发文机关标志下空二行位置，居中排布。年份、发文顺序号用阿拉伯数字标注；年份应标全称，用六角括号“〔〕”括入；发文顺序号不加“第”字，不编虚位（即 1 不编为 01），在阿拉伯数字后加“号”字。上行文的发文字号居左空一字编排，与最后一个签发人姓名处在同一行。在实际行文中，命令（令）一般只在公文标题正下方标注流水号，如“第 × × 号”。有些向全社会公开发布的公文，如通告、公告等，也可省略发文字号。发文字号用 3 号仿宋体字。

6. 签发人

公文的签发是指发文机关的负责人在公文的正本上签名，以证实公文的发文效用。《党政机关公文处理工作条例》规定：“上行文应当标注签发人姓名。”公文应当经本机关负责人审批签发。重要公文和上行文由机关主要负责人签发。党委、政府的办公厅（室）根据党委、政府授权制发的公文，由受权机关主要负责人签发或者按照有关规定签发。签发人签发公文，应当签署意见、姓名和完整日期；圈阅或者签名的，视为同意。涉及数个发文机关权限的联合行文，应做好会签工作，一般由主办机关的负责人首先签署，协办单位负责人依次会签。《党政机关公文格式》则具体规定：在实际行文中。签发一般由“签发人”三字加全角冒号和签发人姓名组成，居右空一字。编排在发文机关标志下空二行位置。“签发人”三字用 3 号仿宋体字。签发人姓名用 3 号楷体字。如有多个签发人，签发人姓名按照发文机关的排列顺序从左到右、自上而下依次均匀编排，一般每行排两个姓名，回行时与上一行第一个签发人姓名对齐。

7. 版头中的分隔线

发文字号之下 4 mm 处居中印一条与版心等宽的红色分隔线。

（二）主体部分

主体部分是公文结构的核心部分，主要由标题、主送机关、正文、附件说明、发文机关署名、成文日期、印章、附注、附件等要素构成。

1．标题

标题即完整的公文标题，一般由发文机关名称、事由、文种三大要素构成。公文标题应当准确简要地概括公文的主要内容，原则上应当体现标题现旨的原则。标题中的“发文机关名称”，一般要用全称，特殊情况也可用惯用简称，如几个发文机关就某一事项的联合行文，即可用惯用简称。标题中的“事由”，一般用介词“关于”和表达中心内容的动宾词组或偏正词组组成介词结构，引出事由涉及的范围或包含的内容，有时甚至还有提示的作用，以引起受文单位的关注和重视。但如果是批转、转发、印发内容的公文，标题中一般省略介词“关于”。某些公文，如命令（令）、公告、通告、纪要等，因为用少量文字难于准确概括公文的主要内容，一般可以省略“事由”部分。某些用于张贴、登报时使用的公文，如通知、通告等，也可直接以文种为标题。

公文标题一般用 2 号小标宋体字，编排于红色分隔线下空 2 行位置，分 1 行或多行居中排布；如标题过长需回行时，要做到词意完整，排列对称，长短适宜，间距恰当。标题排列应当使用梯形或菱形。

2．主送机关

主送机关即公文的主要受理机关，也就是需要对发文事项有所周知或负有具体办理职责的相关机关，又称受文机关或收文机关。在具体行文中，主送机关应当按照行政隶属关系和职权范围、公文的内容和工作的实际需要的原则加以确定。普发性下行公文。如命令（令）、决定、通知等文种，一般可以出现多个主送机关，并用这些主送机关的规范化简称；特指性上行公文，如报告、请示，原则上只有一个主送机关，应当使用机关全称。实际行文中，当主送机关种类、数量较多时，一般按系统和级别分开，在同一系统内的单位之间用顿号表示并列，在不同系统之间用逗号点开表示并列。另外，《党政机关公文格式》还规定：“如主送机关名称过多导致公文首页不能显示正文时。应当将主送机关名称移至版记。”

3．正文

正文是公文的主体与核心。一般可分为“开头”“主体”和“结尾”三部分。“开头”要根据公文的内容、目的、行文对象等，采用不同的方式，常见的有“目的式”“根据式”“情况式”等开头方式。“主体”是公文最主要的部分，总的撰写要求是叙事清楚准确、重点突出、简洁明快。其结构形式更多地考虑文体的特殊性与表达内容的需要，有时即便是同属一个文种，由于其表现内容、作用的不同，其结构形式也有很大的差异性，不同的内容必须由不同的形式负载。“结尾”也应根据公文的文种、表达内容、行文关系的不同而有所区别。此处暂不作具体介绍，待下面各节介绍专门文体时再作详细讲析。

4．附件说明

附件是附属于正文、随文附发的文件材料，其主要作用是对正文内容作补充说明，附件一般为与所发公文相关的文字材料、报表等。党政公文如有附件。下空一行左空二字编排“附件”二字，后标全角冒号和附件名称。如有多个附件，使用阿拉伯数字标注附件顺序号（如“附件：1．××××××”），附件名称后不加标点符号。附件名称较长需回行时，应当与上一行附件名称的首字对齐。

5. 发文机关署名

一般署发文机关全称或规范化简称。

6. 成文日期

成文日期一般以发文机关负责人的签发日期为准；凡属会议讨论通过的事项，以会议通过的期为准；联合行文，以最后签发机关负责人的签发日期为准。公文的成文日期与生效的日期，一般是同步的。但某些重要的法规性文件，除成文日期之外，需另行规定具体生效或开始实施的时间。成文日期用阿拉伯数字将年、月、日标全，年份应标全称，月、日不编虚位（即 1 不编为 01）。

7. 印章

印章是公文生效与取信的凭证。公文中有发文机关署名的，应当加盖发文机关印章，并与署名机关相符。有特定发文机关标志的普发性公文和电报可以不加盖印章。

单一机关行文时，一般在成文日期之上、以成文日期为准居中编排发文机关署名，印章端正、居中下压发文机关署名和成文日期，使发文机关署名和成文日期居印章中心偏下位置，印章顶端应当上距正文（或附件说明）一行之内。

联合行文时，一般将各发文机关署名按照发文机关顺序整齐排列在相应位置，并将印章一一对应，印章应端正、居中下压发文机关署名和成文日期。印章之间排列整齐、互不相交或相切，每排印章两端不得超出版心，首排印章顶端应当上距正文（或附件说明）一行之内。

有特定发文机关标志的普发性公文和电报，可以不加盖印章。单一机关行文时，在正文（或附件说明）下空一行右空二字编排发文机关署名。在发文机关署名下一行编排成文日期，首字比发文机关署名首字右移二字，如成文日期长于发文机关署名，应当使成文日期右空二字编排，并相应增加发文机关署名右空字数。联合行文时，应当先编排主办机关署名，其余发文机关署名依次向下编排。某些特殊公文，如命令（令），可以加盖签发人签名章，并标注签发人职务。

8. 附注

附注是对公文所涉及的名词术语、印发传达范围、使甩方法等的说明，一如“此件发至县团级”“此件可自行翻印”等。公文如有附注，居左空二字加圆括号编排在成文日期下一行。

（三）版记部分

一般由抄送机关、印发机关和印发时间、页码等组成。

1. 抄送机关

抄送机关是指除主送机关以外需要执行或知晓公文的其他机关。根据《党政机关公文处理工作条例》的规定：向上级机关行文，可以根据需要同时抄送相关上级机关和同级机关，但不抄送下级机关；受双重领导的机关向一个上级机关行文，必要时抄送另一上级机关。向下级机关行文，根据需要可抄送相关机关。重要行文应当同时抄送发文机关的直接上级机关；上级机关向受双重领导的下级机关行文，必要时抄送该下级机关的另一个上级机关。

如有抄送机关，一般用 4 号仿宋体字，在印发机关和印发日期之上一行、左右各空一字编排。“抄送”二字后加全角冒号和抄送机关名称，回行时与冒号后的首字对齐，最后一个抄送机关名称后标句号。

如需把主送机关移至版记，除将“抄送”二字改为“主送”外，编排方法同抄送机关。既有主送机关又有抄送机关时，应当将主送机关置于抄送机关之上一行，之间不加分隔线。

2. 印发机关和印发时间

印发机关是印制公文主管部门，印发时间是公文的付印时间。印发机关和印发日期一般用 4

号仿宋体字，编排在末条分隔线之上，印发机关左空一字，印发日期右空一字，用阿拉伯数字将年、月、日标全，年份应标全称，月、日不编虚位，后加“印发”二字。

3. 页码

页码一般用 4 号半角宋体阿拉伯数字，编排在公文版心下边缘之下，数字左右各放一条一字线；一字线上距版心下边缘 7 mm。单页码居右空一字，双页码居左空一字。公文的版记页前有空白页的，空白页和版记页均不编排页码。公文的附件与正文一起装订时，页码应当连续编排。

下行文首页格式

000001

秘密★1 年

特　急

××××××文件

×××〔2018〕10 号

×××关于××××工作的通知

各省、自治区、直辖市人民政府，国务院各部委、各直属机构：

（正文）……………………………………………………………………………………
……………………………………………………………………………………………
……………………………………………………………………………………………
……………………………………………………………………………………………
……………………………………………………………………………………………
………………………

……………………………………………………………………………………
……………………………………………………………………………………………
……………………………………………………………………………………………
………………………

…………………………

上行文首页格式

机　密★3 年

特　急

××××××文件

×××〔2018〕10 号　　　　签发人：×××

关于××××××工作的请示

××××××：

（正文）……………………………………………………………………………………

……
……
……………………………
……
……
……
……
……
……………………………

公文末页格式

（此页无正文）

附件：1．×××××××

2．×××××××××××

×××

2018年6月1日

（公章）

注释：1．××　×××××××

2．××××　×××××××××

抄送：××××，×××，×××××，××××。

××××　××××　2018年6月1日印发

第二节　通　　知

一、通知的概念

通知是指适用于发布、传达要求下级机关执行和有关单位周知或者执行的事项，批转、转发公文的公务文书。

二、通知的作用

（1）传达要求下级机关执行和需要有关单位周知或办理的事项。上级机关可以用通知的形式向下级机关布置工作，安排任务，阐明原则，并指明具体的执行办法，有些通知中所涉及的决定事项．也需适时让有关单位知晓或共同执行。

（2）发布规章。法规性文件由有关部门制定并经相关法定程序通过之后，大多可用通知的形式予以发布。

（3）批转下级机关的公文，转发上级机关和不相隶属机关的公文。这是因为某些下级机关的公文所揭示的问题具有代表性和普遍性，所提出的解决问题的办法对本系统的其他单位的相关工作具有参考意义，因此，上级机关可以根据实际工作的需要加上批语转发至所辖的相关单位；有些上级机关、不相隶属机关的公文对所属单位或部门的工作具有不同程度的指导意义，为了充分发挥这些公文的指导作用，可用转发性通知将其发至所属机关。批转、转发一是可以有效地扩大受文的范围；二是可以通过批转或转发有针对性地明确具体的要求，从而使公文文本的价值在最大限度上得以释放与实现。

三、通知的特点

（一）适用范围广泛

通知文种对发文机关无行政级别限制，因此上至党和政府的最高行政机关，下至基层单位，都可以用通知行文，其适用范围相当宽泛。

（二）行文灵活简便

在实际行文中，通知的用途广泛，它不受发文机关行政级别的限制，也不受发文内容轻重的限制，且较少受行文方向的限制，因此在具体写作中可以根据实际的表达需要，灵活安排内容和结构，文本篇幅可长可短，内容可简可繁，具有相当大的灵活性。

（三）行文时效性强

通知一般都是涉及需要立即办理或执行的事项，因此非常强调行文的时效性。尤其是某些“重要通知”与“紧急通知”，发文机关应及时行文，而受文机关应严格按照文本中所提出的要求，及时办理或执行。错过了最佳的发文时间或办理执行的时间，都有可能使公文的文本价值无从实现。

四、通知的分类

（一）会议通知

召开比较重要的会议，不宜用电话或其他形式通知可提前向所属有关单位或个人发会议通知。会议通知要求写明会议的时间、地点、参加人员、会议名称、内容、接待工作等内容。

（二）任免通知

上级机关任免下级机关或部门的干部、人员，或公布上级机关有关任免事项的通知。

（三）发布性通知

将本机关的法规、制度、措施、办法和要求等的文件发给下级的通知。发布性通知，可分为颁发、发布、印发三种，一般而言，公布正式法规规章用颁发．公布比较重要的规章用发布，公布一般性的、暂行的规章用印发。

（四）指示性通知

指示性通知主要用于阐述重要政策、布置重大工作或重要执行事项，具有指令性与强制执行的效力。但是由于发文机关的权力有限，又不便于用命令或指示行文。这类通知主要应用于上下级之间，职能部门与具体实施部门之间，通知中的相关规定。必须严格遵照办理。如××省财政厅、××省地方税务局联合下发的《关于省属企事业单位所得税征收缴库问题的通知》，对省属企事业单位的所得税征收缴库事项作了明确的规定，各有关单位必须依照该通知的相关指示精神严格执行。

（五）知照性通知

主要用于传达需要有关单位周知或共同执行的事项。如设置或撤并相关机构、调整某些机构的相关职能、任免有关人员、召开一般性会议、启用或更改印信等事项，此类通知，最主要的职能是告知有关事项，一般对受文机关不作具体的执行要求。

（六）批转、转发性通知

批转、转发性通知大致有两类：一是批转性通知，即上级机关批准下级机关的公文，并转发给下级各有关单位贯彻执行。此类通知除了具有批准下级机关公文的意义之外，批转机关往往要阐明批转的意义、目的、表明态度，并提出相关原则性的意见或要求。二是转发性通知，主要是转发上级机关和不相隶属机关的公文。由于转发的是上级机关或不相隶属机关的公文，因此所涉及的具体工作的情况及侧重点可能有所不同，一般应结合本机关下辖单位的实际情况，对转发文件的执行提出相应的补充意见或要求。

五、通知的写作

通知一般包括标题、主送机关、正文、落款等内容。

（一）标题

作为正式文件处理的通知，其标题形式一般应包括发文机关名称、事由及文种三项要素。如《国务院批转发展改革委等部门关于深化收入分配制度改革若干意见的通知》。在实际行文中，也可采用省略式标题。但一般不省略事由。拟写较为复杂的是颁转性通知的标题，一般由发文机关、批转或转发字样、被批转或转发文件的标题及文种组成。如《国务院批转发展改革委等部门关于深化收入分配制度改革若干意见的通知》。此类通知标题的撰写，一是要准确区分“批转”与“转发”“印发”等的不同使用。二是要根据有关规定准确书写。如被批转、转发、印发的文件属于法规规章类，则应在这些文件名称上加书名号。如果不属于这个范围，则不能加书名号。三是在撰写层层转发的标题时，可以省略中间的转发机关，只保留文件首发机关的名称，但在公文的正文中应说明该文件的正常来源。四是批转或转发的文件属于几个发文机关的联合行文。可在批转或转发标题中保留主办机关的名称，其他机关用“等”字省略。

（二）主送机关

通知一般为普发性下行公文，所以可以出现多个主送机关，并用这些主送机关的惯用简称。

（三）正文

通知的正文受其不同种类的影响，在写法上比较灵活，差异性较大。

(1) 会议通知的正文包括下列内容：召开会议的缘由或目的，会议的主旨或议程，会议的具体时间、地点，出席对象的条件与名额，应备的材料及费用，报到的时间、地点及相关联系方式等。一般而言，在异地召开的会议或重要会议，其事项内容应相对周全；而在本系统、本单位召开的会议或例行会议，其事项内容可作适当的简省。

(2) 任免通知的正文主要写任免的依据，任免人员的姓名、期限。

(3) 发布性通知的正文有由被发送的对象（文件）和发布意见两部分组成。正文本身仅起到批准印发的作用。一般认为是为了扩大受文范围而进行的简单的“照转照发”。

(4) 指示性通知的正文一般由缘由、事项、希望或要求三部分构成。缘由部分主要表述发文的原因、背景、目的、根据等。力求行文简洁、根据充分。然后用“为此，特作如下通知”“现就有关事项通知如下”等过渡句引出下文。

指示性通知的事项部分是正文的核心，一般采用分条列项的形式，写明事项的具体内容。也就是要求受文单位“做什么”的问题。该部分的内容应当层次清晰、条理分明。

(5) 知照性通知的正文一般比较简单，主要是传达交代有关事项，将应知应办的事项写清写明即可。知照性通知中的任免通知，其正文在说明任免事项时一般采用模糊语言，如“经××研究决定”等，然后以先任命后免职为行文的先后顺序，并根据职务的高低有序排列。在任命或免去某一同志兼任的职务时必须注明“兼任”字样。

(6) 批转转发性通知的正文应根据其不同的种类区别对待。批转性通知体现为“先批后转”，开头应明确表明批转机关的态度，如批转的目的、意义、根据等，然后根据被批转文件的内容与性质，提出相应的原则性意见或措施，最后也可进一步明确执行要求。转发性通知一般也应说明转发的目的、依据，然后按照被转发文件的内容，并结合下属单位的工作实际，提出相应执行要求。

正文的结尾部分一般是提出对事项内容的具体执行要求或希望，可根据实际行文的需要确定。如“以上通知，请遵照执行”等语句。有些通知可用固定的结束语“特此通知”，也可省略结束语。

（四）落款

在文件的右下方标明发文单位名称、发文时间。

六、写作要求

(1) 通知的适用范围虽然广泛，但也不能滥用，其行文方向一般局限于上下级之间、业务指导机关与实际工作部门之间，下级对上级、不相隶属机关之间不能用通知行文。

(2) 根据发文机关的权限行文。通知内容如涉及两个或两个以上单位的权限。主办单位应主动会同有关单位，做好联合行文的工作。

(3) 明确区分批转、转发、印发的不同使用。它们反映了发文机关之间不同的行文关系与行文目的。批转与转发的区别，不仅是被批转和被转发的文件的来源不同，而且批转语中应有体现批转机关态度的批示意见，而转发性通知的转发语中无须体现上述要求。印发性通知的文件一般来自本单位，其主要作用是起到批准印发的作用。批转性通知应避免单纯为扩大受文范围而进行简单的“照转照发”。

（4）有时通知的事项内容特别紧急或重要，可以在标题中冠以“紧急通知”或“重要通知”，但不能滥用。

基本格式

原文（节选）	提示
国务院办公厅关于规范发展区域性股权市场的通知 **国办发〔2017〕11号**	标题由发文单位+事由+文种构成。
各省、自治区、直辖市人民政府，国务院各部委、各直属机构：	此文有多个主送机关。
规范发展区域性股权市场是完善多层次资本市场体系的重要举措，在推进供给侧结构性改革、促进大众创业万众创新、服务创新驱动发展战略、降低企业杠杆率等方面具有重要意义。为贯彻落实党中央、国务院决策部署，推动多层次资本市场长期稳定健康发展，防范和化解金融风险，支持实体经济特别是中小微企业发展，保护投资者合法权益，经国务院同意，现就规范发展区域性股权市场有关事项通知如下：	指示性通知，开头明确表明发文的缘由，即发通知的意义和目的。 “经国务院同意，现就规范发展区域性股权市场有关事项通知如下：”此过渡句引出下文。
一、区域性股权市场是主要服务于所在省级行政区域内中小微企业的私募股权市场，是多层次资本市场体系的重要组成部分，是地方人民政府扶持中小微企业政策措施的综合运用平台。要处理好监管与发展的关系，按照既有利于规范、又有利于发展的要求，积极稳妥推进区域性股权市场规范发展，防范和化解金融风险，有序扩大和更加便利中小微企业融资。 二、区域性股权市场由所在地省级人民政府按规定实施监管，并承担相应风险处置责任。证监会要依法依规履职尽责，加强对省级人民政府开展区域性股权市场监管工作的指导、协调和监督。省级人民政府要根据相关金融政策法规，在职责范围内制定具体实施细则和操作办法，建立健全监管机制，指定具体部门承担日常监管职责，不断提升监管能力，依法查处违法违规行为。证监会负责制定统一的区域性股权市场业务及监管规则，对市场规范运作情况进行监督检查，对可能出现的金融风险进行预警提示和处置督导。证监会要对省级人民政府的监管能力和条件进行审慎评估，加强监管培训，采取有效措施，促使地方监管能力与市场发展状况相适应。证监会等国务院有关部门和省级人民政府要加强监管协同，防止监管空白和监管套利，严厉打击各类违法违规行为，维护市场秩序，切实保护投资者合法权益，防范和化解金融风险，促进区域性股权市场健康稳定发展。 三、区域性股权市场运营机构（以下简称运营机构）负责组织区域性股权市场的活动，对市场参与者进行自律管理，保障市场规范稳定运行。运营机构名单由省级人民政府实施管理并予以公告，同时向证监会备案。本通知印发前，省、自治区、直辖市、计划单列市行政区域内已设立运营机构的，	事项部分是正文的核心。 采用分条列项的形式，写明事项的具体内容。

不再设立；尚未设立运营机构的，可设立一家；已设立两家及以上运营机构的，省级人民政府要积极稳妥推动整合为一家，证监会要予以指导督促。

四、区域性股权市场的各项活动应遵守法律法规和证监会制定的业务及监管规则。在区域性股权市场发行或转让证券的，限于股票、可转换为股票的公司债券以及国务院有关部门按程序认可的其他证券，不得违规发行或转让私募债券；不得采用广告、公开劝诱等公开或变相公开方式发行证券，不得以任何形式非法集资；不得采取集中竞价、做市商等集中交易方式进行证券转让，投资者买入后卖出或卖出后买入同一证券的时间间隔不得少于五个交易日；除法律、行政法规另有规定外，单只证券持有人累计不得超过法律、行政法规规定的私募证券持有人数量上限；证券持有人名册和登记过户记录必须真实、准确、完整，不得隐匿、伪造、篡改或毁损。在区域性股权市场进行有限责任公司股权融资或转让的，不得违反本通知相关规定。

五、区域性股权市场实行合格投资者制度。合格投资者应是依法设立且具备一定条件的法人机构、合伙企业，金融机构依法管理的投资性计划，以及具备较强风险承受能力且金融资产不低于五十万元人民币的自然人。不得通过拆分、代持等方式变相突破合格投资者标准或单只私募证券持有人数量上限。鼓励支持区域性股权市场采取措施，吸引所在省级行政区域内的合格投资者参与。

六、区域性股权市场的信息系统应符合有关法律法规和证监会制定的信息技术管理规范。运营机构及开立投资者账户、办理登记结算业务的有关机构应按照规定向所在地省级人民政府和证监会报送信息，并将有关信息系统与证监会指定的监管信息系统进行对接。

七、区域性股权市场不得为所在省级行政区域外的企业私募证券或股权的融资、转让提供服务。对不符合本条规定的区域性股权市场，省级人民政府要按规定限期清理，妥善解决跨区域经营问题。运营机构所在地和企业所在地省级人民政府要签订协议，明确清理过程中的监管责任，防范和化解可能产生的风险。

八、国务院有关部门和地方人民政府要在职责范围内采取必要措施，为区域性股权市场规范健康发展创造良好环境，逐步建成融资功能完备、服务方式灵活、运行安全规范、投资者合法权益得到充分保护的区域性股权市场。国务院有关部门出台相关政策措施，可选择运行安全规范、具有较强风险管理能力的区域性股权市场先行先试。

国务院办公厅

2017 年 1 月 20 日

第三节　通　　报

一、通报的概念

通报是指适用于表彰先进，批评错误，传达重要精神或告知重要情况时所使用的知照性或指挥性下行公文。

二、通报的特点

（一）真实性

通报的内容必须客观真实，必须以事实为依据，要严谨精当，语言有分寸。对表彰的人或事，不能够任意拔高；对批评的人或事，也不能“上纲上线”。

（二）典型性

通报中所涉及的事项，无论是正面事例还是反面事例，必须是真实无误的，且应具有代表性与典型性，通报的意义就在于以先进人物的典型事迹感召读者，达到以典型带动一般的目的，或以对某一典型人物或事件的批评与处理，告诫人们从中吸取教训，从而有效地遏制类似事件的再度发生。

（三）教育性

通报以表彰先进、批评错误、传达重要精神或告知重要情况为其行文的根本职能，其真实的行文目的，不仅仅是为了表扬或批评某一特定的对象，而是对行文的对象施加必要的影响，或起到宣传教育作用，或起到告诫惩戒的作用。

（四）时效性

通报对行文时效有比较严格的要求。所谓的典型，往往也只是在某一特定的时期或阶段具有普遍性和代表性。而且确定典型一般也与发文机关的当前工作重点有一定的关系，因此必须抓住有利结合通报的“精神”或“情况”提出相应的要求，起到传达和指导的双重作用。

三、通报的种类

按通报的性质划分，可分为综合性通报和专题性通报。

四、通报的写作

（一）标题

完整的通报标题应包括发文机关名称、事由及文种三个要素，如《××市人民政府关于表彰沿海防护林建设先进集体和个人的通报》，也可以由事由与文种构成两项式标题。转发性通报虽然也以转发文件为目的，但其标题中一般不出现“批转”或“转发”字样，也不出现被转文件的名称，而是根据发文的具体目的及被转文件的主要内容重新概括出相关具体事由，最后以三项式标题体现出来。

（二）主送机关

通报的主送机关一般是发文机关的下属单位，应根据受文的范围确定相应的主送机关的名称，一般有多个主送机关，可用其惯用简称。有些通报因适用范围广泛，用于内部张贴或在公开的媒介发表，则可省略主送机关。

（三）正文

1. 表彰性通报

其正文一般按事实、定性、决定、希望或要求四项内容依次有序展开。“事实”的主体往往涉及两类对象：一是在突发性事件中涌现的先进人物或集体，二是在平凡的工作岗位上做出不平凡成绩的先进个人或集体。对前者事实的表述，一般比较详细，时间、地点、人物、经过、结果应当齐全；而对后者事实的表述，则因时间跨度大、内容多的原因，只能采用概括叙述的方式。

“定性”是从感性认识上升为理性认识，即通过对先进个人或集体的事迹作定性分析，指出其价值、意义及精神实质。

“决定”则是对先进个人或集体作出表彰决定。一般涉及物质奖励和精神奖励两个方面，应重点突出精神奖励的内容。

“希望和要求”是正文写作的核心内容之一，最好要明确具体的学习内容及方式。因为对发文机关而言，表彰某个个人或集体仅仅是一种手段，其根本的行文目的在于以典型的力量带动整体的提高。

2. 批评性通报

其正文表现内容的安排次序与表彰性通报一致。典型事故通报的“事实”部分，应说明在何时、何地、什么单位发生了何种性质的事故、事故的损失情况（包括人员伤亡与财产损失）等。

“定性”主要是分析事故形成的原因，以明确相关责任。

“决定”则是对相关的责任人、责任单位、该单位的有关领导及上级主管领导等作出相应的处理。

对典型事故通报的“希望和要求”部分的内容往往比较具体，如要求相关单位引起重视，吸取教训，建立健全各项规章制度，严格按规章制度办事。也可要求有关单位开展安全生产大检查，以消除事故隐患等。

对错误言行通报的写法与典型事故通报基本相似、但由于两者之间的性质有很大的不同，所以其行文语气及行文要求也有较大的区别，写作时应根据其性质作适当的区分。

3. 情况性通报

按其表现内容可分为传达重要精神或重要情况两类。传达重要精神的情况性通报，其正文内容一般由传达何种精神、所传达精神的意义分析、执行要求三项内容构成；传达重要情况的情况性通报，其正文内容则由传达何种情况、情况分析、解决办法等内容构成。

五、写作要求

（1）注重真实性，对所通报的内容必须认真核实，力求准确无误。否则，既达不到通报的目的，还会影响发文机关的威信。

（2）定性分析力求客观、准确。应把握好评价的分寸感。避免出现随意拔高或贬低的现象。要敏锐地抓住事实的本质或问题的实质，作出客观、中肯的评价。

（3）准确理解行文的根本目的。深入挖掘事件所蕴涵的、潜在的社会意义，所提希望与要求力求具体明确，笼而统之的要求往往会使文本沦为单一的对所述对象的评价，从而无法体现真实的行文目的。

六、通知与通报的区别

（1）从使用范围上看，通知使用的频率高，使用范围广，通报则不如通知。

（2）从内容上看，通知的内容十分广泛，凡是与工作有关的，大到党和国家的法令、政策，小到日常事务，都可以写入。而通报只能写具有普遍教育意义的人和事。

从时限上看，通知是在事前发文，而通报是在事后。

基本格式

原文	提示
湖南省财政厅关于表彰 2016 年度行政事业单位国有资产报表工作先进单位的通报 湘财资函〔2018〕2 号	此文是表彰性通报。
省直各部门（单位），各市州、县市区财政局： 按照财政部统一部署，经过省直各部门（单位）和市州、县市区财政部门的共同努力，全省行政事业单位 2016 年度国有资产报告工作顺利完成。根据《湖南省财政厅关于编报 2016 年行政事业单位资产报表的通知》（湘财资〔2017〕5 号）精神，我厅对省直各部门（单位）和各市州、县市区财政局上报的资产报表数据分析报告、报表、电子信息以及组织实施情况进行综合评比后，评出以下优秀单位，现予以通报表彰。	第一部分，通过对先进集体的事迹作定性分析，指出其价值、意义及根据。然后对先进单位作出表彰决定。
一、市州财政局（14 个） 一等奖：长沙市、湘潭市、常德市、张家界市 二等奖：株洲市、邵阳市、郴州市、永州市 三等奖：衡阳市、岳阳市、益阳市、怀化市、娄底市、湘西州 二、优秀县市区财政局（37 个） 芙蓉区、开福区、雨花区、荷塘区、天元区、茶陵县、湘潭县、岳塘区、蒸湘区、衡阳县、常宁市、武冈市、邵阳县、新邵县、汨罗市、岳阳县、石门县、临澧县、汉寿县、永定区、慈利县、赫山区、桃江县、安仁县、桂阳	第二部分，罗列表彰单位的名称。

县、宜章县、桂东县、江永县、宁远县、祁阳县、双牌县、中方县、鹤城区、双峰县、娄星区、泸溪县、花垣县

三、优秀省直单位（70个）

省高级人民法院、省人民检察院、民主党派湖南省委机关、民建湖南省委、省工商联、省委办公厅、省委宣传部、省委统战部、省政法委、省长株潭两型办、省委政研室、省直属机关工委……

希望先进单位珍惜荣誉、再接再厉，不断创造新的成绩。各级各部门要以先进为榜样，扎实工作、努力赶超，进一步提高认识，配好用好管好行政事业单位国有资产，充分发挥资产管理在国家治理体系中的基础性和支柱性作用。

湖南省财政厅

2018年1月23日

第四节　报　　告

一、报告的概念

报告是指下级机关向上级机关汇报工作，反映情况，回复上级机关询问时所使用的陈述性上行公文。

报告是党政机关在日常管理的过程中所使用的一种法定公文形式，它不同于一般意义上的作为通用应用文体的“报告”，如调查报告、经济预测报告、可行性研究报告等。两者在适用范围、作用及写作要求上均有很大的不同，因此应该区别对待，不能将法定公文“报告”与非法定公文中的“报告”相混淆。

二、报告的特点

（一）汇报性

报告的主要职能是向上级机关汇报工作开展的具体情况，或反映工作中出现的新的情况和问题，或是答复上级机关对有关问题的询问，目的是使上级机关了解下情，以利于正确决策，也有利于下级机关及时取得上级的支持和指导，从而更好地领会和把握上级的意图及有关方针政策。因此，汇报性是报告最重要的特点。

（二）陈述性

报告行文的根本目的是使下情及时上达。因此，报告以概括叙述、直陈其事为最主要的表达方式，一般用简明务实的叙述笔法陈述具体事实，少用或不用议论笔法。这是由其特殊的行文目的与行文关系所决定的。

（三）事后或事中行文原则

报告中的行文时限，一般是工作开展到某一阶段或工作基本结束之后，下级机关才可以报告形式行文。这也是报告与请示的重要区别之一。

三、报告的种类

按照报告的内容与作用划分，大致可分为以下四类。

（一）工作性报告

工作性报告是用于向上级机关汇报工作的进展情况、总结工作经验、反映存在的相关问题的报告。工作报告按其写作范围可分为两种：一是综合性的；二是专题性的。前者是对一个部门所有工作情况进行全面的回顾总结；后者则是针对某一方面的工作的具体情况，进行专项的回顾总结。按其性质，可分为重要工作报告与例行工作报告。

（二）情况性报告

情况性报告用于把工作中所出现的新情况、新问题、新动态向上级机关反映，以沟通信息，及时得到上级的指导的报告。该类报告的事项内容往往比较具体单一，其行文目的是使上级机关及时了解下情，并为上级机关的相关决策提供参考或依据。

（三）答复性报告

答复性报告是答复上级机关就有关问题的询问及要求而写的报告。此类报告属于被动性行文形式，行文的针对性很强。

（四）报送性报告

报送性报告是向上级机关呈报文件、物件时，随文随物而附发的报告如，《××关于呈送 2017 年工作总结的报告》。此类报告兼有说明及凭证的作用。

四、报告的写作

（一）标题

报告的标题由发文机关名称、事由及文种三个要素构成，其中的事由部分要准确地概括出报告的主要内容，体现标题现旨的原则。有些综合性报告因涉及的事项内容比较多，其标题的事由可用宽泛的方式体现。如《××省人民政府关于 2018 年度××情况的报告》。

（二）主送机关

报告通常只有一个主送机关。报告的主送机关一般是发文机关的直接上级领导机关或主管部门。报告内容如需有关上级机关阅知，可用抄送的方式处理。

（三）正文

报告正文的表现内容及结构方式因其种类的不同而呈现出较大的差异性。

1. 工作性报告

综合性工作报告的正文一般包括三项内容：第一部分是概括说明工作开展的基本情况（包括目的、依据、背景等）；第二部分是取得的主要成绩及经验体会，一般是按照工作的内容及性质，分为几个层次或部分，采用分条列项（如序号、小标题等）的形式逐一表达；第三部分是存在的问题及今后的努力方向。专题性工作报告正文的写法与之基本相似，但行文的侧重点有所不同，要求强调行文内容的针对性。往往是反映取得成绩或存在问题的某一方面或某一项工作。如侧重于经验总结的专题报告，先简要说明取得突出成绩的某一工作的概况，然后着重从取得的成绩中总结归纳出主要的经验，并形成规律性的认识，最后简要说明今后的努力方向。凡是与经验总结关系不大的内容，一般不必进入文本表现。侧重于经验总结的工作报告，对于存在的问题可以不写或略写。

2. 情况性报告

此类报告主要分为两种，一种是报告因工作失误发生某些重大问题，另一种是报告工作中出现的某些新情况、新问题。前者正文一般是先交代事件发生的基本情况，然后分析事件发生的原因及对相关责任人的处理意见，最后说明应从中吸取的教训及具体的整改措施等；后者的表现内容主要侧重于汇报、反映情况，首先说明工作中遇到了何种新的情况或问题，其次是分析形成问题的原因，最后说明对该问题的处理意见及看法等。情况性报告正文的具体内容大致可以按提出问题—分析问题—解决问题的结构模式作相应的安排。

3. 答复性报告

答复性报告应注重行文内容的针对性，即针对上级机关所询问的问题作出具体明确的答复。正文的主要内容，一是答复的具体事项，二是相关的依据及理由。行文应本着实事求是的原则，力求有的放矢。尤其是上级对下级工作中存在的问题或失误所作的询问，不能因为难于作答而答非所问，也不能写一些次要的事实与理由，或文过饰非。

4. 报送性报告

报送性报告的正文简短，开头往往用一句话说明报送的理由或依据，然后具体说明所报送的文件或物件的名称、数量，最后用“请审阅”“请审查”等作为结束语。

五、写作要求

（1）不得在报告中夹带任何请示事项。尤其是在情况性报告中，可以表述本单位对工作中出现的某些问题的处理意见及看法，但不要主动要求上级机关批准。

（2）综合性工作报告要善于概括归纳。该报告涉及的工作面广量大，如果不善于概括归纳，很容易造成内容枝节繁多、芜杂交叉现象的发生，从而使报告的主旨无法突出。采用分类的方式撰写，可以有效地防止出现上述弊端。

（3）偏重于经验总结的专题性报告，应注重揭示规律性的认识，重点反映行之有效的具有普遍意义的经验及做法。凡是不具普遍适用意义及不太成熟的经验或办法，不宜在报告中作重点反映。

（4）注重行文目的及行文关系的特殊性，以简明扼要的叙述、说明为最主要的表达方式，少用或者不用议论，尤其不能在报告中讲一些空泛的众所周知的大道理。

基本格式

原文	提示
2018 年湖南省政府工作报告 各位代表：	此文是一篇综合性工作报告。
现在，我代表省人民政府向大会作政府工作报告，请予审议，并请各位政协委员提出意见。	开头说明代表政府发言。
一、本届政府工作回顾 我们坚持以习近平新时代中国特色社会主义思想为指导，在党中央、国务院的坚强领导下，把握“一带一部”定位，按照“三个着力”要求，落实省委决策部署，主动适应经济发展新常态，大力实施创新引领开放崛起战略，加快建设“四大体系”“五大基地”，推动速度换挡、结构优化、动力转换，圆满完成了本届政府主要目标任务，迈出了建设“五个强省”的坚定步伐，奠定了决胜全面建成小康社会的坚实基础。	第一部分对本届政府所有工作情况进行全面的回顾总结。
一是经济实力明显提升。经济规模不断扩大，地区生产总值跨上 3 万亿元台阶，达到 3.46 万亿元，五年年均增长 8.8%。三次产业结构由 2012 年的 13.4∶47.7∶38.9 调整为 10.7∶40.9∶48.4。区域发展呈现新格局，长株潭地区生产总值占全省比重达 41.5%，洞庭湖生态经济区加快建设，湘南地区承接产业转移示范效应加速显现，大湘西地区基础设施大幅改善。发展动能不断增强，非公有制经济增加值达 2.08 万亿元；工业和服务业增加值分别达 1.19 万亿元、1.68 万亿元；“四上”企业达 3.7 万家；移动互联网企业达 3.2 万家；旅游总收入达 7172.6 亿元。2017 年末贷款余额比 2012 年末增长 104%；五年新增上市公司 35 家，总数达 116 家。发展效益不断提高，一般公共预算收入达 4565.7 亿元，年均增长 9.2%；城乡居民收入年均分别增长 8.7%、9.4%。 二是创新开放步伐加快。…… 三是各项改革深入推进。…… 四是基础设施日臻完善。…… 五是农业农村兴旺发展。…… ……	分条列项总结了经济实力、创新、改革、基础设施、农业农村等方面取得的成绩。
二、2018 年工作 未来五年，是全面建成小康社会和开启全面建设社会主义现代化国家新征程的历史交汇期，也是我省转型升级、爬坡过坎的攻关期。 我省发展面临着总体有利的宏观形势。世界经济有望继续复苏，我国经济发展进入新时代，我省具备了高质量发展的基础和潜力。我们要深刻认识我国经济进入高质量发展阶段的重大意义，坚持稳中求进工作总基调，发挥“一带一部”区位优势，抢抓中部崛起机遇，牢牢把握工作主线，坚定不移推进供给侧结构性改革；牢牢把握基本路径，扎实推动质量变革、效率变革、	第二部分展望 2018 年的工作重点和总体目标。

动力变革；牢牢把握着力点，加快建设实体经济、科技创新、现代金融、人力资源协同发展的产业体系；牢牢把握制度保障，努力构建市场机制有效、微观主体有活力、宏观调控有度的经济体制。我们要紧紧围绕推动高质量发展这个要求，坚持质量第一、效益优先、安全至上、创新为要，转变发展方式、优化经济结构、转换增长动力；要紧紧围绕实现人民对美好生活的向往这个目标，促进经济社会全面繁荣、基础设施全面提质、生态环境全面改善、发展成果全面共享，让人民群众有更多的获得感、幸福感、安全感；要紧紧围绕建设富饶美丽幸福新湖南这个愿景，推进经济强省、科教强省、文化强省、生态强省、开放强省建设，奋力走在中部崛起前列。

今年主要预期目标是：地区生产总值增长 8%左右，投资增长 11.5%，规模工业增加值增长 7.5%，一般公共预算收入增长 6.5%以上，社会消费品零售总额增长 10.5%，城镇调查失业率和登记失业率分别控制在 5.5%和 4.5%以下，居民消费价格涨幅控制在 3%以内，全体居民人均可支配收入增长 8%以上，万元 GDP 能耗下降 3%以上。

实现以上目标，重点要抓好以下工作：

（一）着力振兴实体经济，提高发展质量和效益

……

（二）增强创新引领能力，培育经济发展新动能

……

第五节 请　　示

一、请示的概念

请示是指下级机关向其直接上级机关请求指示、要求批准时所使用的上行性公文。下级机关遇到在其职权范围内无法处理或解决的问题、困难时，可以向上级机关请示，请求上级给予指示或答复。一般而言，请示所涉及的事项，一是超出发文机关职权范围的事项，二是实际工作中难于处理且处理不当有可能引发严重后果的某些重大问题。

二、请示的特点

（一）请求性

请示往往是工作中遇到新的问题、新的矛盾，又没有解决的办法可以照搬，或者由于权限有限，无力解决，需要请示上级。请求性是请示的一个首要特性。

（二）期复性

不管是何种性质的请示，其根本的行文目的，是请求上级机关对请示事项及时作出回复，所以期复性是请示的根本特性。

（三）一文一事

请示的事项内容具有单一性。一份请示只能解决一个问题，不能将两个或两个以上互不相干的事项杂糅在同一请示文本之中。因为如果在一份请示中出现多个事项，就有可能涉及上级机关的多个分管领导及相关职能部门的职权范围。一般需要这些职能部门的相关人员联合办公，才能对多个请示事项作出相应的处理。这显然不利于请示问题的及时解决，也很容易造成各职能部门由于职责不明而产生互相推诿、扯皮的现象。

（四）事前行文

请示所涉及的事项，都是下级机关无权或无法自行处理的事项，所以必须严格遵循事先行文的原则在得到上级的批复之后，才能开展相关的具体工作。

三、请示的种类

根据其不同的内容及用途，大致可分为两类。

（一）请求指示的请示

下级机关在遇到超出本单位职权范围的事项，或是对上级机关所发的相关文件精神感到难于理解、难于把握的事项，或是工作中发生的难于处理的重大问题及全局性的问题等，不能自行处理或根本无法处理，要求上级给予解决问题的具体办法，可以用请求指示的请示。

（二）请求批准的请示

下级机关对实际工作中出现的问题已形成具体的处理意见，但由于事项超出其职权范围，或是事项本身的性质比较特殊，采用自行处理的方式有不妥之处，本着办事审慎的原则，可以向上级机关请示，并要求上级批准自己所提出的解决问题的意见或办法。

四、写作格式

（一）标题

请示的标题应包括发文机关名称、事项及文种三个要素。其中的“事项”内容要具体明确，体现行文的主旨要求。另外，请示文种本身已包含有“请求”的意思，所以在标题中不应出现“申请”“请求”等用语。

（二）主送机关

请示属于特指性上行公文，其主送机关只有一个，一般为发文机关的直接上级领导机关。受双重领导的单位，应选择与请示事项直接有关的一个上级机关作为主送机关，并抄送另一上级机关。请示不应同时抄送其下级机关。

（三）正文

请示的正文部分主要由请示缘由、事项和结束语构成。

1. 请示缘由

请示的开头部分应具体说明行文的根据及缘由。这是请示写作的关键内容之一。应分别说明提出请示事项的相关政策依据、形成事项具体情况、原因等。说明相关政策依据力求简明扼要，而形成请示事项的具体原因应作详细表述，重点说明主要原因，同时简要地说明一些次要的原因。如主要原因已相当充分，可舍弃次要原因的表述。

2. 请示事项

这是请示文体的主体部分，应根据不同的请示种类区别对待。如请求批准的请示，主要是将需要上级机关批准的事项进行必要的分析。详细说明所形成的相关处理意见和办法，并简要说明形成意见的经过等。为上级机关的决策提供参考。请求指示的请示的事项内容相对简单，只要直接要求上级给予解决问题的办法即可。

3. 结束语

主要是提出期复要求。请求指示的请示，其结束语常用“以上请示，请批示”等，而要求批准的请示，则常用“妥否，请批示”“如无不妥，请批准”等结束语。一般认为，请求指示的请示的结束语不应写成“妥否，请批示”的形式。这是因为该类请示并未提出解决问题的具体办法，而所谓的“妥”与“不妥”是针对所提出的解决问题的办法而言的，并非是针对请示行为本身。事实上。遇到一些重大问题和超出本单位职权范围的问题时先行请示，是下级机关的一种职责，行文本身并没有什么不妥之处。

基本格式

<table>
<tr><th>原文</th><th>提示</th></tr>
<tr><td>
湖南省财政厅文件

湘财农〔2016〕65 号　　　　签发人：郑建新

湖南省财政厅关于开展第一轮（2013—2015 年）特色县域经济重点县终期绩效评价的请示

省人民政府：
我省第一轮（2013—2015 年）特色县域经济重点县已于今年 6 月建设期满，根据《关于发展特色县域经济强县的意见》（湘政发〔2013〕1 号）精神，需对各重点县建设成效进行绩效评价。为此，我们代拟了《湖南省人民政府办公厅关于开展第一轮特色县域经济重点县终期绩效评价的通知》（见附件），现提请审定。
专此请示。
附件：湖南省人民政府办公厅关于开展第一轮特色县域经济重点县终期绩效评价的通知（代拟稿）

湖南省财政厅
2016 年 8 月 16 日

（联系人：张利武，电话：0731-85165039）
</td><td>
请示的开头部分是请示的缘由。此处具体说明该请示的根据及缘由。
紧接着一句话点出请示事项。
</td></tr>
</table>

附件 湖南省人民政府办公厅关于开展第一轮 特色县域经济重点县终期绩效评价的通知 （代拟稿） 相关市州、第一轮特色县域经济重点县人民政府： ……	正文后面附附件内容放进去供上级部门查看。

五、写作要求

（1）请示的表现内容具有单一性，应严格遵循“一文一事”的原则。下级机关在遇到不同内容及性质的请示事项时，切忌将数个不同的事项写入同一份请示之中，以免给上级机关的及时处理带来诸多不便。实际行文中，如遇到多个不同内容及性质的请示事项，应分别单独行文。

（2）不得多头请示。尤其是受双重领导或多重领导的单位，不能将多个上级机关并列为主送机关，也不得采用多头主送的方式，应根据请示事项的具体管辖权限，选定与事项直接有关的一个上级作为主送机关，并抄送与请示事项有关的其他上级机关。请示由与事项直接有关的上级机关负责答复。

（3）一般情况下禁止越级请示。如因情况紧急必须越级请示，则应抄送被越过的上级机关。

（4）除了领导直接交办的事项之外，请示不要直接送领导个人。

（5）注重请示行文的必要性，分清请示事项的轻重缓急及职权范围，反对事事请示、时时请示的不负责任的工作作风。

六、请示与报告的区别

请示与报告同属上行性公文，在具体行文上有某些相似之处。如均有下情上传的功效，均采用简明务实的叙述、说明的方式直陈其事等。在具体的使用过程中，经常发生互相混淆的现象。因此，必须严格区分使用。其不同主要表现在：

（一）行文目的不同

报告重在汇报工作，反映情况，将工作或情况汇报清楚是其根本的行文目的，以便上级机关及时了解下级机关的工作进程及情况，且报告中不能含有请示事项。而请示的目的在于“请批”与“请准”，重在请求上级机关解决工作中出现的问题，具有解决问题的迫切性。

（二）处理方式不同

报告属于陈述性公文，一般无须上级回复；请示属于期复性公文，存在着处置上的请与批的关系。一般而言，有请示必然有批复。

（三）行文时限不同

报告以事后或事中作为行文时限。请示则必须严格遵循事先行文的原则。

第六节 批 复

一、批复的概念

批复是上级机关下发的指导性的公文。上级机关答复下级机关在请示中所提出问题，根据政策、法律、法令及有关规定认真研究给予及时、具体、明确、肯定的答复，以使下级遵照办理。

二、批复的特点

（一）指示性和决定性

从批复的内容看，是上级机关为答复下级单位的请示而发的。上级的批复就是下级单位工作的依据。受文机关必须按照批复的精神认真贯彻执行。指示性是批复的最重要的特点。

（二）一文一事

批复只就下级的请示作批复，不及其他。

（三）简明性

要求所写出的“批复”言简意明、准确无误，所以篇幅都比较短。

（四）针对性

下级在请示中一般都对所请示的事项提出意见和要求，如果上级在批复时不同意或不完全同意，要写明理由，必要时还应以有关的政策、法令、规定等为依据，进行说明，以使下级信服。

如果所批复的问题具有普遍性，还可以抄发给其他有关下级，令其参照执行。如果批复的事项还涉及其他单位，可以抄送给所涉及的单位使其知晓，以便开展工作。

三、批复的写作

（一）标题

标题有两种形式，一种是由发文机关、事项、文种构成。例如《国家发改委关于我国×××地区经济发展规划的批复》。另一种是在标题中直接体现发文机关的态度。例如《中国工商银行×××市分行同意×××支行扩建的批复》。

（二）主送机关

主送机关一般为原请示机关。如答复的我恩体涉及其他下属单位，具有一定的普遍性，也可以同时抄送给所有下级机关。

（三）正文

批复的正文包括引述来文、批复意见及批复事项和结束语三部分

写批复一般是先引述下级的请示来文，把来文的发文字号和标题写清，使下级一看就知道是对哪件请示的批复，以便于处理。

引述来文之后，要求明确表态，对下级的请示事项之同意还是不同意，不能模棱两可。然后

再写批复的事项。同意下级请示的，除表示同意外，还要提出注意事项。不同意下级的请示事项的，要写清楚不同意的理由，也不能只说明不同意，还应该指出应该怎么办。如果事情多，为便于下级处理，就要分条来写。

批复的结语，一般都用“特此批复”“此复，望照办”等语，亦可不用。

基本格式

原文	提示
国务院关于同意存款保险制度 实施方案的批复 国函〔2015〕60号	
人民银行： 《中国人民银行关于报请审定〈存款保险制度实施方案〉的请示》（银发〔2015〕60号）收悉。现批复如下：	引述来文，是一般批复的开头特点，本文即是如此，它体现了批复的针对性。
一、同意人民银行商有关部门提出的存款保险制度实施方案，请人民银行会同有关部门按照《存款保险条例》等法律法规规定认真组织实施。	引述来文之后，明确表态，同意下级的请示事项。
二、存款保险基金由人民银行设立专门账户，分账管理，单独核算，管理工作由人民银行承担。在存款保险基金积累较为充足且其他条件成熟时，可按程序设立独立机构，履行存款保险职能。 三、人民银行要会同有关部门按照党中央、国务院决策部署，根据职责分工，加强协调配合，形成工作合力，确保存款保险制度平稳出台和有效运行。重大情况及时报国务院。	然后分条列项写出批复的事项。
国务院 2015年3月20日	

第七节　意　　见

一、意见的概念

意见是适用于对重要问题提出见解和处理办法的公文。

二、意见的特点

在实际行文中，意见的职能具有多样性，主要作为下行文使用，也可作为上行文或平行文使用。作为下行文，文中对贯彻执行有明确要求的，下级机关应遵照执行；无明确要求的，下级机关可参照执行。作为上行文，应按请示性公文的程序与要求办理。所提意见如涉及其他部门职权范围的事项，主办部门应当主动与有关部门协商，取得一致意见后方可行文；如有分歧，主办部门的主要负责人应当出面协调，仍不能取得一致意见时，主办部门可以列明各方理据。提出建设性意见，并与有关部门会签后报请上级机关决定。上级机关应当对下级机关报送的意见作出处理或给予答复，作为平行文使用时，提出的意见供对方参考。

三、意见的分类

（一）指示性意见

指示性意见主要用于上级机关依据其职权，直接对有关重要问题提出见解或处理办法，并下发所属下级机关，以指导下级的工作。一般而言，意见所涉及的问题，是现实中存在的亟须解决，但是往往又没有现成的法规、处理办法可以依据或处理先例的问题，因此，意见的内容一般具有原则性、方向性和一定的灵活性，有时可以根据本地区、本部门的实际情况，作相应的灵活处理。

（二）建议性意见

建议性意见主要用于就某项工作向上级机关提出建议、设想等，以供上级决策时参考。

（三）参考性意见

参考性意见主要用于同级机关或不相隶属机关之间，提出的见解或处理的办法可供对方参考。

（四）呈转性意见

此类意见一般由相关职能部门提出，经上级机关同意，批转或转发各级机关执行。与建议性意见不同的是，呈转性意见所涉及的内容，是发文机关在自己的职权范围内对有关问题提出见解或处理办法。但因该问题所涉及的单位较多，需要相关部门周知或共同执行。而发文机关对其他相关部门又无直接指挥职能，因此，只能呈送给上级机关批转或转发，以解决自己不能直接发文的问题。

四、意见的写作

（一）标题

意见的标题一般由发文机关名称、事由及文种构成。如《中共中央国务院关于进一步深化电力体制改革的若干意见》。

（二）主送机关

根据主送关系的不同而有所区别。上行性意见与平行性意见一般只有一个主送机关。下行性意见则可以有多个主送机关。在实际使用的过程中，某些下行性意见因收文单位过多，故常省略主送机关。

（三）正文

主要由缘由、事项和结尾组成。缘由主要说明提出意见的依据、目的、意义背景或理由，包括概述工作情况、发现的问题以及依据与目的。事项是意见的核心内容，主要是针对某个问题或某项工作提出见解、建议或规范性的解决办法，一般采用分条列项的形式。结尾部分，下行的意见一般提出希望和执行要求。也可以省略。上行的意见可在结尾处提出要求，如：“以上意见如无不妥，建议转发各地区、各部门贯彻执行。”平行性意见则常以“以上意见，仅供参考”等作为结束语。

五、写作要求

（1）意见的职能具有多样性，应严格区分各种意见的不同的行文关系，注意下行、上行、平行性意见在行文要求及语气上的差异。

（2）某些意见，是根据有关文件精神，结合实际情况，制定有关文件的详细实施措施，或者对条例、规定、办法等法规性文件中的某些条款作出解释、补充或说明。因此，在内容上和写法上，一般比较具体，要求具有较强的可操作性。

（3）在意见被确定为法定党政公文之后，在实际行文中，仍有不少意见以印发性通知的形式发布。

基本格式

原文	提示
湖南省人民政府 关于贯彻落实创新引领开放崛起战略 促进经济增效财政增收的若干意见 湘政发〔2018〕4 号	
各市州、县市区人民政府，省政府各厅委、各直属机构： 为深入贯彻落实创新引领开放崛起战略，加快我省经济发展质量变革、效率变革和动力变革，促进经济增效财政增收，现提出如下意见：	第一部分提出意见的目的是深入贯彻落实创新引领开放崛起战略，加快我省经济发展质量变革、效率变革和动力变革，促进经济增效财政增收。然后用“现提出如下意见：”过渡。
一、指导思想 全面贯彻党的十九大精神，以习近平新时代中国特色社会主义思想为指导，充分发挥“一带一部”区位优势，大力实施创新引领开放崛起战略，围绕现代化经济体系建设，以深化供给侧结构性改革为主线，加快建立现代财政制度，充分发挥财政政策和资金的带动引导作用，推进产业项目建设和转型升级，支持构建全面开放新格局，提振实体经济，厚植财源税源，推动全省经济高质量发展。 二、基本原则和目标 （一）培基固本，着力培植财源。以财源培植推动财政增收，突出支持产业转型升级、园区提质增效和招商引资，夯实财源基础，做优财源载体，引入财源活水。 （二）着眼长远，增强发展后劲。支持企业加大研发投入，引进创新创业人才，构建全方位立体开放新格局，不断增强支撑经济长期持续发展的综合实力。 （三）加强协同，提振实体经济。大力推动减税清费，强化财政金融联	第二部分是主体，从指导思想、基本原则和目标、实施重点和保障措施等方面提出相关意见。

动，切实降低企业经营成本和融资费用，引导企业开发创新产品，增强实体经济核心竞争力。

（四）深化改革，释放制度红利。优化改革发展环境，打破制约经济发展的体制机制障碍，推动制度体系和发展环境系统性优化，最大限度的激发市场活力。

经过努力，逐步提高财政收入占地区生产总值的比重、税收收入占财政收入的比重，使我省经济基础更加坚实，经济效益稳步提升，财政经济运行更加协调，全省经济竞争力、财政实力走在中部崛起前列，在全国进位争先。

三、实施重点

（一）支持全面创新，助推发展动能转换。

1．引导企业加大研发投入。落实企业研发费用税前加计扣除税收优惠政策，建立企业研发投入后补助机制。省级财政对享受研发费用税前加计扣除政策的企业，根据其上年度研发投入增量，按照10%的比例给予奖补，最高奖补 1000 万元，引导企业普遍建立研发准备金制度，推动以企业为主体的研发投入快速增长。（省科技厅、省财政厅、省统计局、省国税局、省地税局，排名第一的为牵头单位，下同）

2．鼓励科研设备开放共享。……

3．推动科技成果转化和产业化。……

4．支持工业企业技术改造升级。……

5．促进工业新兴优势产业链做大做强。……

6．推进园区集约化特色化发展。……

7．加快军民融合深度发展。……

8．支持实施乡村振兴战略。……

（二）支持全面开放，提升发展竞争优势。

1．鼓励市县招商引资。……

2．推动国际物流大通道建设。……

3．支持对外经贸做大做强。……

4．助力全域旅游发展。……

（三）支持人才战略，集聚发展软实力。

1．支持实施芙蓉人才行动计划。……

2．引导科研人才资源汇聚。……

3．推动技能人才量质齐升。……

（四）提升服务水平，激发实体经济活力。

1．降低实体经济成本。……

2．缓解中小微企业融资难。……

（五）深化财税改革，增强发展制度保障。

……

四、保障措施

（一）加强组织领导。各级各部门要加强组织领导，强化部门协作，形成政策实施合力。要加大宣传力度，努力营造贯彻创新引领开放崛起战略，促进经济增效财政增收的良好舆论氛围。

（二）强化资金保障。各级财政部门要通过统筹整合存量和预算新增安排等方式，筹措资金保障政策实施，严格资金管理使用和跟踪问效，并把绩效情况同下一年度专项资金安排挂钩。相关主管部门要抓紧制定实施细则，做好项目申报、评审、公示等工作，及时兑现政策。

（三）严格责任落实。各级各部门要对照职责分工，理顺工作环节，分解压实责任，制定时间任务表，定期督查考核，推动政策落地显效。

本意见实施期限为 2018 年 1 月 1 日至 2021 年 12 月 31 日，相关政策已明确实施期限的从其规定。

湖南省人民政府

2018 年 5 月 8 日

第八节　函

一、函的概念

函是应用范围比较广的一种公文，适用于不相隶属机关之间商洽工作、询问和答复问题、请求批准和答复审批事项。函包括初函和复函。

函是正式公文。有的人以为“函”就是“信”，就不用按公文要求写了，这是不对的。“便函”（即公务信函）不属于公文，不能把便函看作函，也不能认为函就包括便函和函，便函和函没有直接关系。

二、函的特点

和其他文种相比，函有如下特点。

（一）行文关系多样

对上级、对下级、对平级的以及和不相隶属的单位之间办事，都可以用，比较灵活方便。

（二）适用范围广泛

既可以用以商洽工作、传递信息、询问事项，又可以请求上级解决某一问题，有咨询、请示的性质。亦可以用于向下级催办事项或答复询问，有指示、批复的性质。凡是行文时感到用其他文种不方便的，都可以用函。

三、写作格式

函的格式与其他公文基本相同，由标题、发文字号和正文组成。初函正文一般都是先写明发函的情况、理由、具体要求。最后写明发函的目的和希望。结尾用“特此函达”“特此函告”“当否，请函复。”

复函的写作与初函基本一致，不同的就是在题目中出现复函字样，例如《×××关于×××事情的复函》，在复函的开头往往引述来文，常用“贵单位×××函〔×××〕×××号函收悉，经研究，现函复如下：”，主体部分就是针对来函的请求内容，做出明确的答复，结尾用“特此函复”等词语作结。

基本格式

原文	提示
国务院办公厅关于同意建立积极稳妥降低企业杠杆率工作部际联席会议制度的函 **国办函〔2016〕84号** 发展改革委： 你委《关于报送积极稳妥降低企业杠杆率工作部际联席会议制度的请示》(发改财金〔2016〕1918号)收悉。经国务院同意，现函复如下： 国务院同意建立由发展改革委牵头的积极稳妥降低企业杠杆率工作部际联席会议制度。联席会议不刻制印章，不正式行文，请按照有关会议和文件精神认真组织开展工作。 特此函复。 附件：积极稳妥降低企业杠杆率工作部际联席会议制度 国务院办公厅 2016年10月18日 附件 **积极稳妥降低企业杠杆率工作部际联席会议制度** 为贯彻落实中央经济工作会议精神和政府工作报告有关部署，进一步加强组织领导，强化统筹协调和协作配合，有序推进降低企业杠杆率(以下简称降杠杆)工作，经国务院同意，建立积极稳妥降低企业杠杆率工作部际联席会议(以下简称联席会议)制度。 一、主要职责 在国务院领导下，联席会议履行以下职责： (一)研究拟定《国务院关于积极稳妥降低企业杠杆率的意见》(国发〔2016〕54号)相关配套文件。 (二)组织开展市场化银行债权转股权试点。 (三)研究确定降杠杆的具体政策，组织协调实施降杠杆相关支持政策	复函一般都是先引述来文。然后用“经××同意，现函复如下”这样的惯用语来过渡，引出下文。 第二段是主体部分，就是针对来函的请求内容，做出明确的答复。 结尾用“特此函复”。

和监管政策。

（四）跟踪分析研究非金融企业债务问题并提出建议。

（五）开展降杠杆重大问题专题研究，及时协调解决降杠杆过程中出现的问题。

（六）组织建立健全约束机制，推动依法惩处违法行为、联合惩戒失信行为，确保降杠杆不偏离市场化、法治化轨道。

（七）负责就降杠杆问题与地方人民政府沟通协调，引导地方营造良好的区域金融环境，指导地方做好相关支持和协调工作。

（八）建立降杠杆信息收集和报送机制，组织对降杠杆政策的效果评估。

（九）组织协调降杠杆相关舆论引导工作，适时适度做好宣传报道和政策解读工作。

（十）承办国务院交办的其他事项。

根据降杠杆工作的进展情况，经国务院同意可适时调整联席会议的职责和工作重点。

二、成员单位

联席会议由发展改革委、人民银行、财政部、银监会、中央宣传部、中央网信办、工业和信息化部、人力资源社会保障部、国土资源部、商务部、国资委、税务总局、工商总局、法制办、证监会、保监会、高法院等 17 个部门和单位组成，发展改革委为牵头单位。

联席会议由发展改革委主要负责同志担任召集人，发展改革委、人民银行、财政部、银监会各一位分管负责同志担任副召集人，其他成员单位有关负责同志为联席会议成员。联席会议成员因工作变动等原因需要调整的，由所在单位提出，联席会议确定。根据工作需要，经联席会议研究确定，可增加成员单位。

联席会议办公室设在发展改革委，承担联席会议日常工作，由发展改革委、人民银行、财政部、银监会派员参加；必要时，可邀请其他相关成员单位派员参加并组织相关人员集中办公。联席会议设联络员，由联席会议成员单位有关司局负责同志担任。

三、工作规则

联席会议由召集人或副召集人主持，根据工作需要定期或不定期召开。成员单位可以提出召开会议的建议。研究具体工作事项时，可视情况召集部分成员单位参加会议，也可邀请其他单位参加会议。联席会议以纪要形式明确议定事项，经与会单位同意后印发有关方面，同时抄报国务院。重大事项按程序报国务院。

四、工作要求

发展改革委要牵头做好联席会议各项工作。各成员单位要按照职责分工，主动开展工作，切实履行职责，认真落实联席会议议定事项及工作任务。各成员单位要相互支持，密切配合，互通信息，形成合力，充分发挥联席会

议作用，形成高效运行的长效工作机制。联席会议办公室要加强对联席会议议定事项的跟踪督促落实，及时向成员单位通报进展情况。 联席会议应与各省、自治区、直辖市人民政府，有关银行、实施机构建立有效的信息沟通协调机制。 **积极稳妥降低企业杠杆率工作** **部际联席会议成员名单（略）**	

四、写作要求

（1）起草这样的公文一定要态度端正、措辞准确。它一般应力求简短明白，态度鲜明，要求别人做的，要用商量的语气。对待别人的请求，要尽快予以支援。语言要和缓，切忌生硬。

（2）公函如有附件，应注明附件的序号和名称，其位置在正文之后，成文日期之前。

第九节　纪　　要

一、纪要的概念

纪要是党政机关、企事业单位常用的一种公文。2012 年《党政机关公文处理工作条例》中明确规定“纪要适用于记载会议主要情况和议定事项。”

二、纪要的作用

纪要虽不是正式的会议决议，但会议所讨论的问题、所取得的基本一致的意见，须共同贯彻执行或告知有关单位、部门或个人的事项都可以写入，同样具有决议、决定的作用。

纪要具有纪实性、简要性、系统性。它的形式要依据会议概况和主要精神，不能凭空杜撰。同时，纪要也不同于会议记录，不需要把会议所有情况都一字不漏地写出来。系统性是指成文要有条理、系统化，有一个对材料分析研究、去粗取精的过程。

纪要具有统一认识、沟通情况、交流经验、指导工作的作用。

三、纪要的分类

纪要可以分为以下几种类型：

（1）办公纪要，就领导部门召开的办公会议整理而成的纪要。

（2）工作纪要，就某项工作或某个问题召开会议形成的纪要。

（3）座谈纪要，就某一事项或问题，邀请有关部门、有关人员进行座谈讨论，根据座谈内容整理出的纪要。

（4）学术纪要，就学术研讨会或学术交流后，形成的意见和看法，整理而成的纪要。

四、写作格式

纪要标志由“×××纪要”组成，居中排布，上边缘至版心上边缘为35 mm，推荐使用红色小标宋体字。

标注出席人员名单，一般用3号黑体字，在正文或附件说明下空一行左空二字编排“出席”二字，后标全角冒号，冒号后用3号仿宋体字标注出席人单位、姓名，回行时与冒号后的首字对齐。

标注请假和列席人员名单，除依次另起一行并将“出席”二字改为“请假”或“列席”外，编排方法同出席人员名单。

纪要格式也可以根据实际制定。

（一）标题

纪要的标题一般由两或三部分组成，即由会议名称加文种组成。如《全国保险工作会议纪要》《中国金融学会第一次常务理事会议纪要》。

（二）正文

正文包括两个方面内容，开头主要是会议情况的概述，接下来写会议的主要内容，后部分是纪要的主体。

会议概述，一般包括：召开会议的原因、目的、起止时间、地点、参加范围、主持人、基本议程和主要活动、结果及对会议的结论。这一部分是会议的简要情况介绍，应以简短的文字叙述，给人以总的印象和对会议的轮廓了解。

会议的主要内容，这一部分是纪要的主体，主要写会议研究或讨论的问题的情况和结果。一般包括：会议讨论研究的工作事项的意义；会议的主要精神；今后工作的指导思想；今后工作的具体措施和要求。

（三）结尾

这部分要根据会议的内容恰当撰写，有的提出希望和要求；有的发出号召；有的要求有关单位或部门、个人认真贯彻执行，努力完成会议提出的各项任务或规定。

纪要一般都要在会上讨论通过，有的还要经上级领导机关批准。

五、写作要求

（一）把会议记录和纪要严格区分开来

会议记录是会议的原始文字记载，应原原本本地记录会议情况，不添枝加叶，不随意改变发言者的话语。纪要是一种公文，其会议的主要精神和决定是要贯彻执行的。

（二）纪要要在“要”上下功夫

纪要需写出会议研究的中心问题和主要精神，主次分明、逻辑性强。

（三）要尊重事实，实事求是

起草纪要的人必须忠实于会议的主要内容，坚持原则，不能以个人的主观好恶或别人的意志而改变事实真相，弄虚作假。

（四）发纪要必须及时

一般应力求在会议结束、与会人员临行之前发到手。如果来不及打印，也要在闭会后尽早发出，使与会人员或有关单位及时得到。

基本格式

原文	提示
北京市文物局市区两级共管 博物馆机制座谈会会议纪要 时间：2017 年 8 月 3 日下午 2：00 地点：市文物局新会议室 议题：就建立市区两级共管博物馆机制征求相关单位意见 会议内容：	第一部分，概述召开会议的时间、地点、会议的议题。
一、博物馆处范军处长介绍了我局召开市区两级共管博物馆机制座谈会的缘由，一是为贯彻执行《中华人民共和国公共文化服务保障法》和国务院《博物馆条例》，二是为贯彻 2017 年全市文物工作会议精神，按照简政放权的总体思路及“放管服”改革的总体要求，计划分步推进各区落实博物馆属地管理职能。三是为听取各参会单位对建立市区两级共管博物馆机制的意见和建议。 二、博物馆处李学军调研员对我局拟发的《关于建立市区两级共管机制切实落实博物馆属地管理职责的通知》（以下简称《通知》）作了介绍，对涉及各区文委具体落实博物馆属地管理职责的相关内容做了重点解读。 三、参会单位负责同志依次发言，与会同志们一致认为我局建立市区两级共管博物馆机制很必要很及时，有利于区域内博物馆事业发展与全市博物馆的规范化管理。同时，对《通知》提出了建设性的修改意见，涵盖日常工作交流、区域性行业组织发展和政策资金项目扶植等方面，也对我局的博物馆管理工作提出了增强工作交流和业务指导力度的建议。 四、法规处李响同志系统梳理了我局建立市区两级共管博物馆机制的法律法规依据，回答了部分参会同志的疑问。 五、于平副局长做总结发言，感谢参会单位对我局工作的支持，再次强调此次座谈会的大背景是为贯彻执行《中华人民共和国公共文化服务保障法》和国务院《博物馆条例》。作为我局建立市区两级共管博物馆机制的前奏，也是依法落实博物馆属地管理职责的一项重要举措。我局将在听取与会单位意见和建议的基础上，结合全市博物馆行业实际情况及各区文化委员会专业管	第二部分，写会议的主要内容。 第一到第五项是会议的主要精神和内容。

理队伍现状，分步推进各区博物馆落实属地管理职能。	
出席人员：于平、范军、李学军、李响、景旭、刘丞、程根、李帆、潘小俪、韩淑敏、任德永、王得军、谭勇、田莉莉 公开形式：主动公开	参加会议的人员。
抄送：办公室、博物馆处、法制处（科研处）	
北京市文物局博物馆处　　　　2017年8月7日印发	

课后练习

一、判断，对的打√，错的打×

1. 公文标题中除法规、规章名称加书名号外，一般不用标点符号。(　　)

2. 报告可以夹带请示事项。(　　)

3. 所有行政公文都要列出主送单位。(　　)

二、简答

1. 通知和通报的区别有哪些？

2. 报告与请示的区别是什么？

三、实训题

1. 某县支行营业室狭窄，不便开展业务，拟申请扩建。其中申请经费开支50万元。请代该行拟写一份请示（数字自拟）。再请代其上级机关拟写一份同意扩建的批复。

2. 据下述内容拟写一份通知。

某大学决定在2017年11月20日举行一年一度的运动会，为此全校师生停课三天。请代该校教务处撰写一份通知。

3. 请根据以下材料，先代A公司向B公司写一份初函，然后再代B公司写一份拒绝的复函。

A公司经营上发生了危机，若不采取积极措施，很可能造成公司破产。为此，公司经过研究，决定向同样经营甲产品的B公司救援，提出合作的建议。B公司收到A公司来函后，经研究，发现A公司财务状况堪虑，若与之合作，极有可能拖累本公司，决定拒绝A公司的要求。

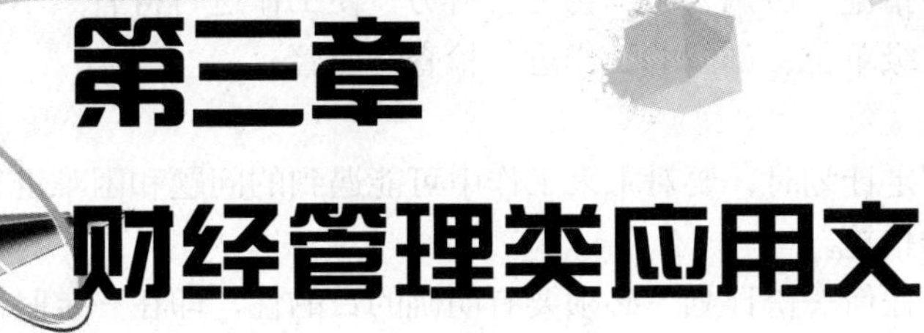

第三章 财经管理类应用文

学习目标：

（1）了解财经管理类应用文写作的内涵，掌握事务类写作的基础知识。

（2）知晓财经管理类应用文写作的常识。

（3）掌握财经管理类应用文写作的基本格式和具体要求。

（4）能写作和修改事务类应用文。

第一节 计 划

一、文体知识

（一）计划的概念

计划是党政机关、社会团体、企事业单位或个人，为了实现某项目标、完成某项任务或开展某项工作而对今后一定时期的工作、学习、生活做出安排和打算，并用书面文字表达出来的一种事务文书。

（二）计划的种类

按内容分：有学习计划、工作计划、生产计划、教学计划、财务计划、采购计划、科研计划等。

按主体分：有国际协作计划、国家计划、地区计划、单位计划、部门计划、班组计划、个人计划等。

按性质分：有指令性计划、指导性计划、综合性计划、专项性计划等。

按时间分：有长期计划（10～15年以上）、中期计划（5年左右）、短期计划（1年及1年以下）。

按形式分：有条文式计划、表格式计划、文件式计划等。

（三）计划的作用和特点

1. 计划的作用

第一，计划是建立正常工作秩序，提高工作效率的重要前提。古人云“凡事预则立，不预则废”，所谓“预”就是事先的预想、计划和安排。人们无论干什么工作，事先有了计划，就有了明确目标和具体的工作步骤，就可以增强自觉性，减少盲目性，有效地提高效率，直至达到既定的目标。

第二，计划是领导指挥和检查工作的重要依据。计划一旦确定后，本单位的领导可以根据计划的目的、要求，采取有利的措施，协调人力、物力、财力，使工作进行得有条不紊。同时，上级领导机关也可根据计划对下级单位、部门的工作进行检查与监督。

2. 计划的特点

第一，具有预见性。在制定计划时，要对未来工作中可能遇到的问题和困难进行充分的分析和判断，并提出相应的对策和措施。

第二，具有目的性。制定任何一份计划，必须要有明确的目的性，即在一定时间内完成什么任务，获得什么效益。如果计划中的目的性不明确，没有针对性，计划也就失去了现实意义。

第三，具有约束性。计划一经制定，就要认真贯彻执行。即使是个人学习、工作计划，也应具有自我约束力。对照计划，可对工作进行有效的监督和检查。

二、写作格式

计划一般包括标题、正文、结尾和落款四部分。

（一）标题

写在第一行的正中央，常见的结构有：

（1）制定计划的单位名称 + 计划适用期限 + 计划内容范围 + 文种，如：《××市 2015 年税收工作计划》。

（2）计划适用期限 + 计划内容范围 + 文种，如：《2016 年信贷计划》。

（3）制定计划的单位名称 + 关于 + 事由 + 文种，如：《××省关于进行公务员考核的计划》。

（二）正文

计划的正文由前言和主体两部分构成。这是全文的中心部分，应写明制定该计划的指导思想、根据或基本情况，一般围绕着“为什么，做什么，怎么做，何时完成”几个问题展开。

1. 前言

计划的开头，一般用简洁的文字阐明制定计划的指导思想，制定计划的依据，说明“为什么做”“依据什么做”“能不能做”的问题。这一段是计划的纲领，不宜写得冗长，需简明扼要，给主线清晰的总体印象。

2. 主体

计划的主干部分。前言是说明“为什么”要制定计划，主体是回答“做什么”“怎么做”“何时完成”。包括：

（1）目标和任务：这是全文的灵魂，要具体、明确地写明“做什么”“怎么做”，提出完成任务前具体指标。写作过程中要有主有次地写清楚完成什么任务，需达到什么目的和要求。

（2）措施和步骤：要明确先做什么，后做什么，体现出先后的顺序。措施一般包括人力、物力、办法、手段、组织领导等内容。写作上要具体，特别是对完成任务的条件、步骤、时限都要有要求。

3. 结尾

一般包括应注意的事项，需要说明的问题，提出希望或发出号召。

4. 落款

落款主要包括计划制定者的名称和日期两项内容。如果是上报和下达的文体，还要写明抄报、抄送、抄发的单位名称，并加盖公章。

三、写作要求

（一）吃透两头，既有进取性，又留有余地

吃透两头，一头是党的方针、政策，领导指示；一头是本地区部门的具体情况。也就是说，任何计划，既要能体现上级领导的指示和要求，又要符合本地区本部门的实际情况。留有余地，就是说，在制定计划的时候，不仅要考虑到工作的需要，而且要考虑到实际的可能，既要估计有利条件，又要估计不利条件。这样才能使计划处于主动，不致落空。

（二）文字力求精确，内容力求具体

计划的语言要求准确精简，不能过于烦琐拖沓，但同时内容应写得具体详实，让人一看有一个清晰明白的印象。好的计划，不仅有较为概括的总的目的要求，而且要有具体可行的措施。没有前者，谓之“盲人骑瞎马”摸不着路；没有后者，谓之“湖中望月”可望而不可即。

（三）要注意检查和修订

计划订好后，还需定期检查，因为计划总是制定在先。在计划执行过程中，如果遇到新问题、新情况，应及时进行修改、调整或补充。检查和修改计划的过程，实际上也是改进和提高工作的过程。

基本格式

原文（节选）	提示
××师范大学商学院学生会工作计划 （2015—2016 学年度第一学期） 2015 年度，在学院党委、团委的领导和支持下，院学生会完成了新的一届学生会干部的纳新等一系列平稳换届工作。新学期，院学生会将继续在学院党委、团委的领导和支持下，紧紧围绕校、院学生中心工作，以新一届学生会干部为主力军，以配合学院学风建设为主旋律，以提升学生工作的质量意识、服务意识和效率意识为抓手，内增素质，外塑形象，以人为本，突出特色，在全院范围内营造良好的学习和生活氛围，促进全体学生成长成才。现结合我院学生会的实际情况，特制定本年度的工作计划如下。 一、以理想信念教育为核心，扎实有效地开展思想政治教育工作 1．在总结以往思想政治教育内容和形式的基础上，积极探索新形势下大学生思想政治教育的新规律和新途径。帮助广大学生提升政治素养，坚定正确的政治信念，结合专业与学院实际，开展特色教育活动，如宿舍文化艺术节、社团文化巡礼节、迎新文艺晚会等，为同学们提供展现自我的舞台，使学生从中受到教育。	标题由单位名称、计划事由和文种名称三个要素组成。 正文的前言部分，用简洁的语言说明了理由和根据，指明中心任务，提出总体要求。在主体部分，说明完成该项任务的具体做法和措施，基本回答了“做什么”和“怎样做”的问题。

2．树立典型，以点带面，形成“以学校为核心、以学院为基础、以班级为重点”三位一体的思想教育模式。通过评选“五四先进团支部”“优秀共青团员（干部）”，促进班级团支部建设，从而更好地带领广大青年学生学习中国共产党的优良传统，提高理论学习水平，从中评选理论学习优秀班级，进行理论成果展示，树立典型，表彰先进，促进商学院各班级理论学习活动向纵深发展。

二、以制度建设和干部素质培养为中心，不断加强学生干部队伍自身建设

1．逐步完善学生干部管理制度。学生干部队伍建设是保证我院学生会各项工作得以顺利开展的中坚力量，学生干部素质高低将直接影响我院学生工作成绩的好坏。鉴于此，院学生会将进一步完善《商学院学生会工作条例》《商学院学生会干部自律条例》《商学院学生会例会制度》《商学院学生会干部选拔制度》《商学院学生会档案管理制度》等规章制度，促进学生会工作制度化、规范化和科学化。

2．注重学生干部的素质培养。将教育与管理、培养与考核有机地结合起来，从思想、学习、工作和生活各个方面关心学生干部，积极创造有利条件，搭建良好的发展平台，充分调动他们工作的积极性和主动性，把提高学生干部的综合素质作为重点工作来抓，全力打造服务型、学习型和创新型的学生干部队伍。

……

三、立足专业思想，巩固学风建设，积极开展各种学术交流活动，创建学院优良学风

1．以××师范大学学风建设月为契机，引导广大同学注重专业学习，瞄准高等教育目标，积极开展各种形式的学术交流活动，推动商学院学风建设，大力倡导各专业各班级开展形式多样的学习竞赛、经验交流活动，激发广大学生的学习热情，丰富广大学生的业余文化生活，促进学院优良学风的形成。

2．以学风建设为龙头，通过有效的激励机制，鼓励广大学生在科研、创新和创业不断探索，积极参加社会实践，进一步提升学生的学习能力、实践能力、创新能力和创业能力。

四、紧扣时代主旋律，丰富校园文化内涵，营造健康向上和谐的校园文化氛围

1．立足本院特色，创新工作机制，举办具有时代特点的迎新晚会、毕业晚会、营销技能大赛、演讲比赛、书法比赛等，为广大学生提供展示自我、放飞梦想的舞台。

2．打造浓郁的校园体育运动氛围，提高学生的身体素质。积极推广阳光体育运动，开展“阳光晨跑”、举办环湖长跑比赛、“迎新杯”篮球比赛等体育竞赛活动，增强学生体质，

……

五、加强学生日常管理，加大学生安全防范教育力度，建立完备的校园安全网络体系

1. 加强学生安全教育，以“安全文明宣传月”为契机，深入开展“平安校园”主题活动，在寒暑假和重大节日前后实行学生离校、入校登记制度，大力宣传防火、防盗、防骗知识，增强广大学生的自我防范意识、自我保护意识和法律意识，确保校园平安稳定。 …… 在新的一学期里，院学生会将以全心全意为广大同学服务为宗旨，认真贯彻落实商学院党委提出的各项任务，以饱满的热情和昂扬的斗志，努力拼搏，奋发有为，努力为商学院的建设和发展做出新的更大的贡献。	最后一个自然段是结语部分，主要展望形势，表明决心，发出号召。
商学院学生会 ×年×月×日	落款部分有单位名称和日期。

第二节　总　　结

一、文体知识

总结是单位、部门或个人对过去一段时期的工作、生产和学习等情况加以回顾和分析，做出评价和结论，为今后工作提供参考和借鉴的一种文章，如某工程项目部对已完成工作的回顾、分析、评价和结论所形成的书面材料。总结在实际工作中使用非常普遍，实用性很强，常见的“小结”“回顾”“体会”等都属于总结。

总结按照不同的标准大致划分为以下几种：

（1）按时间分，有年终总结、季度总结、月份总结、阶段总结等。

（2）按内容分，有工作总结、生产总结、学习总结等。

（3）按范围分，有单位总结、个人总结等。

（4）按性质分，有综合总结、专题总结等。

二、总结与述职报告的不同

（一）写作目的不同

述职报告的目的是通过向领导、群众陈述自己履行岗位职责的情况，展示自己的能力水平和工作状况，便于组织部门考查和接受群众的监督评议。总结是对一定时期工作的回顾与反思，总结出经验和教训，找出工作规律，体现“前事不忘，后事之师”，用以指导今后的工作。

（二）内容范围不同

一般工作总结涉及面较广，主体包括领导班子或合作团体共同的工作情况等。即使是个人的总结，其范围也比较宽而且自由，凡是自己所做的、经历过的各种工作，只要符合一定时期或组织的要求的，都可以写。而述职报告必须根据人事部门有关考核的规定，重在陈述履行职责的情况，以显示自己称职与否，不在职责范围内的成绩可少谈或不谈。

（三）评价标准不同

工作总结的评价标准一般是不固定的，往往是以一定时期的政策或上级部门的工作部署和基本要求为依据的。而述职报告的评价标准比较具体，主要以竞聘时组织部门规定的岗位职责目标和任务为依据。

三、写作格式

（一）标题

总结的标题有两种写法：

第一种写法为公文式标题。即单位（或个人）+ 时间 + 工作内容 + 文种，如“湖北安泰建筑有限公司 2014 年安全生产工作总结”。

第二种写法为新闻式标题。这种标题形式比较灵活，较多地运用于专题性总结。在采用这种标题形式时，可采用单行标题，以标题揭示总结的中心，如“开展安全生产教育工作的回顾”；也可以用双行标题，即正题加副题的形式，正题概括全文的中心，副题补充说明总结的单位、时间等，如“为用而学，学了能用——××建筑分公司开展岗位培训工作的体会”。

（二）正文

总结的正文主要包括开头、主体和结尾三个部分。

1. 开头

总结的开头要简明扼要地介绍基本情况，为下文的展开提供必要的铺垫，并给读者一个总体印象。其写作的方式多种多样，常见的有概述式、结论式、提问式、对比式等，有的开头形式比较单纯，而有的较为复杂，几种方式、几种内容交织其中。

2. 主体

主体是总结的主干部分，要具体写过去一段时间做了什么、做得怎么样，包括工作的成绩和经验、问题与教训等，内容比较复杂，应注意安排好文章的结构。主体部分常见的结构形式有分部式、条文式和全文贯通式三种。在安排结构时，尤其应注意确立文章线索、合理划分层次，做到线索清晰、有条有理。可以按照材料间的逐层深入关系为线索划分层次、安排材料，即情况——经验——问题，或者做法——成绩——经验的模式；也可以时间为线索，根据工作的不同阶段划分层次、安排段落，即阶段①——阶段②——阶段③……的模式；还可以工作项目、成绩、效果、做法或经验等划分层次、安排段落，即做法①——做法②——做法③……或者经验①——经验②——经验③……等模式。

3. 结尾

结尾简要写明今后努力的方向、改进的措施等，自然收束全文。综合性工作总结也常常把问题和不足放在结尾。为了行文的简洁，有的专题性工作总结不再出现结尾，而是由主体部分自然终止全文。

（三）落款

落款写明总结的单位（或个人）名称和时间。

四、写作要求

（一）坚持实事求是的态度

总结使用的材料要准确无误，列举的事实要核对清楚，要正确评价工作的成绩和缺点、经验和教训，不夸大、不溢美、不隐恶，避免绝对化和片面性。

（二）总结规律性的结论

总结要善于从取得的成绩和出现的问题中寻根究底，不能只是罗列现象、堆砌材料，而应当对实践中的成功与失败、成绩与缺点进行分析研究，把感性的、分散的印象上升为理性认识，从而归纳出带有规律性的东西。能否找到和反映规律性的经验，并提炼为明确的观点，是衡量一篇总结质量高低的重要标志。

（三）充分占有材料

撰写总结要全面掌握情况，充分占有材料，对本单位历史的、现实的、点上的、面上的、直接的、间接的、静态的、动态的材料都要了解。这些都是写作的基础，是得出结论、寻找规律的依据。

（四）叙议结合、语言简朴

总结要介绍基本情况、主要做法和成绩，这需要叙述；而分析原因、归纳体会、总结经验教训时，则需要议论，因此叙议结合是总结写作的主要方法，其语言上要求准确、简明，切忌笼统空泛。

阅读下文，初步感知总结的写作。

基本格式

原文（全选）	提示
××市人事局2017年上半年工作总结	标题为公文式标题。即由单位＋时间＋工作内容＋文种四个要素构成。
2017年，××市人事局在市委、市政府的正确领导和上级人事部门的具体指导下，贯彻市委经济工作会议精神，围绕市委、市政府确定的目标责任和本局工作思路，以保持共产党员先进性教育活动为契机，着力加强全市干部队伍建设，推进人才强市战略，认真履行工作职能，全面促进人事人才工作为经济建设和社会发展服务，各项工作进展顺利，取得初步成效。	开头部分要简明扼要地介绍了基本情况，并为下文的展开提供了必要的铺垫。
一、创新人事管理机制，公务员队伍建设有新的突破 1．建立绩效考核机制，抓好全市干部队伍日常考核工作 经过深入调研，出台2017年全市考核工作意见，建立以绩效考核为重点的考核机制，以实绩论英雄，以成效定奖惩，改革了以往考核采取背靠背打分、投票表决等作法。明确规定绩效考核不合格，综合考核不合格；绩效考核优秀，才具备综合考核评优资格。要求各单位依据考核结果，拉开各等次奖金分配差距10%～20%，实行奖优罚劣。各科室每个季度对所联系单位日常考核工作进行一次以上督促检查，及时收集情况。6月份，由四名局领导各带一个组，对全市日常考核工作进行了一次全面督查，推介了一批典型，发现了存在问题，指出了努力方向，确保后阶段考核工作平衡推进。	主体是该人事局

2．全面推行竞争上岗，增强机关事业单位活力 与市委组织部联合下发《关于做好机关单位中层干部竞争上岗工作的通知》，规定中层岗位出现空缺，一律实行竞争上岗，采取公布职位、公开报名、资格审查、组织考试、演讲答辩、组织考察等规范的程序进行，一般干部双向选择，竞聘上岗，进一步调动积极性，增强队伍活力，形成竞争择优的激励机制。全市60多个机关事业单位开展了竞争上岗，竞聘中层职位500多个。不少单位结合竞争上岗，在单位内部实行了轮岗。 3．贯彻竞争择优机制，组织公务员考试录用工作 组织我市乡镇机关60个职位的考试录用工作，经审查有316人符合报考资格，按照“公开平等、竞争择优”的原则，组织了笔试、面试、体检等工作，纪检、组织部门全程参与，整个招考工作组织严密、程序到位，获得了长沙市人事局的充分肯定，也赢得了考生的好评。 4．强化能力素质提升，推进干部教育培训工作 按照《国家公务员暂行条例》的要求和上级人事部门部署，认真履行职能，切实加强干部能力建设。认真组织好市委干部教育领导小组安排的培训工作，制定了全年培训计划，开展了乡镇干部法律法规、专技人员权益保护、全国计算机考试、人事干部工资业务、电子政务等培训项目。狠抓办班管理，确保培训质量。 5．学习宣传《公务员法》，强化公务员执政能力和依法行政能力建设 组织人事干部学习宣传贯彻《公务员法》，印发学习资料，在××人事人才网上建立学习宣传专栏，每周开展一次学习讨论，并带动全市人事干部和公务员认真学习《公务员法》，坚持依法行政，提高公务员队伍的执政能力。 二、推进人才强市战略，服务经济社会发展有新的举措 1．勇于创新，健全人才工作机制 4月份召开市委人才工作领导小组成员会议，研究确定了2017年全市人才工作要点、党政干部联系人才制度、政府雇员制度、干部交流方案、职业经理人培训方案、乡镇综合改革试点方案、园区人才服务方案等，明确了各职能部门的工作职责。一是创新人才工作理念，将各类人才引向经济建设第一线，促使企业成为我市吸纳人才的主要载体。二是创新了人才引进的形式，建立人才柔性引进机制。积极与省市外国专家部门联系协调，协助神力化工公司引进德国专家赫尔纳，成功开发出堵漏灵、石材胶两个高科技品，提高了企业竞争力。三是创新人才评价办法，改革职称评聘方式和拔尖人才选拔办法，试行职称评（考）与聘任分开的试点工作，建立拔尖人才动态选拔和培养制度。 2．深入调研，科学编制××人才规划 制定了《××市“十三五”人才规划编制工作方案》，对“十二五”期间人才工作情况进行了评估，出台调研报告，对人才规划编制工作开展了调研，设立了八个子专题，由相关部门制定专题规划方案，使全市人才规划切合实	年终工作总结的主干部分，具体写过去一年做了什么、做得怎么样，取得了哪些成效等。

际、操作性强。上半年已完成了人才规划初稿，为开展好××人才工作奠定了坚实的基础。

3．注重服务，推进人才市场化配置

建立网上平台，举办网上人才交流会，充分发挥人才网站的作用。举办人才交流会，加大了人才配置力度。深入省内10多所高等院校进行宣传发动，派出专人到湖南大学、湖南农业大学、湖南商学院、湘潭大学、长沙大学等高等院校张贴招聘信息，寄送邀请函到40多所高校，动员大专院校毕业生，特别是××籍的毕业生回××市应聘，到××市经济发展第一线创业，组织100多家企事业单位进场选才，促进了人才资源的合理配置。5月27日成功举办了第十一届“相约××河”大专院校毕业生人才招聘会，108家企事业单位提供近800多个就业岗位，其中卫生系统招聘医护人员200余名，教育系统招聘教师76名，来自省内外50多所大专院校毕业生及各类人才1600余人与用人单位进行了洽谈，当场签约300人。另外每月15日、30日举办“相约××河”实用人才交流会，250多家（次）单位进场招聘，1800余人次应聘，配置实用人才1100余人。

4．规范管理，加强人事代理工作

建立政府雇员制、人才派遣制。澄清人才底子，分类建立充实人才信息库。做好全市近3000名流动人员的人事代理服务工作，对人事代理人员档案进行了全面清理，查漏补缺。人事代理实行“一站式办公”“一条龙服务”，为企事业单位提供了优质的服务。

5．合理引导，促使人才创新创业

发挥网络优势，通过××党建网、人事人才网等宣传人才政策、先进典型，指导人才资源开发、开展网络求职招聘等活动。按照建立现代企业制度的要求，启动了职业经理人培训工作，利用网络开展企业家在线培训。抓住重点，大力开发农村实用人才。在花炮中级职称评审取得成功经验的基础上，启动了园艺系列中级职称评审工作，扩充我市主导产业花卉苗木人才队伍。将农村实用人才开发列入人才工作的重点，在各乡镇街道设立了乡土人才联系点，各村聘请了人才联络员，建立了乡土人才资源开发的网络体系，为花炮、生物医药等行业培养、盘活一批实用的技能人才，全面推动人才工作为经济建设服务。

三、突出机制创新，事业单位人事制度改革工作有新的进展

1．改革用人制度，积极推进事业单位人员聘用制

参与制定了卫生、房产等部门的人员聘用制方案，卫生系统出台全员聘用制的办法，积极稳妥推进事业单位人事制度改革工作。

2．严把入口，认真做好事业单位工作人员的考录工作

以“相约××”人才招聘会为平台，积极引进××经济社会发展急需的人才。招考工作的报名、笔试、面试、体检等环节，均按照“公开、平等、竞争、择优”的原则进行，新进人员全面实行人事代理。

3．推动分配制度和职称制度改革，调动人才积极性

积极探索事业单位分配制度改革新途径，在广电、报社、规划、卫生等部门均试行打破档案工资，推行绩效工资制。职称考试和工人等级考试均实行评（考）聘分开和聘前公示制度，在卫生系统部分单位推广了评（考）聘分开，建立专业技术人员竞争激励机制。

四、实行规范化管理，人事服务工作提升到新的水平

1．建立电子政务办公制度，提高了服务水平和服务质量

在市直单位率先建立电子政务办公制度，组织对人事干部开展了电子政务培训，办事流程、文件通知、工作动态、业务知识全部上网发布，基层单位收阅文件、学习业务、报送信息，用人单位和人才求职招聘都可以通过网络平台进行操作，方便了群众办事，节约了行政成本，提高了办事效率，推进了政务公开，加快了人事人才工作的电子信息化进程。

2．加快电子化进程，做好计算机审批工资福利工作

上半年人员异动多，工资调整业务十分繁忙，认真抓好了全市近 3 万名机关事业单位工作人员的工资审核，调查处理好 10 多起工资福利问题来信来访，落实各项工资和福利政策，为各单位提供优质的工资福利服务。

3．科学合理安排，确保专业技术人员管理和职称工作有序开展

下发职称评审通知，公布职称评审条件、规定、要求，明确材料报送时间，规范职称评审材料整理、报送工作。同时，加强专家基地建设，会同省外国专家局引进德国专家对宏伟化工厂等企业进行专家服务。

4．强化人事调研，提升工作思路和工作水平

局领导带头开展了人事人才调查研究工作，撰写调研文章，解决人事人才工作实际问题。加强了信息开发和提炼，中国人事报等刊物、媒体采用稿件 20 多篇。在各级报刊、网站刊载调研文章 10 多篇，有力推介××市人事人才经验成果。××市公务员考核经验、人事制度改革和人才管理经验在全国形成了较好的反响，吸引了北京平谷区等多批考察团前来学习交流。

5．加强日常管理，确保机关高效运转

进一步加强了内务管理，对制度执行情况进行严格督查。建立了目标管理考核制度，局党组与科室签订了目标责任书。做好信访工作，及时调查处理信访件、批示件，认真回复批转单位和来信人。切实抓好中央 1 号文件宣讲、计划生育、综合治理和安全保卫等工作。认真及时办理市政府干部任免文件，按政策开展干部调配、借调等工作，加强干部奖励等涉及人事业务方面文件的审核。认真制定、印发本局文件 15 个，函件 40 多个，不断提高办文会质量，做好来客接待和上下协调工作，确保全局工作高效运转。

五、深入开展保持共产党员先进性教育活动，塑造了人事部门新形象

市人事局高度重视共产党员先进性教育工作，通过采取签订目标责任书、聘请作风监督员、落实整改责任制、边学边议边改、建立长效机制、巩固整改成果等一系列措施，高起点开展学习教育，创新学习方式，增强干部素质；

高标准开展分析评议，找准问题，边议边改；高质量抓整改提高，建立长效机制，扩大教育成果。整个活动取得了明显成效，有力地促进了工作，被市委督导组推选为先进典型单位。

1．党组带头参加学习教育，不断增强班子的战斗力和凝聚力

局党组先后10多次召开专题会议，研究部署全局保持共产党员先进性学习教育活动工作，并成立了××市人事局保持共产党员先进性教育活动领导小组，由党组书记、局长×××任组长，其他党组成员任副组长。坚持规定动作一定要做实，不能有丝毫马虎。自选动作一定要做精，不能满足于一般水平。通过学习教育，局党组班子更加紧密团结在市委、市政府周围，围绕工作大局，确保政令畅通。制定了严格的党组议事制度和议事规则、重大事项请示报告制度、分管工作分工负责制度、××生活会制度、谈话制度。班子成员之间加强互相交心通气，交流感情，充分调动了班子成员的工作主动性，形成了团结融洽的工作氛围。确立了“学习、创新、协作”的机关建设方针，班子成员带头学习政治理论和人事人才业务知识，带头推进工作创新，促进科室间的团结协作。同时，把班子的党风廉政建设工作作为重中之重，抓紧抓实，完善了党组议事制度、领导干部廉洁自律制度、重大事项报告制度、班子成员述廉会议制度等，提高工作透明度，着力打造“阳光人事”。

2．干部队伍素质全面提高，提高了服务质量和水平

以先进性教育为契机，建立了人事局岗位责任制，重新调整设置了岗位，在机关内部实现了干部职工的全员竞争上岗，有效地调动了干部职工的积极性，充分发挥了干部职工的创造性。坚持边学边改、边议边改，建立长效机制。修订了机关管理制度，汇编成册，实现了管理的制度化、规范化。建立学习制度，每月进行一次集中业务学习、工作总结、工作研讨。制定科室目标管理考核责任书，强化机关干部日常考核，开展季度述职测评，拉开奖金分配差距，建立有效的激励机制。将服务水平和服务质量列入目标考核重要内容，与奖金、福利挂钩，确保教育活动收到实效。加强对党员干部进行群众观念、调研意识和效率意识的教育，建立工作人员联系单位考核督查制度，每个科室都联系了基层30多个单位的业务工作，并要求经常性地开展本科室业务范围内的业务知识培训，增强基层人事干部业务素质。通过先进性教育，确立了人事干部保持先进性的六十字具体要求，人事干部的执政能力和依法行政能力不断增强，人事人才政策法规得到全面贯彻落实，人事人才工作真正体现了公开、公平、公正。

六、下半年工作重点

1．编制出台××市××人才发展计划；

2．组织《公务员法》学习宣传工作，促进公务员队伍管理与《公务员法》接轨；

3．加强公务员和事业单位工作人员日常考核和年度考核工作，强化督查，推介典型，审核各单位考核方案和考核等次；

结尾部分提出下半年人事局的工作重点。

4．深化人事人才工作调研，总结经验成果，加强宣传推介； 5．突出抓好人才工作，加强对企业人才服务，举办好每月 15、30 日的人才招聘会； 6．推进用人制度改革，对各单位人事代理工作进行全面清理，做好各项服务工作，发挥人事代理作用； 7．完善工资信息库建设，所有国家工作人员进入计算机信息库； 8．规范职称评审工作，按政策程序完成各级各系列职称评审工作； 9．继续加强电子政务建设，引导全市人事干部加强电子政务学习与应用，提高工作效率； 10．深化人事制度改革，完善人事人才管理体制，拓展人才市场功能，探索事业单位分配制度改革办法，规范职称评审程序和方式。	
××市人事局 2017 年 7 月	落款部分有单位名称和日期。
×××同志 2017 年度工作总结 过去的一年里，我在院领导及同事们的关心与帮助下，本着“一切以病人为中心，一切为病人”的服务宗旨，刻苦钻研业务知识，努力提高理论水平，熟练地掌握了各项临床操作技能，圆满地完成了领导布置的各项护理工作任务，在思想、学习和工作等方面都取得了新的进步，现总结如下。	标题由总结人+时间+文种组成；正文开头采用了概述式，简洁明了。
一、严于律己，自觉加强党性锻炼，党性修养和政治思想觉悟进一步提高。 一年来，我坚持用正确的世界观、人生观、价值观指导自己的学习、工作和生活实践。在思想上，热爱祖国，热爱中国共产党，热爱社会主义，拥护中国共产党的领导，拥护改革开放，认真贯彻执行党的路线、方针、政策，为加快社会主义建设事业认真做好本职工作。工作积极主动，勤奋努力，不畏艰难，尽职尽责，在平凡的工作岗位上作出力所能及的贡献。 二、强化理论和业务学习，不断提高自身综合素质 一是认真学习习近平新时代中国特色社会主义思想，深刻领会其科学内涵，增强自己实践习近平新时代中国特色社会主义思想的自觉性和坚定性。认真学习党的十九大精神，自觉坚持以党的方针和政策为指导。 二是加强廉洁自律教育和职业道德教育。能否廉洁自律以及职业道德的高低、思想品德的好坏都会直接影响护士的素质和形象。一年来，通过各种廉政教育和技能培训后，我更加理解了“廉洁自律、严格执法、热情服务”的重要性，把人民群众满意作为做好本职工作的根本点和出发点。通过医院党支部和职能部门开展全心全意为人民服务的宗旨教育、职业道德教育和思想品德教育，我的思想认识有了很大的提高，并努力做到始终把党和人民的利益放在首位，牢固树立爱民为民的思想，在人民群众心目中牢固树立“白	正文中间部分从思想、学习、工作和今后打算四个方面来总结，并把学习和工作作为重点详细地加以总结。由于一年中所从事的工作较多，难以从工作量上进行分类总结，所以在总结中，作者主要从主观上加以总结。

衣天使”形象。不断加强“四自”修养，即“自重、自省、自警、自励”，发挥护士的主动精神，在自己内心深处用职业道德标准反省、告诫和激励自己，以培养自己良好的道德品质。

三是注意维护护士职业形象。认真学习《医疗事故处理条例》以及有关的法律法规，积极参加医院组织的《医疗事故处理条例》学习活动，丰富了法律知识，增强了安全保护意识。坚持参加科室每月一次的业务学习、每周二的晨会。坚持每天的危重病人护理查房、护理人员“三基”训练。在平时工作中，注意文明礼貌服务，坚持做到态度和蔼，语言规范，仪表端庄，着装整洁，发不过肩，不浓妆艳抹，不穿高跟鞋、响底鞋。在护理部组织的多次技术操作考试中，均取得了优异的成绩。

三、努力工作，圆满完成工作任务

在平时的工作中，一方面严格要求自己，另一方面利用业余时间刻苦钻研业务，体会要领。过去的一年，我主要在综合病房工作，而这正是临床工作的重点。为了搞好工作，我与同事相互学习、交流经验，并通过自己的摸索和实践，形成了清晰的工作思路。

我本着“把工作做得更好”这样一个目标，认真接待每一位病人，把每一位病人都当成自己的朋友、亲人。遵守规章制度，牢记“三基”（基础理论、基本知识和基本技能）“三严”（严肃的态度、严格的要求、严密的方法）要求，每次走进病房，我都利用有限的时间不遗余力地鼓励患者及其家属，耐心地帮助他们了解病情、树立战胜疾病的信心。遵守劳动纪律，坚守岗位，按时出勤，全年没有请假现象，并经常加班加点，圆满地完成了各项工作任务。

当然，我身上还存在一些不足：一是感觉要学的东西太多，难免心浮气躁；二是遇到挫折时，不能冷静处理；三是工作的主动性有待于进一步提高。今后我会继续发扬自己的长处，努力克服自身的不足，踏实做事，勤奋工作，不断学习，为医院的建设和发展做出应有的贡献。

总结人：×××
2018年1月10日

落款部分有总结人和总结时间

第三节　简　　报

一、文体知识

简报是党政机关、社会团体、企事业单位内部用来汇报工作、交流情况、反映问题、通报信息的一种带有新闻报道性质的常用文体，是具有汇报性、交流性和指导性的书面材料。

简报作为一种单位内部的报道工具，其主要作用如下：第一，使下情上达，便于上级领导能及时了解情况，掌握可靠的决策依据；第二，使上情下传，便于下级单位领会上级的有关指示和工作意图，及时得到指导和帮助；第三，还便于平级单位之间沟通情况、交流经验、彼此协调、互相配合。

（一）简报的种类

1. 工作简报

这是一种反映各行各业工作过程、方法、经验、成绩、问题等情况的简报，根据其内容，又可分为综合性工作简报和专题性工作简报。

综合性工作简报的内容十分广泛，包括对上级制定的方针政策、发布的决议、指示等领会贯彻的情况；生产、经营等方面工作任务的进展情况；典型调查的成绩经验、问题教训情况；表扬和批评情况等。这类简报是企事业单位、部门用以交流工作、学习、生产等情况的主要工具。

专题性工作简报是指在集中开展某项活动时，根据需要，把活动过程中的成绩、典型经验、存在的问题和教训等情况，向上级主管部门汇报和向有关部门反映的简报，如果活动停止，简报也就停发。如《质量月活动简报》《企业整顿验收简报》等。

根据实际情况，工作简报都可办成定期或不定期的。

2. 会议简报

为了总结会议情况，组织和引导会议，同与会者互通情况或向上级机关、有关部门、有关人员报告会议情况而编制的简报。会议简报的内容应包括会议概况、议程、议题及会上研究讨论的问题、与会人员的发言摘要、会上决议的事项等。

会议简报的编制者可因会议的规模、层次的不同而不同，如果是大型会议，如“党代会”“人代会”“工代会”等，往往由大会秘书处制发，小型会议一般由会议主持者本人或委托专人撰写。

3. 动态消息

这是一种专门为传递本单位、本部门消息或某个工作领域动态的简报，如以单位、部门命名的《××动态》，其他有《理论动态》《科技简讯》《教学简报》等，就是这种性质的简报。这类简报多数保密性强，一般在内部使用，主要为有关人员研究问题、决定方针、制定具体措施作参考。

（二）简报的特点

1. 真实性

这是简报文章的主要特点，丧失这一特点，就意味着丧失简报存在的价值，可以说，简报的真实性是办报机关权威和信誉的保证，是对人民对事业负责任的表现。真实性由“真”和“实”两个含义。“真”，是指所报道的情况必须是确有其事，不是虚构的，也不是“大致如此”，准确可靠的，既不夸大，也不缩小。“实”，是指必须用事实说话，而不是靠作者的旁征博引，推理证明，把确凿的、典型的事实表达清楚了，读者自然会从事实中得出结论。

2. 新闻性

简报的新闻性特点有两个含义：一是新鲜，撰写的事实是人们欲知而不知的，如新的情况、新的事物、新的问题、新的动向、新的成就、新的经验等，不是人们已知信息的重复，众所周知的事不能算新鲜。二是新闻价值，新鲜的事不一定都值得上简报，只有具备一定社会意义的才值得报道。对于简报这种内部新闻来说，它必须服从和服务于办报单位，对本单位的工作起积极作用，这是信息需求的功利性所决定的。对于“新”也不要误解为前所未有、闻所未闻的事物，新事物都是在旧事物的基础上转化演变而来的，对现有的或原有的事物不深入研究，新的事物是很难进入报道者视野的。因此，表现“新”，一要善于开掘，注意观察，发现旧事物所蕴含的新萌芽、新趋向、新特点；二要善于选择新的表现角度，在原有事物中挖掘别人未曾挖掘出来的新价值。

3. 时效性

时效性包括快和短两个方面。

快，是指反映情况和传递信息迅速及时。快和新相关，从事实的发生或发现到作出报道，其间的时间差越小就越新，而越新的事实报道其新闻价值就越大。但“快”是相对的，快是手段不是目的，要防止片面追求“捷足先登”而粗制滥造，或影响报道的真实性。

短，是报道文章的信息功能决定的。文章的长短是与耗时的多少成正比的，只有短才能少耗时而尽快地把信息传播出去。同时，短文章有利于简报扩大信息量，多载文章，在高速度、快节奏的现代社会里，也要求文章简捷务实，内容简明扼要，语言简练精干，以提高生活质量和社会效益。但短不等于空乏浅显，而是要求文短事不单，字少味不淡，言简理不薄。

4. 指导性

这是和新闻的价值紧密联系的，报道中凡有新闻价值的，即对本单位的工作具有积极作用的都有指导性；凡无指导性的报道，本身就不具有价值，没有上简报的必要。如“人咬狗”之类的趣闻，可在报刊上登载，但在简报上就不适宜，原因就是这类趣闻不具备指导性，不能服从和服务于办报单位，解决工作生活上迫切需要解决的问题。

5. 机密性

简报有一定程度的机密性，简报的机密程度决定传阅的范围。一般来说，机密程度越低，传阅范围越广，反之亦然，并且，会议的层次越高，机密程度越高。简报的内容，不管是情况的反映，还是经验的介绍，一般是不公开发表的，如要发表，须经过法人批准或集体讨论决定，并应在文字及内容上作必要的审查和修改。

二、写作格式

简报的结构由三部分组成：报头、报核和报尾。

1. 报头

报头约占一页纸的三分之一，包括以下内容：

(1) 简报名称位置居中，用大号字体套红印刷。

(2) 编号在名称的正下方标明期数，有一年一编号，第二年则另行编号，也有按期数编号的。

(3) 编号单位在编号下面左起顶格写明编发单位的全称。

(4) 印发日期在编发单位平行对称的右侧写明年、月、日。

2. 报核

报核即主体部分，指刊登的文章，少则一篇，多则几篇。

简报的文章形式常见的有四种。

(1) 动态性简报文章。它及时准确地报道本单位及与本单位有关的部门新近发生的、有意义的各种事实。有的反映已经发生的事实，有的对即将要发生的事实发出预告，有的传播与本单位有关的新的信息，有的对人们提出或关心的热点、焦点问题加以探讨和解释。报道的对象一般只涉及一个主要个体：一桩事、一个人、一个部门、一样东西、一种现象等。它只反映客观存在的情况，作者不直接加以评论。这类文章占简报文章的大部分。动态性简报文章常常是报纸、广播新闻的线索，有的稍加修改就可见报。

（2）经验性简报文章。它是指单位在某项具体工作中取得明显效果和成功经验的报道。它是从实际工作中孕育而生的，对于同类单位或同类工作有现实的指导和启发作用，具有典型意义，又称“典型报道”。

这种经验性的简报文章与另一些写经验的应用文体，如经验性总结、调查报告等既有共性又有不同。最重要的区别在于简报具有新闻性，在写作方法上也较简要，作为一种信息源，主要任务是提出“什么”，不必要也不可能十分全面、细致地说明“为什么”。

（3）综合性简报文章。它是在一个主题统帅下，综合反映某个时期、某个部门、某个事项的情况、动向、成就或问题。有的是写“一地数事”，有的是写“数地一事”。可以是已经结束的，也可以是正在进行的，还可以是将要做的事情的安排。这种报道反映的面广，材料充实，说服力强。在写法上最多的是“横向综合”的方法反映，也有从“纵向综合”的角度去写，还有用“点面结合”的方法反映，用统计数字说明“面”的情况，用个别典型作为此类情况的代表。

（4）转引性简报文章。这种意志“借嘴发言”的方式，即转引他人的文章或讲话以表达自己的观点。全文引用，或部分引用，通过所加的标题、按语和精心的取舍，表达自己赞成和倡导的某种事物。这种以转代著的文章是简报这种“准公文”、无稿酬的内刊特有的文章样式。

3. 报尾

报尾在简报最后一页下部，用两条平行横线与报核分开，并在其内写明简报的发送对象和印数，在发送对象前写上“报”（对上级单位或某领导人）、“送”（对平级）、“发”（对下级）等。

三、写作要求

（一）正确反映，实事求是

简报多数是写给上级领导机关、领导同志看的，有一些也给下级领导机关、领导同志和有关干部参考。特别是那些机密程度较高的简报，常常影响领导机关的决策，即便下发的简报对有关工作的影响也是很大的。因此，简报主要是靠事实说话。事实不真，不但没有说服力，甚至会产生不堪设想的后果。作为一级组织，在安排简报时，要坚持其内容必须完全真实，事情的前因后果、引用的数据等都要反复核实，准确无误；对基本情况作出评估时要客观、恰当，符合实际；既不夸大，也不缩小；既不能报喜不报忧，又不能报忧不报喜。

（二）深入实际，熟悉情况

简报的写作者、制发人基本都是本单位内的人，较记者更熟悉情况，更能掌握第一手资料，但要保证材料的真实可靠，仍需要走向基层，深入实际。也只有这样，简报内容才能经得起实践的检验。

（三）抓住问题，切中要害

要善于敏锐地抓住领导和群众关心与职工亟待解决的问题予以反映，对于热点和热点问题给予及时报道，如企业的生产状况与福利情况，上级的工作部署，带有方向性及典型意义的活动和工作经验、政策、措施的反馈信息等，以充分发挥简报的作用。

（四）重视修改，细心推敲

简报定稿后，主要从四个方面进行修改。一是查对内容是否真实典型。即先认真查对所引用的材料是否准确，避免凭“记忆”“想象”“大概”等造成错觉，而后尽可能把不典型的事例换成典型的事例。二是看用语是否准确恰当和简洁。提法要求全面准确，避免片面性；行文要求避免累赘唠叨，竭力将可有可无的字、句、段删去。三是检查逻辑与结构是否严密清楚。结构布局、层次安排要求合理，前后照应要妥帖，不能出现前后意思脱节、层次不清、详略不当，或前后矛盾的现象。四是审核格式是否符合要求。按简报的格式进行检查，无论是报头、报核、报尾，都要求规范化，使人一目了然。

基本格式

原文（节选）	提示
校 园 简 报 **2018 年第六期** 【领导讲话】 …… 【工作动态】 …… 【简讯】	简报一般由报头、报核和报尾三部分组成。 这一部分为报头，约占页面的三分之一。标明简报名称、期数、编发单位、印发时间、编号等。
我校获株洲市“文明校园”称号 日前，从株洲市召开“建设新时代更高水平文明城市推进大会”上获悉，我校在株洲市 2017 年度文明创建工作中，荣获株洲市“文明校园”称号，这是我校获得 2017 年度湖南省“文明高等学校”称号之后的又一殊荣。 多年来，特别是 2017 年我校以迎接和学习宣传贯彻党的十九大精神为主线，坚持以习近平新时代中国特色社会主义思想为指导，按照株洲市创建全国文明城市建设工作的总体要求，在全校师生中大力培育和践行社会主义核心价值观，创新开展系列富有特色的校园精神文化活动，把精神文明建设作为推动学校工作开展、推进事业发展的切入点，不断深化认识，强化措施，文明创建取得了可喜的成绩。此次评选是根据《教育部、中央文明办关于深入开展文明校园创建活动的实施意见》《湖南省精神文明建设指导委员会关于印发<文明校园、文明标兵校园评选管理办法及测评细则>的通知》（湘文明委〔2017〕13 号）、《株洲市精神文明建设指导委员会关于开展 2017 年度株洲市文明校园、文明标兵校园评选表彰活动的通知》等文件精神，经过现场考核、综合测评、听取意见、进行综合计分、审定等评选程序进行。 同时，我校津巴布韦籍教师科思·马布雅被记个人三等功，拉脱维亚籍教师安德烈斯·罗哥夫斯获个人嘉奖荣誉。	这一部分为报核，由标题、正文和署名三部分组成，有时加上按语和目录。 标题采用单行式标题，高度概括简报的主要内容。 正文部分主要介绍了学校获得“文明校园”称号的时间、地点、评选依据和评选程序。
湖南工业大学宣传部	报尾一般用两条平行线标明报尾部分，左侧注明简报发放对象和范围，右侧注明印刷份数（本文略）。

第四节 规 章 制 度

一、文体知识

规章制度是国家机关、社会团体、企事业单位或人民群众为了管理的需要而制发的对一定范围内有关工作、活动和人们的行为作出规范要求并具有约束力的公务文书。

（一）规章制度的种类

规章制度包括行政法规、章程、制度、公约四大类。不同的类别，反映不同的需要，适应于不同的范围，起着不同的作用。

1. 行政法规类

（1）条例：是具有法律性质的文件，是对有关法律、法令作辅助性、阐释性的说明和规定；是对国家或某一地区政治、经济、科技等领域的某些重大事项的管理和处置作出比较全面、系统的规定；是对某机关、组织的机构设置、组织办法、人员配备、任务职权、工作原则、工作秩序和法律责任作出规定或对某类专门人员的任务、职责、义务权利、奖惩作出系统的规定。它的制发者是国家最高权力机关、最高行政机关（国务院各部委和地方人民政府制度的规章不得称“条例”）。例如：《失业保险条例》《中华人民共和国人民币管理条例》。

（2）规定：是为实施贯彻有关法律、法令和条例，根据其规定和授权，对有关工作或事项作出局部的具体的规定。它是法律、政策、方针的具体化形式，是处理问题的法则，主要用于明确提出对国家或某一地区的政治经济和社会发展的某一方面或某些重大事故的管理或限制。规定重在强制约束性。它的制发者是国务院各部委、各级人民政府及所属机构。例如：《关于制止低价倾销工业品的不正当价格行为的规定》《关于出版物上数字用法的试行规定》。

（3）办法：是对有关法令、条例、规章提出具体可行的实施措施，是对国家或某一地区政治、经济和社会发展的有关工作、有关事项的具体办理、实施提出切实可行的措施。办法重在可操作性。它的制发者是国务院各部委、各级人民政府及所属机构。例如：《南方工业学校班主任工作考核办法》《广东省普及九年制义务教育实施办法》。

（4）细则：是为实施“条例”“规定”“办法”作详细、具体或补充的规定，对贯彻方针、政策起具体说明和指导的作用。它的制发者是国务院各部委、各级人民政府及所属机关。例如：《<对外汉语教师资格审定办法>实施细则》《审批个人外汇申请施行细则》。

2. 章程

章程是政府或社会团体用以说明该组织的宗旨、性质、组织原则、机构设置、职责范围等的纲领性文件，具有准则性与约束性的作用。它的制发者是政党或社会团体。例如：《中国共产党章程》《中国写作学会章程》。

3. 制度

（1）制度：是有关单位和部门制订的要求所属人员共同遵守的准则，是机关单位对某项具体工作、具体事项制订的必须遵守的行为规范。它的制发者是机关团体、企事业单位及其部门。

（2）规则：是机关单位为维护劳动纪律和公共利益而制定的要求大家遵守的关于工作原则、

方法和手续等的条规。它的制发者是机关团体、企事业单位及其部门。例如：《全国安全生产委员会专家组工作规则》《南方工业学校图书馆借书规则》。

(3) 规程：是生产单位或科研机构，为了保证质量，使工作、试验、生产按程序进行而制订的一些具体规定。它的制发者是机关团体、企事业单位及其部门。例如：《车间操作规程》《计算机操作规程》。

(4) 守则：是机关团体、企事业单位要求其成员遵守的行为准则，它倡导有关人员遵守一定的行为、品德规范。它的制发者是机关团体、企事业单位及其部门。例如：《全国职工守则》《汽车驾驶员守则》《高等学校学生守则》。

(5) 须知：是有关单位、部门为了维护正常秩序，搞好某项具体活动，完成某项工作而制订的具有指导性、规定性的守则。它的制发者是有关单位、部门。例如：《观众须知》《参加演讲赛须知》。

4. 公约

公约是人民群众或社会团体经协商决议而制订出的共同遵守的准则。公约是人们为了维护公共秩序，经集体讨论，把约定要做到的事情或不应做的事情，应该宣传的事情或必须反对的事情明确写成条文，作为共同遵守的事项。它的制发者是人民群众、社会团体。例如：《居民文明公约》《北京市各界人民拥军优属公约》。

（二）规章制度的特点

1. 权威性

规章制度属于机关事务文书，写法上没有法定公文那么严格，执行中也不像法律文书那样具有极强的法律效力。但是就一个部门、一个单位来说，规章制度无疑具有行政强制性，军队的规章制度尤其如此。为了维护规章制度的权威性，在起草时必须做到“三个明确”。

第一，明确领导意图。规章制度是领导者管理思想的载体、管理意图的物化。因此，规章制度的写作不仅要有本部门本单位领导的安排或授权，而且必须吃透领导意图，吃透上级或主管部门的意向、目的和要求，从而准确把握规章制度的要点和重点。这样，写出的规章制度才会站位高、权威性强。

第二，明确行文基调。写作前应深入了解该规章制度所针对的对象的现状，要解决哪些方面的问题，需要限制的范围及程度，需要把握的侧重点或表述尺度，形成一个清晰的写作思路。对于事关全局的规章制度，写作前尤其要做好调查研究，定好写作基调。

第三，明确制发背景。制度管理是一个连续的、系统的过程，任何部门与单位都不可能仅有一项或一个方面的规章制度。因此，起草前应弄清楚以前是否有过这方面的规定或要求，如果有的话，应分析是否需要修订，弄清是文字提法上的修改，还是内容方面的补充、增删；是基本维持原规定的精神，还是要推翻重写；原来的规章制度有什么优点，有什么不足等。有时，一种规章制度中会涉及好几个方面的内容，而对于同一个问题或情况的管理，又可能涉及好几种不同的规章制度，这就需要从各方面考虑内容的制约和平衡，用好有关参考资料。只有这样，订出的规章制度才会有连续性和可执行性。

2. 可行性

规章制度是要人执行的，其内容必须准确、规范，有实实在在的可行性。

首先，要有很强的针对性。内容是规章制度的内核和基础，除了必须真实准确之外，还必须有明确的指向性。同样一种规章制度，在不同的部门和单位里往往有不同的侧重点和不同的内容要求。如果其内容“千人一面”“千部一腔”，毫无自己的特色，那规章制度就可能成为“样子货”。只有从本单位的实际出发，写出具有针对性的制度和规定，才会言之能行，行之有效。

其次，条文内容要有依据。从某种意义上说，规章制度是法律法规和政策条文的延伸或细化，它必然具有强制性特征。因此，任何规章制度都必须有法律依据或政策依据，必须符合党和国家的政策、法令，不允许与之相抵触或违背。如果上级的有关规定内容已经比较具体，适用性也比较强，本部门或单位就没有必要再就同一内容作出规定和要求了。

再次，具体要求要协调。为确保规章制度的可行性，写作时必须十分注意与同类规章制度的纵向或横向联系与协调。纵向关系的协调关键在下级，下级部门和单位制定的规章制度必须符合上级部门的有关要求；横向关系的协调，重在避免几个部门从各自不同的角度和需要出发，都制定了规章制度，但由于互不通气，结果出现矛盾，发生规定“撞车”、制度“打架”现象。

3. 规范性

规章制度属于法规性文书，具有一定的约束力，因而其文字表述必须严谨、周密、规范。既要体现严肃性，又要考虑稳定性。在结构安排上，通常采用分条式叙写的方法，这就要求对条文的先后顺序、内容主次进行精心设计，十分注意条与条、段与段之间的内在逻辑关系，做到层次分明，布局合理。只有明确了写作要点，才能够写出结构体式比较规范的文稿来。

二、写作格式

（一）标题

规章制度的标题就是规章制度的名称，一般由单位、内容性质和文种名称组成。如《××直属单位保密工作细则》《××部队营房管理规定》等。有的规章制度属于试行、暂行或草案，应在标题中指出。

（二）日期

规章制度必须注明制订或颁布的具体时间，以便于贯彻落实。

（三）正文

各种规章制度的正文结构大体类似，都是以条文的形式写成，一般由“总则”“分则”“附则”三部分组成。

1. 总则

总则主要应写明制订本规章的目的、根据，明确工作的基本方针、基本任务，以及文件的适用范围和执行的办法等原则性的规定。其具体写法可以灵活，有的可以单列一章，下面再分若干条文来写；有的也可以采用导语、序言的形式，将总则部分的内容用一段文字加以概括，放在具体条文之前。

2. 分则

分则主要应写明规章制度的具体内容，都是由若干章、节和条款组成的，占正文的主要篇幅。具体的写法要根据内容的多少繁简而定。有的可以分章列条来写；有的也可以不分章、节，只列若干条文，每一个条文写一个具体问题。总之，分则部分分章、节写时，要为每一章、节拟出一个小标题，以清眉目。每个章、节里的条款次序，应当按其内容的联系和逻辑顺序加以排列。条文的编号，无论是否分章分节，所有的条文都应统一连续编排序号，每个条文中的各款，可以分别各条单编顺序号，以方便引用。

3. 附则

附则主要规定本规章制度的执行时间；宣布原有的与这个文件相抵触的规定同时作废；写明修改、补充、解释权，以及对违反规定者的处理规则等。

三、写作要求

（一）与党和国家政策相符合

规章制度是党和国家方针政策的具体化，因此，制定者的政策观念要强，对政策的掌握要全面，理解要深刻。具体规定既要有正确性，又要有先进性和可行性，还应体现政策的连续性和长远性。

（二）与本单位、本部门的实际情况相吻合

规章制度必须根据本单位、本部门的实际情况有针对性地制定，要实事求是，一切从实际出发，不搞形式主义。

（三）明确制定权限

全国性的行政法规由中共中央、国务院制定；部门性、地方性的行政法规由国务院各部委，或省、市、自治区制定；各机关、团体、企事业单位根据自己的实际情况制定本部门、本单位的规章制度。要注意不得越权、越级随意制定，下级制定的规章制度也不能同上级的规章制度相抵触。行政法规的制定要经上级主管部门批准。

（四）广泛听取群众意见

规章制度还应贯彻党的民主集中制，充分发扬民主，广泛听取群众意见，征得群众的理解、支持和拥护，把制定的过程变成宣传教育群众的过程，否则执行起来就会产生意想不到的阻力。

（五）符合写作要求

规章制度的条文内容要明确具体，切实可行；篇章要条理清楚，款项分明；概念使用要准确规范；文字表达要简明扼要，通俗易懂；允许做什么，不允许做什么，要界限分明，便于记忆、执行、检查。

基本格式

原文（全选）	提示
××公司项目成本管理责任制度 第 1 条　总则 为了降低成本，实现成本管理规范化、程序化，根据项目管理办法，特制定本制度。 第 2 条　适用范围 本制度适用于项目成本管理工作。 第 3 条　术语解释	规章制度标题一般由单位名称、事项和文种三部分组成。 从标题可以看出，本项目成本管理

项目成本管理责任是指各项目管理人员在处理日常业务时对成本管理应尽的责任，即每一个项目管理人员在完成工作责任的同时，还要为降低成本精打细算，为节约费用开支严格把关。

第4条　项目成本管理责任的重点

加强对成本管理的全盘控制，通过分析发现管理漏洞，及时采取纠正措施减少效益流失，使项目成本处于可控状态中，并最终实现盈利。

第5条　成立项目成本管控责任领导小组

根据项目的具体特点成立项目成本管理责任领导小组，由项目经理任组长，项目成本主管任副组长，项目各相关主管任领导小组的成员，项目办公室设在项目进度部。

第6条　项目成本管理责任领导小组的具体职责

1．完善责任人的成本管理体系，组织编制项目成本管理责任制度。

2．编制责任成本预算，进行责任成本预算二次分解。

3．开展项目责任成本工作，总结经验，提高责任成本管理水平。

4．细化分解责任人成本管理，落实到各相关职能部门和人员。

5．认真组织对小组成员进行月度考评。

第7条　项目经理的具体职责

1．项目经理为项目成本管理第一责任人，对责任成本管理的真实性和及时性负责。

2．参与项目责任成本预算工作。

3．领导项目部编制项目责任成本预算的实施计划，对项目责任成本应落实责任、明确分工，确保按月召开分析会议，上报分析报告，制定整改方案。

4．组织项目部管理人员认真学习，领会合同文本的内在含义，增强对合同管理的责任心和索赔意识。

5．在项目责任成本预算实施过程中定期召开会议，检查、考核、分析预算执行情况，对下一步成本管理工作提出新的部署与要求。

第8条　项目成本主管的具体职责

1．协助项目经理进行项目责任成本管理，负责项目责任成本日常管理工作。

2．参与项目责任成本预算工作，参与项目责任成本预算实施计划的编制。

3．负责组织责任小组成员编制项目责任成本预控方案、不定期进行项目责任成本优化。

第9条　生产部门的具体职责

1．编制生产费用计划和下达班组费用指标。

2．了解产品成本率和各项消耗定额，组织班组核算，计算生产成本并进行分析。

第10条　班组的具体职责

严格执行各项定额，保证完成各项指标，并进行成本分析。

制度是为具体单位拟写的专项制度。

从正文来看，第1条、第2条主要是说明规章制度制定的依据、目的、任务、适用范围等情况。然后是具体事项即分则部分，具体说明成本管控的具体措施和注意事项。最后一行市附则，说明解释权限和执行日期，是对规章制度本身的补充说明。

第11条 设备管理人员的具体职责 1．按照企业相关规定，负责物资、设备的集中招标采购以及对价格、质量进行控制，并做好相关台账。 2．负责调查电力、燃料及各类设备的配件价格，编制设备台班单价和测定电力、燃料责任单价、提供编制成本计划所需的设备使用费资料。 3．根据项目需要，合理安排设备投入，并对设备的使用情况做好管理台账。 第12条 制度的制定、修改与解释 本制度由项目部制定、修改，其解释权归本企业所有。 第13条 制度的执行 本制度最终解释权归财务部所有。本制度经项目总监审批后，自颁布之日起执行。 ××集团公司二公司 2017年10月9日	正文右下方写明了撰写此制度的单位，写全具体的年、月、日时间。

第五节 述职报告

一、文体知识

述职报告是机关、团体和企事业单位的工作人员向上级主管领导、组织部门、人事部门、专家评委或本单位的职工群众等报告自己在一定时期内履行岗位职责情况的自我总结和评估的一种文体。

述职报告是我国建立和实行新的干部管理体制和专业技术人员考核体系的一项新举措，便于组织、人事部门考核、选拔、任用德才兼备的干部；便于人民群众的监督，强化干部的公仆意识和群众的主人翁地位；促进被考核人员不断总结经验，努力提高政治思想水平、领导才干和业务素质。

（一）述职报告的种类

述职报告大致上有如下分类：

（1）按其时间的不同，可分为任期述职报告、年度述职报告和临时性述职报告。

（2）按其内容的不同，可分为综合述职报告和专题述职报告。

（3）按述职对象的不同，可分为个人述职报告和集体述职报告。

（4）按其表达方式的不同，可分为书面述职报告和口头述职报告。

（二）述职报告的特点

1. 自我评述性

述职的自我评述性即自我评述，是述职报告不同于一般的工作报告、工作总结的显著特点。述职报告主要是“述职”，即是述说自己在任职的一定期限内履行职责的情况，既要述（检查、总结自己的工作情况），又要评（评价自己的工作），应用第一人称的口吻评述。

2. 论述的确定性

写述职报告，是对自己在任职一定时期内所做工作的评述。这里有一个客观标准，就是岗位职责和一定时期内的目标任务。写述职报告要依据这个标准去评价自己的工作。

3. 内容的规定性

述职报告不像一般总结和报告那样，内容涉及面较广，而是根据当前组织人事部门考核领导干部有关规定，要求从任职期间的德、能、勤、绩四个方面来述职，尤其是绩（即业绩、政绩），应实事求是地写出，不能夸大，也不能缩小工作业绩或政绩。

二、写作格式

述职报告一般由标题、署名、称谓、正文、落款等部分组成。

（一）标题

述职报告的标题通常有以下几种写法：

（1）只写文种名称《述职报告》。

（2）在文种前面加上写作主体，如《×××的述职报告》。

（3）在文种前面加上述职的时间、范围，如《试用期述职报告》。

（4）在文种前面加上任职时限和任职名称，如《2016年至2017年任助理会计师述职报告》。

（5）采用正副标题的形式。正标题一般反映述职报告的主题或基本经验、基本观点，副标题交代的是何人任何职的述职报告，如《管理要坚持以人为本——××中学学校校长的述职报告》。

（二）署名

述职报告的署名一般放在标题的正下方，有的放在正文之后的落款处。署名应注明述职者的单位名称、职务和姓名。

（三）称谓

也就是主送机关，亦即述职报告的接受者，如“××组织部”“各位领导、同志们”“××人事局”等，在署名下一行靠左顶格书写。

（四）正文

正文是述职报告的主体部分，要求内容充实，语言朴实准确，既符合上级组织、人事部门关于述职内容的规定，又符合述职报告的格式要求。正文包括开头、主体、结语三部分。

1. 开头

开头又称前言，写前言的目的是使读者或听众对述职人有一个大致的了解，一般写一个自然段即可。它要写的内容有三个方面：第一，简单介绍自己，何时何地到任职单位担任什么职务，承担什么岗位职责和目标任务；第二，简单说明自己在什么样的思想原则、方针政策指导下进行工作，自己的工作态度和精神面貌怎样；第三，扼要叙述任职期间履行岗位职责的主要成绩，对自己尽职尽责的情况作总的评价。

2. 主体

这是述职报告的核心部分，即“述”出履“职”的思路、做法和成效。这一部分要写得详细而有针对性，要突出任职期间的主要工作业绩和特色，要用事实说话。在陈述了主要业绩之后，还要找出工作中的失误和不足，要实事求是，具体问题具体分析。某些应当解决但因不具备条件而未解决的问题可以写出来，以引起有关方面的重视。最后应简要说明今后的工作打算、努力方向，以及对干部群众的期望，态度要真诚，语言要简练。

主体部分的结构类型有三种：一是纵式，就是按时间顺序和事物发展的自然顺序安排内容。这种写法便于清楚地反映工作进程，但要注意各阶段之间的衔接和连贯，切忌写成流水账；二是横式，就是按照事物的逻辑关系来组织材料。这种写法便于多角度、全方位地表现述职者的工作情况；三是重点式，就是选取几项主要工作作为重点详细汇报，其他略写。

3. 结语

正文的结尾还应有一个明确的结束语，习惯用语有“述职至此，谢谢大家”“以上报告，请批评指正”等。

（五）落款

全文结束之后，要在文尾下一行靠右注明述职者的职务、姓名和成文日期。如在标题下已写明职务和姓名，此处可以省略，只写日期。

三、写作要求

写好述职报告，要注意下面几点写作要求。

（一）实事求是

述职报告要讲真话、讲实话、讲心里话，以诚感人。无论称职与否都要与事实相符，要正确处理个人与集体、主观与客观的关系，要分清功过是非。承担责任要恰如其分，既不争功，也不必揽过。

（二）形成制度

写述职报告要形成制度，不仅在离任前要述职，而且在任期中也应定期述职。只有这样，才能更好地起到述职和鞭策的作用。

（三）内容周详，重点突出

在全面汇报任职期间所做各项工作的基础上，要突出任职期间的重大成绩和创造性业绩，以表明自己的胜任和事业心。应当明确，述职报告必须围绕“职责”二字做文章。它的写作目的，不是评功摆好，而是为了说明是否称职。

（四）情理相宜，态度诚恳

述职，是向机关和群众汇报工作。述职报告在叙事说理过程中，要有适度的感情色彩，做到情理相宜。写作述职报告之前，应对自己进行认真地、全面地反思，并虚心听取群众的意见，弄清群众的不满和要求，对群众意见较大的问题尤其要如实阐述，以坦诚的胸怀，赢得群众的谅解和支持，接受群众的监督，而不是作报告，这个特定的角色必须明确，也是写好述职报告的前提。

基本格式

<table>
<tr><th>原文（节选）</th><th>提示</th></tr>
<tr><td>
述 职 报 告
尊敬的各位领导、各位同事：
我于2012年2月担任××市××机床厂厂长，在市机械局的领导下，按照厂长岗位职责做了自己应该做的工作。现向领导和同事们作如下汇报。
一、党政齐抓共管改变厂容厂貌
2012年春节后，我上任首先提出：实行各级一把手责任制，把各单位工作做得好与坏直接与干部政绩挂钩，不能按期达标的，一把手就地免职。其次，我筹措经费50余万元，用来改善环境和整顿厂容厂貌，广大职工利用业余时间，奋战60余天，彻底改变了脏、乱、差局面。
二、抓好职工的思想政治教育工作
（略）
三、注重现场生产管理
我厂提出“强化生产管理、创建文明车间”的奋斗目标，抓岗位工序控制，严格工艺纪律和质量管理，组建了“文明生产”“工艺纪律”“产品质量”监督组，日检查，月评比，季总结。实施季度奖、考核奖等奖惩制度，调动了职工的积极性。截至5月底，现实了生产任务过半的预期目标。
四、改善职工的劳动条件
（略）
五、建立健全质量管理机制，提高产品质量
设立质量检查站，抽查了19台机床，6月底总结评比，我厂产品质量去去年同期相比，合格率提高了9.6%，产值、利润、出口创汇分别提高了16.4%、18.2%、21.3%。……
六、试行承包责任制
（略）
七、出台民主管理制度
今年6月底我厂召开了职工代表大会，经过全体代表讨论，出台了5项民主管理制度，……
回顾过去，成绩是主要的，但也存在诸多的不足：一是产品质量有待进一步提高；二是民主氛围有待进一步加强；三是职工的凝聚力还需要进一步提升。我将继续努力，尽职尽责，把我厂建设成为一流的机床企业。
××市××机床厂厂长：张明伦
2018年1月13日
</td><td>
述职报告一般由标题、署名、称谓、正文和落款五部分组成。
开头部分介绍了自己于何时担任何职务。
主体部分则详细介绍了自己在任职期间为提高企业生产效率、改变厂容厂貌所采取的各种措施。
结尾部分则分析了自己在工作中存在的不足和今后努力的方向。
落款部分有述职人署名和述职日期。
</td></tr>
</table>

课后练习

一、判断题

1. 计划是解决“做什么”和“怎样做”的问题，总结是解决“做了什么”“做得怎么样”的问题。(　　)

2. 撰写总结，一般使用说明、叙述、议论三种表达方式，重点使用议论方式。(　　)

3. 简报多数是写给上级领导机关、领导同志看的，有一些也给下级领导机关、领导同志和有关干部参考。(　　)

4. 在简报最后一页下部，用两条平行横线与报核分开，不用写明简报的发送对象和印数。(　　)

5. 规章制度都是以条文的形式写成的，一般由“总则”“分则”“附则”三部分组成。(　　)

6. 述职报告按其述职对象的不同，可分为书面述职报告和口头述职报告。(　　)

二、简答题

1. 什么是计划？计划分为哪些种类？计划的写作格式是什么？计划的写作要求有哪些？

2. 对照例文指出计划有哪些特点？计划的构成要素有哪些？

3. 对照例文，比较述职报告和总结在写作内容上的不同之处。

4. 某公司准备让你来创办公司工作简报，你认为应做哪些准备工作？

5. 规章制度有哪些不同的种类？它有哪些特点？

6. 想一想，述职报告与工作总结有什么区别？

7. 述职报告的标题通常有哪几种写法？

三、分析题

1. 指出下面这篇总结开头部分的不足之处。

(1)“嘀嗒、嘀嗒”，时间如白驹过隙，一年的时间转瞬消失了。回顾过去的一年，在党的十八大精神鼓舞下，在公司党委的正确领导下，我分公司的建设工作取得了令人鼓舞的成绩……

(2)在金鸡报晓、新年伊始之际，有必要对过去一年的工作进行总结……

2. 指出下面这篇简报存在哪些问题。

××丝绸小镇亮相杭州

7月29日，××丝绸小镇规划发布会暨合作签约项目签约仪式在杭州举行，来自全国各地的丝绸产业领军人物、丝绸小镇合作单位和新闻媒体共300人参加。会上，丝绸小镇进行了整体规划、吴兴西山漾片区和恒天丝绸工业　文化园推介，并与恒天集团及其他30家企业分别进行签约，同时还向14名丝绸小镇特邀顾问颁发聘书。

××丝绸小镇是我省首批培育的37个特色小镇之一，围绕“生产、生活、生态”三生融合理念，计划利用3年时间，建设成为集丝绸产业、历史遗存、主体旅游为一体的开放式“丝绸文创度假小镇”。其中，丝绸小镇西山漾片区位于吴兴区东部新城核心位置，也是国家城市湿地公园，距钱山漾遗址（世界丝绸之源）仅2千米，规划面积6.38平方千米。截至2015年底，西山漾基础设施建设完成投入约15.7亿元；完成8千米环漾公路、180万方水体清淤、西山漾大桥等十多个基础设施项目；全面启动小镇内外交通停车系统的规划建设工作；湿地公园、婚庆一期公园和潘季驯纪念园相继开园；五星级主题度假酒店已基本建成。2016上半年共完成基础设施投入5.3亿元。

四、实训题

1. 你所在的学校将举办艺术节，其中包括摄影、书画、卡拉OK等项目的比赛，请你以组织者的名义写一份活动计划。

2. 回顾本学期财经应用文写作课的学习情况，写一篇总结。

3. 最近，某高校发生了学生私自下河游泳溺水事件，造成一死一伤的严重后果。为防止此类事件再次发生，请你为该校拟一份《关于禁止学生私自下河游泳的规定》。

4. 根据规章制度的写作格式，为自己的班级草拟一份规章制度。

5. 参考本章中的简报范文，写一篇你公司最近一个月的工作简报。

6. 假如你是班长，且任职了一年，请为自己写一份述职报告。

第四章 经济类应用文（一）

学习目标：

（1）了解经济类应用文写作的内涵，掌握财经管理类写作的基础知识。

（2）知晓经济类应用文写作的常识。

（3）掌握经济类应用文写作的格式基本和具体要求。

（4）能写作和修改经济类应用文。

经济文书是机关、团体、企事业单位在处理经济事务活动中所使用的一类文书的总称。它具有客观性、效益性、前瞻性、专业性等特点，在经济领域中的应用非常广泛。常见的种类有报告类、方案类、契约类、营销贸易类和知识说明类，具体如下：

（1）商务契约类。包括经济合同、协议书、意向书等。由于此类涉及特定的法律问题，有些时候也将之划归法律文书类。

（2）商情预测类。包括市场调查报告、市场预测报告、可行性报告、评估报告等。

（3）数据分析类。包括财务分析报告、预算报告、统计报告、审计报告等。

（4）策划方案类。包括营销策划方案、销售计划书、招标书、投标书等。

经济文书在经济领域中的应用非常广泛。本章只选择学习几种常用文书：市场调查报告、市场预测报告、财务分析报告、财务决算报告、财务预算报告。

第一节　市场调查报告

一、文体知识

（一）市场调查报告的概念

市场调查报告往往是根据特定的目的，运用科学的方法对某项工作、某个事件、某个问题，经过深入细致地调查后，将调查中收集到的材料加以系统整理，分析研究，从而写出有情况、有分析的书面报告。市场调查报告是市场调查研究成果的集中体现，其撰写的好坏将直接影响到整个市场调查研究工作的成果质量。一份好的市场调查报告，能给企业的市场经营活动提供有效的导向作用，能为企业的决策提供客观依据。

（二）市场调查报告的特点

第一，目的明确。调查报告一般有比较明确的意向，相关的调查取证都是针对和围绕某一综合性或者专题性问题展开的。所以，调查报告反映的问题集中而有深度。

第二，真实可信。市场调查报告是在大量搜集材料和多角度、多层面调查走访的基础上作出的分析结果，调查报告采用的材料应是经过科学处理和认真核实鉴别的，而不是道听途说的，是具体的，既有点又有面的，而不是抽象的。因此调查报告应该科学可靠。

第三，及时高效。市场调查报告必须迅速反映市场变化，及时提供准确信息，这样才能做到有的放矢，有针对性地制定市场竞争策略。

（三）市场调查报告的种类

市场调查报告形式多样，具体如下。

(1) 市场需求调查报告，主要内容包括产品销售对象的数量与构成，消费者家庭收入水平，实际购买力，潜在需求量及其购买意向，如消费者收入增加额度、需求层次变化情况，消费者对商品需求程度的变化、消费心理等。

(2) 市场供给调查报告，主要内容包括商品资源总量及构成，商品生产厂家有关情况，产品更新换代情况，不同商品市场生命周期的阶段，商品供给前景等。

(3) 商品销售渠道调查报告，主要内容包括渠道种类与各渠道销售商品的数量、潜力，商品流转环节、路线、仓储情况等。

(4) 商品价格调查报告，主要内容包括商品成本、税金、市场价格变动情况，消费者对价格变动情况的反映等。

(5) 市场竞争情况调查报告，主要内容包括竞争对手情况，竞争手段，竞争产品质量、性能、价格等。

（四）市场调查报告写作的基础

市场调查报告是记述市场调查成果的一种经济应用文。俗话说“巧妇难为无米之炊”。离开了市场调查，没有市场调查获得的材料，没有调查研究的结果，就根本谈不上市场调查报告的写作。因此，市场调查是市场调查报告写作的前提与基础，要想写出好的市场调查报告，必须先认真地做好市场调查。

1. 市场调查的准备工作

(1) 明确调查目的，确定调查主题。做好市场调查，调查人员首先要在掌握本企业内外资料及有关情况的基础上，摸清企业经营中存在的问题，确定调查的主题及调查的范围，解决调查什么的问题。调查产品的质量、效用，或调查用户的对象、数量、分布地区和经济状况，或调查产品的销售渠道，或调查产品滞销的原因等，都要根据企业的实际情况来确定。

(2) 准备工作的实质阶段。明确目的，确定主题之后，就进入市场调查准备工作的实质阶段。项目组对调查本身进行可行性研究，确定合适的调查范围和规律，以及可能的调查人员、时间和费用，分析项目市场调查的经济效益和社会效果。这样，可避免实际操作中调查工作走弯路和不必要的浪费，保证调查结果的准确性和时效性。其工作主要包括制定调查计划、确定调查项目、组建并培训调查人员以及具体的工作安排等。制定市场调查计划是对整个调查工作的事先设计，目的是使调查工作能有计划有组织地进行，以确保调查任务的完成。

制定市场调查计划主要应解决以下问题：

(1) 确定调查对象。市场调查对象即调查者为了获取调查所需要的信息而采访、询问的客体，即所需信息的提供者。市场调查对象可以是消费者，也可以是产品的生产者、经营者；可以是专家学者，也可以是组织、公众、消费者、生产者或经营者，还可能涉及企业和广告媒体等。市场调查应尽可能通过实际调查收集第一手资料，所以必须确定调查的合作对象。调查对象的选取首先应根据调查的目的确定调查对象的群体，再根据调查所要求的精确度和调查范围确定调查的阶层。

(2) 确定调查的方法。包括样本大小的确定、样本抽取的方法、调查地点的确定、调查时期的选择和次数的确定、调查方式的确定（即采用询问法，观察法，实验法），以及资料统计分析方法的确定等。

(3) 调查日程进度的确定。市场调查时效性很强，故每次调查的时间不宜过长。在准备阶段，项目组对调查过程的每个环节要作出合理、具体的日程安排，以确保按时完成调查任务。

(4) 作出调查的经费预算。准备阶段除作好调查计划外，还应依据调查主题，确定具体的调查项目，设计调查问卷，建立调查组织，确定调查人员，并组织他们学习培训。调查人员确定以后，需集中培训（包括临时调查员），最后作出经费预算。

2. 调查方法介绍

做市场调查，在确定了调查主题和调查范围之后，还要选择恰当的调查方法。

(1) 市场调查的方法按其选择调查样本的方法来分，有市场普查（一般只在产品销售范围很小或用户很少的情况下采用）、抽样调查、典型调查和重点调查四类。

抽样调查是指从总体中抽取一部分个体作为样本进行调查，然后根据样本信息，推算市场总体情况的方法。与其他调查方法相比，抽样调查的优点主要表现在：工作量小、调查费用低、时效性强。抽样调查会产生误差，但这一缺陷可以通过科学的方法来保证调查结果的相对准确性，即要正确地确定抽样的方法，恰当地确定样本的数目，并加强抽样调查的组织与实施工作管理，提高工作质量。

抽样调查按抽样的方法不同又可以分为随机抽样调查和非随机抽样调查：其一，随机抽样调查。为了使所抽取的样本最大限度地与总体相像，可让总体中每个体以相同的可能性入样，或让同一类中的个体以相同的机会入样，这种“随机会而定”的抽样方法称为随机抽样。由于在总体中或同一类中每个体入样的机会均等，总体中或同类中各种特征属性所占比例便会自然地反映到样本中，因此，随机抽样具有严密的科学性。随机抽样一般有如下几种方法：

① 简单随机抽样法，又称单纯随机抽样。指从总体中随机无放回地抽取样本。由于其根本特点是各组样本被抽到的可能性相等，故而是随机抽样的基础。此法适宜于总体较小的情况。其具体作法是对总体内的各个单位先行编号，然后根据样本大小的需要，用抽签法或乱数表法从总体中抽取样本。

② 等距随机抽样法。又称机械抽样。它是将总体内所有个体按某种标志排列，用随机方法确定第一个个体，然后按相同距离抽取所需样本。抽样距离由总体中个体的数量和需要样本的个体数量之比决定。

③ 分层随机抽样法，又称分类抽样法。它是将总体中的所有个体，按其属性，特征分成若

干不同的类型（组、层），然后在各类型中用简单随机抽样的方法抽取样本单位。它克服了简单随机抽样可能集中于某一类型，某些特征，或忽视某些特征十分明显的类型的缺点，适宜于总体中各类之间差异较大，而各类内部差异较小，标志不明显的情况。

④ 整群随机抽样法，又称分群抽样法。它与分层抽样恰好不同，分层抽样强调各层或各类之间有较大的差异，而层或类内部的特征相似，标志不明显；而分群抽样则是针对总体中各类、群之间差异较小、特征相似，类群内部各个体之间特征差异大、标志明显的情况。整群抽样是先按照某种标志或特征把总体分为若干个群体，随机地抽取某些群体作为样本，然后对各个群体逐一实行普遍调查。此方法适宜于总体内部变化，但不易确定变化标志，而只能依地域特征或其他外观特征划分群体的情况。

其二，非随机抽样法。非随机抽样法即根据调研人员的主观看法抽取样本的方法。具体地又可分为三种：

① 判断抽样法。根据专家或调查人员对总体的主观判断而选择有代表性的个体作为样本。采用这种抽样方法，要求抽样人员对总体的情况有深入的了解，选样能够避免挑选极端的类型，而多选中间型、平均型的样本，以达到通过典型样本，了解全体情况的目的。

② 任意抽样法。按该方法抽取的样本完全根据调查人员的方便而定，其基本假定是母体中的每个个体基本相似。这种方法简单易行，可及时地获得信息，但由于其代表性差，往往用于探测性调研。

③ 配额抽样法。此法与分层随机抽样有相似之处，都是按一定的标志对总体进行分层分类排列，不同的是分层随机抽样在分层后采用随机抽样的方法，配额抽样法则是分层的同时，按一定比例的配额，由调查人员根据一定标准自由选取样本。市场抽样调查的方法多种多样。项目调查组一定要因事制宜，恰当选择。

（2）按调查过程中对调查对象所采取的具体的调查方法来分，又有访问法、观察法、实验法和问卷调查法。

访问法是由访问者向被访问者提出问题，通过被访问者的口头回答或填写调查表等形式来收集市场信息资料的一种方法。访问法是最常用的市场调查方法，是收集第一手资料最主要的方法，它既可以独立使用，也可以与观察法结合应用。根据访问对象的特点不同，访问法可分一般性访问和特殊性访问；按访问者与被访问者的交流方式不同，访问法可分为直接访问与间接访问；根据被访问人数的多少，访问法可分为个别访问和集体访问。

观察法是指通过直接观察取得第一手资料的调查方法。市场调查人员直接到商店、订货会、展销会、消费者比较集中的场所，借助于照相机、录音机或直接用笔录的方式，身临其境地进行观察记录，从而获得重要的市场信息资料。观察法的优点是可以客观地收集资料，可以集中地了解问题。不足之处在于许多问题观察不到，如被调查者的兴趣、偏好、心理感受、购买动机、态度、看法等。

实验法是通过实验活动提供市场发展变化的资料，不是等待某种市场现象发生了再去调查，而是积极主动地改变某种条件，来揭示或确立市场现象之间的相关关系的方法。

问卷法是指通过设计问卷的方式向被调查者了解市场情况的一种方法。按照问卷发放的途径不同，可分为当面调查、通信调查、电话调查、留置调查四种。当面调查，即亲自登门调查，按事先设计好的问卷，有顺序地依次发问，让被调查者回答；通信调查，是将调查表或问卷邮寄给被调查者，由被调查者填妥后寄还的一种调查方法，这种调查的缺点是：问卷的回收率低；电话调查，是指按照事先设计好的问卷，通过电话向被调查者询问或征求意见的一种调查方法。其优点是取得信息快、节省时间、回答率较高；其缺点是询问时间不能太长；留置调查，指调查人员将问卷或调查表当面交给被调查者，由被调查者事后自行填写，再由调查人员约定时间收回的一种调查方法。这种方法可以留给被调查人员充分的独立思考时间，可避免受调查人员倾向性意见的影响，从而减少误差，提高调查质量。

一份比较完善的调查问卷通常由以下四部分构成：

（1）被调查者的基本情况：包括被调查者的年龄、性别、文化程度、职业、住址、家庭人均月收入等。

（2）调查内容：是指所调查的具体项目，它是问卷的最重要的组成部分。

（3）问卷说明：其内容主要包括填表目的和要求，被调查者注意事项，交表时间等。

（4）编号：有些问卷需要编号，以便分类归档，汇总统计。

以上这些市场调查方法各有其长处和短处，也各有其不同的适用范围。在调查中可以单独选用某一种，也可以结合使用多种。比如，对试销、试用的新产品的调查，因销售、试用的范围小，就可选择市场普查的方法。如要调查某市某区数以万计或十万计的众多居民的商品购买力，则以选择抽样调查的方法为宜。对调查对象所采取的具体的调查方法也应选择得当。

二、写作格式

学习写市场调查报告必须了解这种文体的基本结构，掌握各部分的写法。从严格意义上说，市场调查报告没有固定不变的格式。不同的市场调查报告写作，主要依据调查的目的、内容、结果以及主要用途来决定。但一般来说，市场调查报告的结构一般包括标题、正文和署名三部分。

（一）标题

1. 公文式标题

公文式标题由调查单位、调查内容和文种三部分组成，如“XXX 省农业厅关于农业机械销售情况的市场调查”；也可由调查内容和文种组成，如“XX 市居民 3G 手机的拥有量及需求趋势调查”；还可由调查时间、范围、调查事由和文种组成，如“XXXX 年关于 XX 市助力自行车市场的调查报告”。

2. 新闻报道式标题

新闻报道式标题活泼醒目，直接指出调查对象的状况或直接表述调查的结果或昭示调查中形成的观点。如“进口 LCD 电视依然是销售的热点”“首都自行车市场进入饱和期”“出口商品包装不容忽视”等。

3. 正副结合式标题

即双标题，由主标题和副标题组成。主标题揭示文章的主题，副标题交代调查对象或调查范围等。如“‘泥巴换外汇’——陶瓷品出口情况调查”。

（二）正文

1. 引言

引言也即前言，它作为市场调查报告的开头语，作用在于让读者对报告的内容、调查的意义获得初步印象。这一部分应明确调查的时间、地点、对象、范围、方法、目的或过程，也可以表明基本观点或得出的结论，文字要简明扼要。

2. 主体

主体要用调查获得的材料，介绍被调查事物的情况，并据此对其进行分析预测，也可提出针对性的意见。具体包括以下内容：

（1）基本情况。要介绍调查对象的现实状况、历史材料及有关典型事例、统计数据等，要指出其特点及存在的问题。具体结构，可按问题性质归类表述，借用小标题或提要句的形式，也可按时间空间顺序分层次介绍，有时还可采用列表、附图等方式补充说明。基本情况还可以从以下几个方面进行有选择的体现：生产与消费的关系，市场对产品的需求及产品在整体市场中的位置，消费心理与消费趋势等与市场调查报告具体种类相关的情况。

（2）分析评价和预测。这是报告的重心、要在对事实、资料的分析研究基础上，判断、预测市场发展变化的基本趋势。

（3）对策建议。要在评价和预测的基础上，提出具体的行动计划、对策和措施。这也是市场调查的目的所在，因而要十分注重建议的切实可行。

3. 结尾

结尾是对前文的照应，也是全文的归结，一般写对未来的展望，或者强调自己的观点。当然，如果在开头或正文中已经把观点阐述清楚，则可以省略结尾。

（三）署名

署名通常是为了表示对调查内容负责，在全文结束之后写调查人员及单位的名字或名称，并注明完稿日期。也有的市场调查报告将作者姓名写在标题之下。

三、写作要求

（一）调查报告力求客观真实、实事求是

调查报告必须符合客观实际，引用的材料、数据必须是真实可靠的。反对弄虚作假，或迎合上级的意图，挑领导喜欢的材料撰写。总之，要用事实来说话。

（二）调查报告要做到调查资料和观点相统一

市场调查报告是以调查资料为依据的，即调查报告中所有观点、结论都有大量的调查资料为根据。在撰写过程中，要善于用资料说明观点，用观点概括资料，二者相互统一。切忌调查资料与观点相分离。

（三）调查报告要突出市场调查的目的

撰写市场调查报告，必须目的明确、有的放矢，任何市场调查都是为了解决某一问题，或者为了说明某一问题。市场调查报告必须围绕市场调查上述的目的来进行论述。

（四）调查报告的语言要简明、准确、易懂

调查报告是给人看的，无论是厂长、经理，还是其他一般的读者，他们大多不喜欢冗长、乏味、呆板的语言，也不精通调查的专业术语。因此，撰写调查报告语言要力求简单、准确、通俗易懂。

（五）要正确地把握文体的性质和表达方法

市场调查报告是一种兼有说明文、记叙文、议论文的一些特点而又不同于一般的说明文、记叙文和议论文的一种应用文体。它要如实客观地介绍市场调查所了解到的实际情况，而且选用的事实、数据等材料比较全面、系统、完整。它偏重于用事实、数据说明问题，因此要运用叙述、说明的表达方法。但是，它又必须有报告者的鲜明观点，而且要通过对材料的分析研究预测市场的发展趋势并提出相应的建议或决策，因此又不可避免地要运用议论的表达方法。总的来讲，它是叙述、说明和议论的紧密结合。把握住文体的性质及表达方法，可以按体行文了。

基本格式

原文	提示
2017 年景德镇房地产市场调查报告	此文是一篇比较规范的市场调查报告。
今年以来，市房管局按照市委、市政府统一部署，采取有力措施，积极做好外资引进工作，取得明显成效。5 月份，引进了中梁地产集团投资我市地产开发，以总价 4.1627 亿元取得昌南拓展区 76 730.97 平方米的商品房开发用地，创出了我市 390 万元/亩出让地块的历史记录。9 月份，碧桂园以 9.9 亿拿下景东高铁旁地块，又一次刷新我市地价。	导言：或介绍调查目的、时间、地点、对象、范围以及采用的调查方法等，或简介报告的主要内容和观点，给读者一个总体印象。
一、房地产交易情况 今年 3 月份至 9 月份，期房共成交 6 223 套，去年同期成交 4 600 套，同比增长 35%；成交面积达 65 万平方米，去年同期成交面积达 50 万平方米，同比增长 30%；现房成交 2 400 套，去年同期成交 1 400 套，同比增长 70%；成交面积达 26 万平方米，去年同期成交面积达 15.5 万平方米，同比增长 70%；今年 3～9 月份，期房均价为 4 837 元/平方米，去年同期均价约为 4 200 元/平方米，同比去年增长 14%；今年 5～7 月份均价高达 5 500 元/平方米，某些楼盘出现一房难求且均价达 6 200 元/平方米。	
二、商品房成交量：稳健走高 按季度来看，三季度是我市商品房成交量最大的一个季度，成交面积占到了前三季度总量的 41%。主要有以下几个方面的原因： 1、我市不断加大城市品牌宣传力度，“千年古镇、文明城市、森林城市”的城市品牌的影响力正在逐步提升。 2、随着城镇化深度改革和棚户区改造，计划拆迁 2 万余户，拆迁面积达 200 多万平方米，截至目前，商品房销售面未达到 100 万平方米，所以仍有大量潜在需求； 3、随着市内交通的发展，高铁站，飞机场，8 纵 8 横的道路优化改革； 4、市场中改善性住房需求还是得到了一定程度的有效释放； 5、房地产市场素有“金九银十铜八铁七”之说，三季度通常情况下都是一年之中商品房交易较为集中的时期。且随之而来的房交会，会促进	基本情况：调查获得的资料数据、图表，被调查对象的过去和目前的商情。

一批观望的购房者，虽然今年的一二线大中城市没有出现这种季节性变化，但这种变化在我市还是得到了较好的体现。	
三、商品房成交价格：稳中有升 在江西省，我市商品房价格相对处于低位。从成交量和成交金额的对比上看，能够比较直观地反映出我市商品房成交价格的升势。商品房价格上升的主要原因与上半年分析报告基本相同：	分析及结论：介绍如何分析、归纳资料数据。
（1）虽然我市最近地价频频拍出新高，但我市近3年来，仅仅释放出几块地块供给给房地产，现目前的地块大多数是以前拍卖的，故开发成本不随之增加；（2）我市棚户区改造，计划拆迁2万余户，拆迁面积达200多万平方米，市区内只拆不建；（3）随着景德镇交通的大力发展，高铁，飞机场，8纵8横的道路改造，交通便利也是房价上涨原因之一；（4）市场自身运行方面的原因。我市商品房价格一直处于稳步上升通道中，从我市商品房市场逐渐形成以来，年度商品房平均销售价格同比均呈现增长态势；（5）外部环境方面的原因。我市为打造千年古镇，生态文明旅游森林城市，其战略地位日益突出，建设进度明显加快。这对我市商品房整体价格的上涨形成了较大的拉动。	建议：提出有针对性的对策或措施。
综合来看，虽然我市商品房价格出现了较大幅度的上涨，但基本处于合理平稳上涨的范围之内，且还有较大的上涨空间，预计景德镇房价均价可达到6 500元/平方米。且开发成本基本不变、楼盘供应结构性调整是价格上涨的最重要的原因，基本不存在投机性购房导致的房价上涨。	结语：或概括全文观点，或概述全文观点，或存在问题，或主要倾向，或预测风险等。

第二节　市场预测报告

一、文体知识

（一）市场预测报告的概念及特点

市场预测报告是指根据市场变化及市场调查的资料，运用科学的手段和方法，对未来一定时期内市场的变化趋势进行预测、分析和推理，并提出有针对性的措施和建议的应用文体。市场预测报告可以使企业和管理部门了解市场供应发展的趋势，更深入地掌握市场变化规律，从而根据市场需要，调整产品结构，改善经营管理，提高经济效益。

早在春秋时期，大政治家、大商人范蠡就成功地进行过市场预测。他根据市场物价随天时、气候变化而变化的规律，推测水灾之后，车辆将成为紧俏商品，价格必定大涨，因此应该预做车辆生意。可见市场预测并不是目前商品经济社会才有的事。

当然，在商品经济社会中，市场预测的作用被大大强化了。二战之后的日本汽车工业迅速发展，就是因为他们早就预测出世界会发生能源危机、道路拥挤等问题，因而将汽车向节能化、小型化方向改造发展，结果成功地占领了世界大部分汽车市场。

由此可见，在市场经济中高瞻远瞩，具有战略发展眼光，与能否成功地进行市场预测有密切关系。

市场预测报告具有以下特点：

第一，科学性。市场预测报告是以大量的客观信息为依据，经过认真的分析和论证，运用正确、合理、先进和科学的预测方法得出。

第二，系统性。市场预测是一个复杂的工作系统和工作程序，尤其是宏观预测，更需要进行系统性的调查和分析研究。

第三，预见性。市场预测报告要求立足于现在，对未来的市场环境、市场变化、市场趋势作出符合事物发展规律的科学判断。

第四，情报性。市场预测报告一方面最灵敏、最全面地记录和反映经济活动的最新动态，内容丰富而准确，有实用价值；另一方面，它要以最快的速度传递给经济决策部门和经济管理部门最新的信息，反应迅速而及时，讲究时效。

（二）市场预测报告的种类

按照不同的标准，可以将市场预测报告分为不同的种类，具体如下。

1. 按预测的范围分

按预测的范围来分，可归纳为如下两类：宏观市场预测报告和微观市场预测报告。宏观市场预测报告是对大范围或整体现象的未来所作的综合预测，常指有关国民经济乃至世界范围内的各种全局性、整体性的、综合性的经济问题的报告。

微观市场预测报告是某一部门或某一经济实体对特定市场商品供需变化情况、新产品开发前景等分析研究的预测报告。

2. 按预测的时间分

按预测的时间分，可归纳为如下几类：长期预测报告，是指超过五年期限的经济前景的预测报告；中期预测报告，是指对二年至五年时间内经济发展前景的预测报告；短期预测报告，是指对一年内经济发展情况的预测报告。

3. 按预测的方法分

按预测的方法分，可归纳为如下两类：

定量预测报告，包括数字预测法预测报告和经济计量法预测报告。数字预测法预测报告，是采用对某一产品（商品）已有的大量数据进行分析研究，用统计数字表达，从中找出产品（商品）的发展趋势而写成的报告。经济计量法预测报告，是根据各种因素的制约关系用数学方法加以预测而写成的报告。

定性预测报告，是对影响需求量的各种因素，如质量、价格、消费者、销售点等进行调查、分析研究，在此基础上预测市场的需求量而写成的报告。

（三）市场预测报告写作的基础

1. 定性预测法

定性预测是指预测者依靠熟悉业务知识、具有丰富经验和综合分析能力的人员与专家，根据已掌握的历史资料和直观材料，运用个人的经验和分析判断能力，对事物的未来发展做出性质和程度上的判断，然后，再通过一定形式综合各方面的意见，作为预测未来的主要依据。

定性预测在工程实践中被广泛使用，特别适合于对预测对象的数据资料（包括历史的和现实的）

掌握不充分，或影响因素复杂，难以用数字描述，或对主要影响因素难以进行数量分析等情况。

定性预测偏重于对市场行情的发展方向和施工中各种影响施工项目成本因素的分析，能发挥专家经验和主观能动性，比较灵活，而且简便易行，可以较快地提出预测结果。但是在进行定性预测时，也要尽可能地搜集数据，运用数学方法，其结果通常也是从数量上作出测算。

定性预测的优点：注重事物发展性质方面的预测，具有较大的灵活性，易于充分发挥人的主观能动作用，且简单迅速，省时省费用。

定性预测的缺点：易受主观因素的影响，比较注重于人的经验和主观判断能力，从而易受人的知识、经验和能力的束缚和限制，尤其是缺乏对事物发展作数量上的精确描述。

2. 定量预测法

定量预测是根据已掌握的比较完备的历史统计数据，运用一定的数学方法进行科学的加工整理，借以揭示有关变量之间的规律性联系，用于预测和推测未来发展变化情况的一类预测方法。定量预测方法也称统计预测法，其主要特点是利用统计资料和数学模型来进行预测。然而，这并不意味着定量方法完全排除主观因素，相反主观判断在定量方法中仍起着重要的作用，与定性方法相比，在定量预测法的使用中各种主观因素所起的作用小一些。

二、写作格式

市场预测报告的结构一般包括标题、正文和署名三部分。

（一）标题

市场预测报告的标题不管是哪种形式，都必须标明预测对象，一般有以下三种形式。

(1) 完整式标题：由预测时限、预测区域、预测对象和文种组成，如《××年××省电视机的市场预测报告》。

(2) 省略式标题：即省略完整式标题中一两个要素，如《××市××啤酒需求量的预测报告》(省略时限)、《2013年我国汽车工业发展趋势》(省略文种名称)。

(3) 正副结合式标题：即由正标题和副标题组成，如《加速结构调整，实行战略转移——2013年××省经济形势分析》。

（二）正文

正文由前言、主体和结语三部分组成。

1. 前言

前言是市场预测报告的开头。主要写明市场预测的目的和动机，介绍预测对象的历史和现状，作为预测分析的基础，还可以初步揭示预测结论或介绍预测方法和过程。

其具体形式可以是：

(1) 说明式：也称为报道式。即用说明的方式，对调查或预测的时间、地点、对象、经过、方式进行简单介绍，使人对报告有一个总体印象。

(2) 议论式：即将要调查或预测的中心问题提出来，并对该类问题的重要性以及问题的性质加以议论，以加深读者对该类问题的理解和重视。有关调查的时间、地点、对象、经过、方式暂不说明，而是随着后文的叙述予以说明。

（3）结论式：即将报告所取得的基本结论先在前言中提出来，使读者先获得对调查或预测的本质性认识。

2. 主体

主体一般包括预测和建议两个部分。

（1）预测。它是报告的主要内容，即根据前言中所交代的各种现状，运用科学的方法，加以分析研究，从而做出对未来市场发展趋势的预见。

（2）建议。即针对预测结论提出的相应的切实可行的建议。建议必须以针对现状的客观分析为基础，提出既具有前瞻性又便于实施的意见和措施。

由于预测对象和方法不同，主体部分的层次安排多种多样，这里仅介绍常见的三种：

（1）并列式。在开头交代预测结果的基础上，抓住预测对象的发展趋势，归纳出几个特点分别加以介绍。各层次之间的关系是并列平行的，没有主次之分。

（2）连贯式。以预测的过程为序，依次说明预测的缘由，主要环节及结果，各层次之间的关系是前后衔接的。

（3）分总式。前面分述原因，最后交代结果。

3. 结语

概括全文，用结论性的句式作结尾。如写有前言，一般要有结尾，以照应开头，应指出企业今后行动的方向和应采取的措施。提出的建议，要从实际出发，具体可行。既不脱离现有的条件，又要看到经过努力可以达到的目标。根据预测结果提出相应的建议，即提出改善经营管理，适应未来发展变化的办法。

（三）署名

署名是组成预测报告的单位或个人的签名和日期。

三、写作要求

（一）调查充分，分析深刻

根据企业生产的经营情况，不断地对国内外市场进行广泛、深入的调查，并把与本企业产品销售情况有关的突出问题写出来。如本企业的产品与其他企业的同类产品在结构、式样、性能上各自的优点和缺点，各月份销售量的增减变化情况，消费者的反映意见等。对于所有写入市场预测的资料，必须真实可靠并具有代表性，否则会影响预测的正确性。

（二）预测未来，有理有据

根据国内外市场分析预测，提出改进企业生产经营意见和产品方案决策，为领导决策提供依据，及时调整企业生产经营计划，调整产品结构去适应未来市场的变化。提意见要切实、具体，不要抽象、笼统。

总的来讲，要求作者能运用资料数据，准确说明现状，分解资料数据，科学推断未来；依据分析预测，提供可行建议。

四、市场调查报告与市场预测报告的异同

（一）二者相同之处

（1）市场调查是市场预测的手段，是市场预测的基础。市场调查报告和市场预测报告在调查上重合。

（2）市场调查和分析预测的方法均要科学，为此，首先需确保市场预测的材料数据必须真实、准确。对材料或数据的比较、分析，除了运用经验的定性分析方法外，还必须借助数学方法进行处理，以求得出的结论更精确，更有说服力。

（3）在写作方法上，除文字叙述外，二者均要尽量使用数字说明和图表说明的方式。

（4）市场材料数据的获取、分析处理和市场预测报告的写作，都必须讲究时效，及时发挥作用。

（二）二者不同之处

（1）对象不同。市场调查的对象是过去和现在已经存在的经济现象，而市场预测的对象是尚未形成的经济现象。

（2）目的不同。市场调查在帮助企业进行市场预测时，偏重于对市场过去和现状的了解，总结经验，发现问题，掌握市场营销的状况及发展变化规律；市场预测则偏重于了解市场的将来走向，以帮助企业预测商品供求的变化趋势。

（3）方法不同。市场调查报告一般通过现场调查或抽样调查获取资料，然后加以分析整理，得出结论；而市场预测报告则主要是根据统计资料，通过数学分析，预测市场未来的方向。

基本格式

原文	提示
2018—2022 年中国快递业发展前景及市场预测报告 随着电子商务的日渐普及，中国快递业务将会获得快速发展，并形成相当大的市场规模，其发展前景非常可观。	此文是一篇市场预测报告。 前言：简介预测对象、预测时间、范围、目的及方法，也可简述预测结果。
第一章　快递行业的相关概述 1.1　快递定义及要素 1.1.1　快递的定义 1.1.2　分类 1.1.3　快递系统要素 1.1.4　快递行业的特点 1.1.5　特快专递和航空快运区别 1.2　快递业的特征 1.2.1　社会经济因素 1.2.2　运输工具和设施 1.2.3　先进的管理手段 1.2.4　优良的服务功能 第二章　2016—2018 年中国快递业发展环境分析 2.1　世界经济背景	基本状况：运用资料数据、图表，或按时间顺序展开，或按不同的性质归类展开，说明预测对象的历史和现状

2.2　宏观经济环境
2.3　政策环境分析
2.4　社会环境分析
2.5　技术环境分析
第三章　2016—2018 年国际国内物流业分析
3.1　国际物流的发展综述
3.2　2016—2018 年中国物流行业政策动态
3.3　2016—2018 年中国物流行业运行状况
3.4　中国物流园区运营状况
3.5　中国物流业发展中存在的问题
3.6　中国物流业发展的对策
第四章　2016—2018 年中国快递行业分析
4.1　中国快递行业发展综述
4.2　2016—2018 年中国快递行业经济运行分析
4.3　2016—2018 年中国快递市场结构分析
4.4　2016—2018 年中国快递服务满意度分析
4.5　快递行业的信息化建设分析
4.6　国内快递业存在的问题分析
4.7　促进快递业健康发展的策略
第五章　2016—2018 年快递细分市场发展分析
5.1　航空快递
5.2　铁路快递
5.3　公路快递
第六章　2016—2018 年中国快递行业重点区域发展分析
6.1　广东省
6.2　浙江省
6.3　江苏省
6.4　上海市
6.5　北京市
6.6　其他地区
第七章　2016—2018 年民营快递业的发展
7.1　民营快递发展综述
7.2　2016—2018 年民营快递市场发展分析
7.3　民营快递企业 SWOT 分析
7.4　民营快递发展存在的挑战
7.5　民营快递发展的对策
7.6　民营快递企业发展战略分析
第八章　2016—2018 年外资快递业的发展

8.1　外资快递业发展综述 8.2　2016—2018 年中国外资快递业发展分析 8.3　2016—2018 年外资快递巨头在华战略布局分析 第九章　2016—2018 年快递行业竞争分析 9.1　快递行业竞争基本要素分析 9.2　中外快递行业竞争比较解析 9.3　2016—2018 年中国快递市场竞争现状 9.4　透过熵理论解析国内快递领域竞争概况 9.5　提升快递市场竞争力对策 第十章　2016—2018 年电子商务与快递行业 10.1　2016—2018 年电子商务发展分析 10.2　2016—2018 年电子商务与快递业的协同发展 10.3　电子商务对现代物流行业影响分析 10.4　不同规模电商企业物流模式比较 10.5　电子商务企业涉足快递物流模式分析 第十一章　2016—2018 年国外快递业重点企业经营状况分析 11.1　联合包裹服务公司（United Parcel Service, Inc.） 11.2　联邦快递（FEDEX CORPORATION） 11.3　德国邮政 DHL（Deutsche Post DHL） 11.4　TNT（TNT Express N.V.） 第十二章　2016—2018 年国内快递业重点企业分析 12.1　申通快递股份有限公司 12.2　圆通速递股份有限公司 12.3　中国邮政速递物流 12.4　中铁快运股份有限公司 12.5　顺丰速运（集团）有限公司 第十三章　快递行业的投资分析 13.1　快递行业的投资特性 13.2　快递行业并购分析 13.3　投资快递行业的关键因素 13.4　快递行业投资优势和机遇 13.5　快递公司盈利的关键要素分析 第十四章　2018—2022 年快递行业发展趋势及前景展望 14.1　快递行业“十三五”发展规划 14.2　重点区域快递行业相关发展规划 14.3　2018—2022 年快递行业发展展望 14.4　2018—2022 年中国快递行业预测分析 附录	分析及预测：由预测对象的历史和现状，推断预测对象未来的前景、态势。 提出建议：根据预测的结果，提出有关商品生产、经营方面的意见。

附录一：快递市场管理办法 附录二：快递业务操作指导规范 附录三：快递企业等级评定管理办法（试行） 附录四：中国民用航空快递业管理规定 附录五：国际货物运输代理业管理规定实施细则 附录六：中华人民共和国邮政法（2012 版） 附录七：快递业务经营许可管理办法（2015 版） 附录八：关于促进快递业发展的若干意见	可适当增加结语：或说明或强调某观点，或表示对未来充满信心。

第三节　财务预决算报告

一、文体知识

（一）财务预决算报告的概念

财务预算报告是由财务部门在财务预算的基础上，对今后某一时期的经济运行状况和经营成果进行分析预测后形成的书面文字材料。财务预算报告形成的前提是财务预算。

财务决算报告是在财务决算的基础上，对财务决算的方法、目的、根据及决算的结果、目标的评价、问题的处理意见等进行说明的文字材料。它与财务预算报告的形式类似。财务决算报告的前提是财务决算。财务决算要与本期的财务预算相联系，比较是否完成了当初的财务预算指标。

（二）财务预决算报告的种类

财务预算报告种类不少，可以从不同的角度划分成不同的类别。

（1）按范围不同，可分为综合财务预算报告、专题财务预算报告。

（2）按部门不同，可分为国家政府部门的财务预算报告、企业财务预算报告、事业单位财务预算报告等。

（3）按时间不同，可分为长期财务预算报告、中期财务预算报告、短期财务预算报告。

财务决算报告种类不少，可以从不同的角度划分成不同的类别。

（1）按范围不同，可分为综合财务决算报告、专题财务决算报告。

（2）按部门不同，可分为国家政府部门的财务决算报告、企业财务决算报告、事业单位财务决算报告。

（3）按时间不同，可分为长期财务决算报告、短期财务决算报告。

（三）财务预决算报告的作用

1. 预算报告作用

第一，明确目标。财务预算是具体化的财务目标。编制财务预算有助于组织内部各部门主管与职工了解本部门的经济活动与整个组织经营总目标之间的关系；有助于明确各部门在业务量、收入和成本各方面应达到的水平和努力的方向，促使职工从各自的角度完成组织经营的战略总目标。

第二，协调关系。财务预算围绕着企业的财务目标，把企业经营过程中的各个环节、各个方面的工作严密地组织起来。通过编制全面预算使各个职能部门向着共同的、总的战略目标前进，它们的经济活动必须密切配合，统筹兼顾，沟通协调关系，搞好综合平衡。

第三，控制流程。财务预算的控制体现在事前、事中和事后控制全部流程。事前控制是控制预算单位的业务范围和规模，以及可用资金限额；事中控制是在预算执行过程中，各有关部门和单位应以全面预算为根据，通过计量、对比，及时提供实际偏离预算的差异数额并分析其原因，以便采取有效措施，挖掘潜力，巩固成绩，纠正缺点，保证预定目标的实现；事后控制是将预算数和实际数对比，分析产生差异的原因，进行业绩评价，为今后预算工作的编制提供依据。

2. 决算报告作用

第一，可利用审计结果，对照审计报告中反映的财务管理薄弱环节，发挥审计意见和建议的作用，对改进财务管理、规范会计核算提供有利的依据。

第二，针对经营管理中存在的问题采取切实有效的措施，进一步完善内部控制制度和财务风险预警机制，为组织整合内部资源、加强财务预算管理、考核工作绩效等提供客观依据。

第三，可作为经营业绩考核的重点内容，提供给组织进行下一步财务预算，还可以提供给某些中介机构发表审计鉴证或复核意见。

二、写作格式

（一）财务预算报告的内容要素由标题、正文、附件、署名、日期等部分构成

1. 标题

标题应准确简要地概括文章的主要内容，并标明文章种类。标题有繁式和简式两种。大多数情况下，财务预算报告以具体时限做出，因此，财务预算报告一般采用繁式标题的居多，形式为“单位名称 + 时限+文种”。例如，“沈阳煤业集团有限公司 2014 年度财务预算报告”，其中“沈阳煤业集团有限公司”是单位名称，“2014 年度”是时限，“财务预算报告”是文种。

有时，标题也可采用简式，省略其中一个要素，如“沈阳煤业集团有限公司财务预算报告”和“2014 年度财务预算报告”，这时，省略的要素一般在引言部分出现。值得注意的是，文种在任何情况下都不可省略。

2. 正文

正文由引言、主体、结尾三部分构成。引言部分一般写预算的缘由、目的、根据、概况或背景材料介绍，通常说明根据什么来做此预算报告，或者受哪个部门、哪个组织委托做此预算报告，此部分文字力求简明扼要；主体部分依次写经营计划、具体经营项目、经济技术指标、资金流量收支预算等，要使用具体的数字对资料进行分析说明，分析说明要做到理由充分，明了清晰，切忌模棱两可；结尾部分说明完成此预算的建议、措施、方法及要注意的问题等，当然，并不是所有的财务预算报告都按着“建议、措施、方法及要注意的问题”内容要素来写，这要视内容需求而定。如果报告需经某大会审议批准，还要有这方面的希冀语。

3. 附件

附件主要是数字材料，如负债表、损益表、资金流动表、产品产量表、技术经济指标表、资金收支预算表、年度财务预算编制说明等，以及其他具体的数据辅助资料。

4. 署名

正文右下方写明撰拟此报告的单位或拟写人。

5. 日期

写全具体的年、月、日。如果文前已写明了日期，文末也可省略。

（二）财务决算报告由标题、正文、附件、署名、日期等部分构成

1. 标题

标题有简式和繁式两种。简式标题只由“性质 + 文种”构成，如“财务决算报告”。繁式标题一种由“单位（部门）+时限+性质+文种”构成，如“东方制衣有限公司 2014 年度财务决算报告”，其中“东方制衣有限公司”是单位，“2014 年度”是时限，“财务决算”是性质，“报告”是文种；另一种由“单位（部门）+时限+文种”构成，如“××公司 2014 年度财务决算报告”。

2. 正文

正文分为引言、主体、结尾三部分。引言部分主要说明财务决算的依据和目的，语言简明扼要，不必过分渲染和铺垫，切忌写成工作总结那样的首段全面概括。主体部分写财务决算的过程、结果，并对出现的问题进行客观的分析与评价。本部分如果内容较多，可以采用小标题的形式把内容分成若干个小项，然后依次加以阐述说明。结尾部分提出对问题的处理意见或今后要注意的问题，有时还要写出下一周期预算的初步目标等。决算时，如果没有出现什么问题，结尾部分可以简单一些，甚至可以省略。

3. 附件

附件主要是指用于证明决算的数据、表格、账目等资料。

4. 署名

正文右下方写明撰拟此报告的单位或拟写人。

5. 日期

写全具体的年、月、日。如果文前已写明了日期，文末也可省略。

特别提示：如果是需要提请审议的财务决算报告，在标题下正文上还要有称谓和“请予以审议”等字样，意思是表明在向谁做决算报告。例如：“各位代表：……现将公司 2014 年财务决算报告给大家，请予以审议。”

三、写作要求

（一）预算报告写作要求

（1）如果是提请职工代表大会或人民代表大会审议的财务预算报告，还应在标题下增加称谓和在引言或文尾部分增加“请予以审议”等字样。例如“各位代表：……现将公司 2014 年度财务预算情况报告给大家，请予以审议。”

（2）标题不可采用文章式标题。

（3）正文内容应根据拟写单位的具体业务性质灵活设置，不可千篇一律。例如，有的财务预算报告可以省略引言直接进入主体部分，有的财务预算报告可以省略结尾部分，这就是所谓的“秃尾”现象。

基本格式

原文

2017 年度三圣公司财务预算报告

根据公司 2017 年度生产经营和发展计划，结合国家和地区宏观经济政策，对公司 2017 年主要财务指标进行了测算，编制了公司 2017 年度财务预算报告。

一、基本假设

1．公司所遵循的国家及地方现行的有关法律、法规和经济政策无重大变化。

2．公司经营业务所涉及的国家或地区的社会经济环境无重大改变，所在行业形势、市场行情无异常变化。

3．国家现有的银行贷款利率、通货膨胀率无重大改变。

4．公司所遵循的税收政策和有关税优惠政策无重大改变。

5．公司的生产经营计划、营销计划、投资计划能够顺利执行，不受政府行为的重大影响，不存在因资金来源不足、市场需求或供求价格变化等使各项计划的实施发生困难。

6．公司经营所需的原材料、能源等资源获取按计划顺利完成，各项业务合同顺利达成，并与合同方无重大争议和纠纷，经营政策不需做出重大调整。

7．无其他人力不可预见及不可抗拒因素造成重大不利影响。

二、预算编制依据

1．根据公司经营目标及业务规划，预计 2017 年营业收入目标为 166,408.43 万元。

2．成本费用主要依据公司各产品的不同毛利率、资金使用计划及银行贷款利率、2017 年业务量变化等情况进行的综合测算或预算。

3．所得税依据公司 2017 年测算的利润总额及各公司适用的所得税率计算。

三、利润预算表

项目	单位	2017 年预算	2016 年实际	增长率（%）
营业收入	万元	166,408.43	151,280.39	10
营业成本	万元	127,283.96	114,670.23	11
税金及附加	万元	452.82	431.26	5
销售费用	万元	3,433.28	3,301.23	4
管理费用	万元	13,252.36	12,992.51	2
财务费用	万元	3,894.52	3,674.12	6
资产减值损失	万元	2,295.40	2,086.73	10
营业利润	万元	15,819.22	14,124.30	12

提示

此文是一篇财务预算报告，内容要素齐全，结构完整。对拟写单位加强本年度财务预算管理、提升经营管理水平起到了重要的作用。

标题：采用的是繁式标题，“三圣公司”是单位名称，“2017 年度”是时限，“财务预算报告”是文种。从标题上可以看出，本财务预算报告是以时限为标准单位而拟写的。

正文：内容要素完整，文首为引言部分，说明预算依据。

主体部分针对公司 2017 年度经营计划安排、财务指标预算安排、主要产品产量、主要技术经济指标及资金收支预算具体安排等进行了简要分析和说明。

利润总额	万元	15,783.87	14,348.97	10
所得税	万元	2,366.33	2,297.41	3
净利润	万元	13,377.22	12,051.55	11

四、风险提示

本预算为公司2017年度经营计划的内部管理控制指标，能否实现取决于宏观经济环境、国家政策调整、市场需求状况、经营团队的努力程度等多种因素，存在较大的不确定性。

三圣公司

2016年11月2日

（二）决算报告写作要求写作要求

（1）必须以国家法律、法规为准绳，采用符合公司规章制度的信息进行财务决算活动。

（2）熟悉业务和占有的材料，认真分析研究，真实地反映财务决算的实际情况。

（3）坚持实事求是的原则和企业会计准则，客观公正，不偏不倚，严格履行财务人员的岗位职责。

基本格式

原文	提示
×县2015年财务决算报告 2015年，全县财政工作在县委的坚强领导和县人大的监督指导下，主动适应经济发展新常态，紧紧围绕全县经济社会发展总体部署和目标任务，积极发挥财政职能作用，突出做大总量，不断做优质量，着力优化支出结构，切实保障民生需要，继续深化财政管理改革，努力提高财政资金使用效益，全县财政运行情况总体良好，促进了县域经济社会的又好又快发展。 一、2015年财政决算基本情况 （一）公共财政决算基本情况 1．公共财政预算收入情况 2015年初，县人代会批准全县地方财政收入预算为28 950万元。在预算执行中，经县人大常委会第29次会议审议通过，年初确定的地方财政收入28 950万元预算保持不变。全年共实现地方财政收入30 375万元，完成调整预算的105%，较年初预算增长5%，较上年实绩增长13.3%，增收3 570万元。其中：地方工商各税完成8 286万元，占全年地方财政收入的27%，较上年实绩增长21%，增加174万元。增长的主要原因是：资源税由从量计征改从价计征，税务部门加强征管，加大了清欠力度。烟叶税完成入库2 329万元，占全年地方财政收入的8%，较上年实绩下降5%，主要原因是烟叶遭受冰雹灾害影响。非税收入19 760万元，占全年地方财政收入的65%，比上年实绩增长22%。全县地方财政收入30 375万元，加上各项上级补助收入122 042万元、上年结余3 476万元及债券转贷收入900万元，政府性基	本例文内容要素齐全，结构完整。对拟写单位针对本年度财务预算进行对比、总结成功或找出差距、提升未来经营管理水平起到了重要的作用。 标题：采用的是繁式标题，“×县”是单位名称，“2015年度”是时限，“财务决算报告”是文种。从标题上可以看出，本财务决算报告是以一个年度时限为标准单位而拟写的。 正文：文首省略了

金调入资金 2 655 万元，全年财政总收入为 159 448 万元。 2．公共财政预算支出情况 2015 年第十六届人民代表大会第四次会议批准全县地方财政支出预算为 92 186 万元。在预算执行中，根据可用财力和支出项目增加的实际，经县第十六届人大常委会第 29 次会议审议批准，将地方财政支出预算调整为 150 128 万元。全年共完成地方财政支出 154 625 万元，占调整预算的 103%（超支 4 497 万元全部属于上级专项转移支付），比上年实绩增长 11.3%，增加支出 15 671 万元。 主要支出项目完成情况是：一般公共服务支出 11 337 万元，较上年增长 27%，增长的主要原因是机关事业单位工资调整；国防和公共安全支出 5 842 万元，较上年增长 23%；教育支出 31 424 万元，较上年增长 26%；科学技术支出 247 万元，较上年增长 56%；文化体育与传媒支出 2 226 万元，较上年增长 22%；社会保障和就业支出 29 322 万元，较上年增长 66%；医疗卫生和计划生育支出 22 166 万元，较上年增长 67%；节能环保支出 6 406 万元，较上年增长 5%；城乡社区事务支出 5 410 万元，较上年下降 30%（主要原因是城乡公共设施方面的上级专款减少）；农林水事务支出 25 256 万元，较上年增长 6%；交通运输支出 1 468 万元，较上年下降 48%（主要原因是关山旅游快速干线工程竣工，支出减少）；资源勘探信息等支出 471 万元，较上年下降 66%（主要原因是工业园区发展专款减少）；商业服务业等事务支出 3 163 万元，较上年增长 17%；国土海洋气象等支出 379 万元，较上年下降 97%（主要原因是土地资源储备支出减少）；住房保障支出 9 205 万元，较上年下降 14%（主要原因是住房公积金计提比例降低）；粮油物资储备 227 万元，是上年的 1.2 倍；债务付息及其他支出 76 万元。 从支出级次看，共完成县级支出 147 727 万元，较上年增长 11%；完成镇级支出 6 898 万元，较上年增长 13%。地方财政支出加上各类上解支出 639 万元、债务还本支出 100 万元以及安排预算稳定调节基金 700 万元后，2015 年全县地方财政总支出为 156 064 万元。 3．公共财政预算收支平衡情况 2015 年全县地方财政总收入为 159 448 万元，总支出为 156 064 万元。另外，按照上级规定，还需要结转下年专项支出 2 152 万元，再减去上年净结余 1 216 万元后，2015 年当年收支结余 16 万元，实现了预算收支平衡。 （二）政府性基金预算决算情况 2015 年全县政府性基金收入完成 5 895 万元，占预算的 153.1%，超收 2 045 万元；较上年完成数下降 80.8%，减少 24 848 万元，主要原因是国有土地使用权出让收入减少和地方教育附加、育林基金、森林植被恢复费三项基金纳入公共财政预算管理。全县政府性基金支出完成 6 269 万元，占预算的 46%，较上年完成数下降 79.6%，减少 24 518 万元，主要原因是国有土地使用权出让收入安排的征地拆迁补偿支出减少和三项基金纳入公共财政预	引言部分，直接进入主体部分。 主体：针对收入情况和支出情况等进行了简要分析和说明，每部分都对数据进行了详细的分析与说明。

算管理。

全县政府性基金收入 5 895 万元加上上级补助收入 4 400 万元和上年滚存结余 9 141 万元，当年总收入 19 436 万元；当年基金支出 6 269 万元，加上调出资金 2 655 万元，全年基金预算总支出 8 924 万元，2015 年政府性基金预算累计结余 10 512 万元。

（三）国有资本经营预算决算情况

2015 年全县国有资本经营预算收入完成 1 159 万元，占预算的 105.4%，超收 59 万元；比上年完成数增长 4%，增加 44 万元。主要原因是关山旅游门票收入增加；全县国有资本经营预算支出完成 1 159 万元，占预算的 105.4%，超收 59 万元；比上年完成数增长 4%，增加 44 万元。主要原因是关山景区基础设施建设支出增加。

（四）社会保险基金预算决算情况

2015 年全县社会保险基金预算收入完成 23 120 万元，占预算的 108.7%，超收 1 846 万元，主要原因是城乡养老保险基金超收与基本医疗、工伤、生育、新型农村合作医疗、城镇居民基本医疗保险基金短收相抵后净增加；全县社会保险基金支出完成 16 166 万元，完成预算的 103.1%，增加支出 492 万元。当年结余 6 954 万元，累计结余 27 162 万元。

（五）2015 年政府债务情况

2015 年初我县政府存量债务 71 981 万元，加上省财政代我县发行新增政府债券 900 万元，减去 2015 年已偿还债务 11 687 万元，全县 2015 年底政府债务余额为 61 194 万元。按债务级次划分，县级债务 58 810 万元，镇级债务 2 384 万元；按债务类别划分，政府负有偿还责任的债务余额 60 264 万元，负有担保责任的债务余额 930 万元。政府债务率为 36.98%，债务风险在可控范围内。

二、2015 年财政运行的主要特点

从决算情况看，2015 年全县财政运行有四个显著特点：

（一）财政实力不断增强，收支再上新台阶。2015 年，在重点税源企业产销严重受阻和国家结构性减税政策加快实施的双重影响下，财政收入压力巨大，县委、县政府高度重视，积极应对，创新机制，挖潜增收，地方财政收入迈上 3 亿元、财政支出迈上 15 亿元台阶，财政保障能力保持了持续提升的良好势头。一是加大堵漏清欠力度。除盯紧重点税源企业外，开展税收专项清理整治，加大力度清缴欠税，特别对契税、耕地占用税实行综合治税，从源头上做到全面控制。二是全面开拓增收渠道。应用非税收入“电子缴库”系统，加强国有资产（资源）有偿使用收入等非税收入征管力度，确保应收尽收，使其成为财政增收的重要增长点。三是创新机制抓好项目申报和资金争取工作。坚持将项目申报和资金争取纳入岗位目标责任制考核范围，实行项目申报工作专题报告和定期通报制度，建立了申报进度即时反馈、督促指导同步跟进的工作机制，项目申报争取的及时性、有效性显著提

从财务收支情况总结财政运行主要特点。

高。全年共争取中省资金16.2亿元，较上年增长8%，促进了财政保障能力的大幅提升。

（二）支出结构不断优化，民生和重点支出全面保障。坚持两个80%的原则，即新增财力的80%用于民生领域，民生支出占总支出的80%以上。全年用于民生方面的支出达到12.6亿元，占到财政总支出的81.7%。其中，安排资金3.32亿元，用于完善农村义务教育经费保障机制，支持实施薄弱学校基础设施改造项目，确保了义务教育均衡县顺利通过国家验收，加快了文化体制改革和县镇群众文化体育活动、体育馆建设；安排资金5.1亿元，用于支持医药卫生体制改革、计划生育各项政策的落实、改进城乡居民医疗保险和大病保险制度，以及完善就业、抚恤、养老、低保、优抚、社会福利、残疾人、高龄老人补贴等制度，促进了社会和谐稳定；安排资金1.08亿元，用于支持现代农业发展、扶贫开发以及雅村建设、县镇公路建设和保障性住房建设；安排资金1.66亿元，用于支持农产品质量安全、农业资源保护、农村公益事业、绿色陇县创建、农田水利建设、农村“一事一议”、以工代赈、移民搬迁、中小河流治理、农业政策性保险、森林生态效益补偿基金等项目实施。

（三）支持经济发展力度持续加大，主动服务副中心城市建设。围绕加快经济转型升级，提升城市建设品味，多方筹措资金，大力支持重点项目建设。安排资金394万元，用于支持工业园区建设和中小企业发展；安排资金317万元，用于支持飞鹤关山乳业十万头奶山羊基地设施配套；安排资金1 792万元，用于新型农业产业化和生产资料、技术补贴；安排资金89万元，用于关山旅游周及招商推介工作；安排资金358万元，用于关山旅游快速干道绿化工程建设。

（四）扎实推进各项财政改革，创新财政管理体制机制。积极推进部门综合预算，国库集中支付、公务卡改革，预决算公开，非税征缴系统改革、电子化政府采购，惠农补贴“一卡通”、农村“一事一议”财政奖补等项改革，开展盘活财政存量资金工作，清理整顿银行账户，规范政府性债务管理，建立全县行政事业单位资产管理信息系统，财政服务能力大幅提升。加强财政监督，规范财务管理，严格执行中央“八项规定”精神，坚决压缩会议费、“三公”经费等一般性支出，全县会议费支出较上年下降21.62%，“三公”经费支出较上年下降14.88%，财政管理体制、机制更加完善。

三、2015年预算管理工作的体会

第一，抓收入是关键。在预算执行工作中，必须坚持地方财政收入与争取中、省资金“两手抓、两手硬”，这是提高财政保障能力，确保财政预算顺利执行的前提。

第二，保民生是要害。以预算支出管理中，必须把保民生放在首位，全面落实上级出台的各项惠民政策，进一步完善社会保障体系，加快脱攻攻坚步伐，真正体现公共财政的要义，促进社会和谐稳定。

总结经验，提出下一步加强预算管理工作的打算。

第三，促改革是保证。面对新常态，必须不断深化财税体制改革，通过改革完善财政管理机制，使预算管理更加规范、更加科学、更加透明，使财政资金使用的绩效不断得到提升。 四、今后改进和加强预算管理工作的打算 在今后工作中，我们将采取四条措施，进一步加强和改进预算管理。一是坚持"做大总量、做优质量"的工作理念，突出抓好财政收入和资金争取，不断提高财政保障能力；二是围绕产业结构转型升级，支持县域经济发展，加快后续财源建设步伐；三是大力支持宝鸡副中心城市建设，不断提高人民群众生活幸福指数；四是继续深化财政改革，优化财政支出结构，严格执行中央"八项规定"精神，不断提高财政资金使用效益。

第五节　财务分析报告

一、文体知识

（一）财务分析报告的概念

财务分析报告是对企业的财务状况和经营成果进行分析、评价和预测的书面报告。它以企业财务报表财务分析表及经营活动等各种相关资料为依据，客观、全面、系统地反映企业在运营过程的利弊得失，为企业改进财务管理工作和优化经营决策提供参考。

（二）财务分析报告的性质

经济活动是社会经济部门或实体（含计划、管理、生产、供应、销售等在内）的全部经营管理活动，财务分析的基本任务在于正确的评价经济活动，掌握各项经济指标的完成情况，确定经济成果，查明影响经济活动的各种因素，预见经济活动的趋势。总之，是为了总结经验，揭露矛盾，发现问题，明确方向，以便做出正确决策。合理利用人力、物力和财力，最大限度地提高经济效益。财务状况分析既是对已完成的财务活动的总结，又是财务预测的前提，在财务管理的循环中起着承上启下的作用。加强企业的财务状况分析工作，准确评价分析企业的财务状况，对企业挖掘潜力，改进不足，不断提高企业的竞争力显得尤为重要。

（三）财务分析报告的特点

1. 系统性与综合性

整个社会的经济活动是一个紧密相关、相互配合的大系统，任何一个企业或部门都是大系统中的一个局部，而它的每一项经济技术指标，既受内部各种因素制约，又受外部各种条件的影响。财务分析报告关键在于"分析"，分析是各种调查活动和数据计算的继续和深化，这也是财务分析报告与经济信息、市场调查报告、市场预测报告、经济决策报告等问题的根本区别。企业的经济活动是极其复杂的矛盾统一体，既要把有联系的各个主要指标进行分析，又须将各个因素和不同的侧面联系起来，进行综合研究，只有这样，才能从本质上揭示经济发展规律，反映经济活动中的成绩和问题，指明问题产生的原因。

2. 定量性与准确性

从本质上说，财务分析经常表现为定量分析，任何产品都有一定的量的规定性，分析报告必须让数字说话，不能离开数字，凭主观臆断下结论。因为账表数字、计划指标是分析报告赖以存在的根本。分析报告中也有事实，但必须以事实为依据，这就是财务分析报告的定量性。财务分析报告量的表现要求准确，分析也要求准确，通过分析找出成败的原因，制定获得最佳经济效益的方案。

3. 对比性与检验性

经济活动的分析需要一定的技术方法，技术方法主要是数字计算。而检验各项指标完成计划的好坏，又主要通过计算后的数字对比来确定。我们在分析中，把会计核算、统计和业务核算所记录的分析期内各项指标实际完成的结果，与同期计划指标相对比，才能检验指标完成任务的好坏，而在同一指标内，各个时期数字的对比，又可看出其发展方向和趋势。各指标的对比，还可验证影响总体效应的正负因素及其影响程度。可见对比性与检验性是经济活动分析报告的主要特征。

4. 指导性与及时性

经济活动分析通过对过去的分析，对未来起指导作用，它有利于经济活动的正常开展，有利于计划的制定。财务分析报告的及时性体现在分析要迅速及时，只有这样才能及时掌握各种动态，尽快采取调整措施，使经济活动健康发展，防止事过境迁。

（四）财务分析报告的作用

1. 有利于帮助领导机关制订出符合客观规律的计划

计算和分析有利于帮助领导机关制订出符合客观规律的计划，任何计划工作，如果没有正确的计算和分析，那是不可想象的。通过认真的计算和分析，才能透彻地了解现实的经济情况，科学的预测未来，才能权衡利弊得失，选择最优方案，兼顾需要与可能、长远与当前、整体与局部，进而搞好综合平衡，保证国民经济有计划按比例的发展。离开了经济活动的计算和分析，计划也就失去了客观依据。

2. 有利于帮助企业改善经营管理

科学的管理依赖于周密的计算和分析，一个企业要想做到科学管理，就必须把生产、供应、销售、运输安排好，把劳动者和生产手段合理地组织起来，把生产过程内部的各个环节衔接好，顺利地进行生产和扩大再生产。要做到这一切，就必须进行经济活动分析，并且要从分析报告中提出加强计划管理的方案。

3. 有利于帮助经济部门开展工作

经济部门为了按客观经济规律办事，用经济手段管理经济，就要经常运用经济活动分析。只有掌握工商企业生产、流通以及资金占用的具体数据，了解企业完成各项指标的情况，才能提出相应的措施。

4. 有利于发挥银行信贷的杠杆作用

银行发挥信贷杠杆作用，应按照择优扶持的原则，优化贷款投向，有区别的发放贷款。这样，银行为取得信贷资金使用的最佳效益，就必须开展对企业的经济活动分析。通过分析，掌握企业生产经营、资金使用以及信誉等状况，从而正确地运用信贷、利率等经济手段对企业进行优化服务与监督。

5. 有利于促使企业加强经济核算

企业必须以提高经济效益为目的，这是由企业的性质和任务决定的。要提高效益就必须进行经济核算，就必须通过经济活动分析来评价企业生产经营活动的效益，从中找出存在的问题。

（五）财务分析报告的种类

1. 按其内容、范围不同分类来划分

按其内容、范围不同，可分为综合分析报告、专题分析报告和简要分析报告。

（1）综合分析报告。综合分析报告又称全面分析报告，是对公司本期财务状况做出客观、全面、系统的分析，和对下期将发生重要影响的事项进行科学预测的书面报告。其分析依据是会计报表、财务分析表及经营活动、财务活动所提供的各类的信息。其分析内容包括企业的经营特征，利润实现及其分配情况，资金增减变动和周转利用情况，税金缴纳情况，存货，固定资产等主要财产物资的盘盈、盘亏、毁损等变动情况。它具有内容丰富、涉及面广，对财务报告使用者做出各项决策有深远影响的特点。

综合分析报告主要用于半年度、年度进行财务分析的撰写。撰写时必须对分析的各项具体内容的轻重缓急做出合理安排，既要全面，又要抓住重点。

（2）专题分析报告。专题分析报告又称单项分析报告，是指针对某一时期企业经营中的某些关键问题、重大经济措施或薄弱环节等进行专门分析后形成的书面报告。它具有不受时间限制、一事一议、易被经营管理者接受、收效快的特点。

专题分析可以用于有关财务工作的方方面面，比如关于企业清理积压库存，处理逾期应收账款的经验，对资金、成本、费用、利润等方面的猜测分析，处理母公司各方面的关系等问题均可进行专题分析，从而为各级领导做出决策提供现实的依据。

（3）简要分析报告。简要分析报告是对一定时期内的主要经济指标，或比较突出的问题，进行概要的分析而形成的书面报告。

2. 按其分析涉及的时间来划分

按其分析涉及的时间来划分，可分为定期分析报告与不定期分析报告。

（1）定期分析报告。定期分析报告一般是由上级主管部门或企业内部规定的每隔一段相等的时间应予编制和上报的财务分析报告。如每半年、年末编制的综合的财务分析报告就属于定期分析报告。

（2）不定期分析报告。不定期分析报告，是从企业财务治理和业务经营的实际需要出发，不做时间规定而编制的财务分析报告，如上述的专题报告就属于不定期分析报告。

（六）财务分析方法

经济活动的复杂性决定了经济活动分析必须具有相关的专业知识和专门的分析方法。随着经济和现代管理科学的发展，经济活动的分析也在不断完善和发展，大体有以下六种分析方法。

1. 比较分析法

这是把在同一基础上的时间、内容、项目、条件等可比数据资料进行比较分析，借以说明异同，并分析原因，提出改进措施。一般可从几个方面加以比较：一是比计划。以本期的实际指标与计划指标相比较，从而说明计划执行的情况，进而找出完成或未完成指标的原因，总结出经验或找出差距。二是比效益。分析比较不同决策方案的成本和差量，确定不同决策方案在经济效益上的差异，从而择优选择方案。三是比历史。以本期的实际指标与上期或上年同期的实际指标相比较，与本单位历史最高水平相比较，借以分析企业活动的发展趋势，从中认识其发展变化的规律，达到改善经营管理的目的。四是比先进。以本期的实际指标与客观条件大致相同的同类企业的先进指标相比较，从而找出本单位存在的薄弱环节和差距，以便学习先进经验，扬长避短，赶超先进。

2. 因素分析法

这是在对比分析的基础上，进一步分析产生差异和问题的各种因素及其原因。比较法着眼于发现矛盾，而因素分析法则着眼于探究产生矛盾的原因；比较分析法着重于数据和情况的比较，而因素分析法则着重于事实地说明和原因的剖析。形成差异的因素往往是多种多样的，必须从错综复杂的因素及其联系中抓住本质性的关键因素，说明经济活动的规律和特点，从而制定出符合经济规律的决策。

3. 动态分析法

动态分析法也称预测分析法，这是以发展变化的观点来分析研究对象的变化原因和发展趋势。通过动态分析，可以看出经济活动的过程及其规律性。例如，通过对历年商品零售额的增长分析，来预测市场发展的趋势，通过历年来费用的最高水平、最低水平和平均水平等来考察和分析影响费用水平的各种因素和主客观原因。

4. 程序分析法

在一定时期内，根据分析对象和要求，把有关经济指标或反映有关发展水平的动态指标时期内的相应几个阶段作运行同步不同步、平衡不平衡的分析。这样可以看出各阶段、各项指标的完成幅度和相互关系，以便于抓住重点，使经济协调平衡地向前发展。

5. 时空分析法

时空分析法主要用于经济活动的辅助分析。一方面从时间、时机角度，分析领导层的决策是否及时，生产经营是否在有利的时间进行，是否最有效地利用了营销时机和各种有关信息；另一方面从空间环境的角度，分析生产经营或经济活动是否在最有利的空间运行。

6. 调查分析法

即通过个别交谈、班级会、实地观察、民意测验、集体讨论等方法，掌握丰富可靠的实际情况和必要的数字依据资料。它主要运用于非数字所能分析清楚的事项和重大专题的分析。

上述六种分析方法，可以在一篇分析报告中穿插运用，相互补充；也可以单独运用，根据需要加以选择，以达到分析透彻的目的。

二、财务分析报告与市场调查报告的异同

财务分析报告与调查报告有一些相同的地方：

首先，它们构思的程序相同。两种报告都是以国家有关方针政策为指导，根据某一目的对某一对象进行调查，得到丰富的材料后，作科学的研究分析，然后揭示事物本质，找出规律，做出结论的陈述性报告。它们都强调调查研究，文章中都要有事实材料、分析、结论这几个不可或缺的要素；两种报告成文的思维过程相同——运用归纳的思维方法从客观事实中得出自己的结论。

其次，两种报告的写作目的也大致相同，都是试图通过对具体对象的分析，从政策、规律、得失、趋势等方面加以研究思考，总结经验，揭露矛盾，提出建议，给有关领导及部门作参考，

借以改进工作，推动事业发展。所以有的同志认为经济活动分析报告是调查报告的一种特殊形式。

尽管如此，财务分析报告与市场调查报告在许多方面仍存在差异，属不同的文种。两种报告的差异主要表现如下：

（1）从写作时间上看：财务分析报告是对一定时期里已进行过的生产经营活动的各个环节的检查与总结，所以除了部分专题经济分析是不定期的，随时发现问题随时分析之外，一般的经济活动分析都在年终或一个生产周期、一个经营环节告一段落之后进行的，因此财务分析报告常常作为年度、季度、月度报表资料的文字说明部分，或结合某一经济活动的全过程来写作。

市场调查报告在写作时间上则具有报道性的特点，要求及时发现和反映现实生活中的新事物、新经验、新矛盾，所以写作时间比较灵活，事情进行前、进行中、进行后，只要角度选得适当，都可对调查对象进行研究分析，写出报告。

（2）从写作内容上看：财务分析报告只着眼于经济活动，要求根据会计、统计、计划、生产核算和调查到的其他经济资料，对企业生产或流通过程中各项指标完成情况进行计算、分析、比较，它强调的是从调查对象本身出发去分析其经济效益和社会效益。不同的经济活动由不同的技术指标构成，有不同的分析要求和不同的计算方法，专业技术性较强。另外，财务分析报告虽然在收集数据资料外，也要收集一些活资料，如经营管理、技术改革、政治工作中动人的好事例；也要收集一些典型材料，如本单位历史最高水平、同类企业中的先进水平等。但这些活资料、典型材料只是作为分析的依据之一，不须详细介绍，即使要以之为例，也要用其经济效果的具体数据加以概括和证明。有时是利用这些活生生的资料为线索，去查证计划、报表等死资料，而不一定在报告中把这些具体事实用文字表现出来。

而市场调查报告则不同，虽然它的内容与科技、经济活动联系较紧密，但所涉及的范围要比财务分析报告广泛得多。市场调查报告重在解剖，通过典型找出普遍规律，以点带面去指导全局的工作。尽管它也须收集有关数据，但更多地要收集生动、具体的正面或反面的典型事例，并要求作比较详细的叙述说明，以此来加强调查报告的说服力和感染力。即使是综合分析调查报告需要对有关情况作较广泛的概括分析，但仍少不了用具有代表性的典型材料来印证补充，使文章内容充实可信，也使文章的观点更能成立。

（3）从写法上看：这两种报告虽同属陈述性报告，但在表达方式上却有较大的区别。财务分析报告中的数据分析较多，一般与表格结合，表达方式除记叙外，主要是说明，并且它的说明方法是特定的经济分析方法，即对比分析法、因素分析法、动态分析法等。在语言表述上，财务分析报告中较多地运用专业术语，科学严密性和理论性要求较高。

市场调查报告的表达方式较灵活，它要求用事实说话，所以主要用记叙和说明；但它的目的又不仅在记叙或说明某一事物，而要通过对此事物的分析，说明一定的道理与观点，故必须要用议论，因此调查报告常以记叙为主，兼以说明和简要的议论。它虽也引用数据，但只作为事实的佐证。它的语言虽也要求朴素自然，但同时要求生动活泼，要求适当引用群众语言来点明主旨，运用比喻、排比等修辞手法来引人入胜，文章的表现力较强。

（4）在行文结构上，两种报告也不尽相同。财务分析报告一般采用纵式的递进结构，即大致按概况（介绍各种数据指标、经济效果）、对各指标的完成进行量和质的分析、剖析产生现状的原因、进一步搞好工作的对策建议等四部分顺序成文，有时也有用总分式结构的。

市场调查报告的结构方式较多样，它按表达的需要，可分成横式、纵式、纵横式三种。横式是指从几个方面阐述一个问题的并列形式；纵式包括按时间或方位顺序或事物发展的内部联系安排材料的连贯式，按问题的逐步深入来阐述的层递式，以及按现状、产生原因、对策建议安排的递进式（或叫因果式）；纵横式指纵式和横式合用的总分（总）结构。可见调查报告的行文结构是灵活而多变的。

另外，两种报告的人称也有些不同，经济活动分析报告既可是上级机关、外单位人员来写，用第三人称。也可是本单位人员自己分析供本单位自查而写作，用第一人称。而调查报告一般是上级部门或外单位人员所写，用第三人称。

三、写作格式

财务分析报告一般由标题、前言、正文和结尾四部分组成。

（一）标题

1. 公文式标题

公文式标题是由“单位名称、分析时间、分析内容和性质、文种”组成的格式。如《2015 年四季度华东地区银行信贷、现金计划执行情况简析》《××省上半年经济金融形势分析》，这两例属于定期分析报告。定期分析报告采用这种标题形式的居多。

2. 文章式标题

用分析报告提出的观点、意见、建议作标题，如《改变产品结构，提高经济效益》，《关于节支增收，扭亏为盈的意见》等。

3. 双标题

以上两种标题的结合，用文章式标题作正标题，用公文式标题作副标题，如《国有经济保持健康发展，国有企业盈利水平回升——2015 年第四季度家电市场简析》。

（二）前言

财务分析报告的前言一般是先概括说明经济形势，或介绍基本情况，然后标明分析的中心问题，指出分析的目的。这部分写什么，不写什么，须根据全文主旨的需要而定。在文字表达上则要简明扼要。也有内容简要地分析报告，可省掉开头部分，而将这部分的内容附着在正文中表达。

分析报告的开头最好是尽快突出主题，接触矛盾，揭示实质。得力的写法是单刀直入，开门见山，一语破的。要用典型的数据，引出核心内容；要用精辟的语言，概述行文宗旨；要用有序的章法，承启全文意脉。

（三）正文

1. 正文的内容

财务分析报告的正文，是报告的核心部分。正文的内容包括三部分：

第一，基本情况。扼要地说明经济活动指标实际完成情况，旨在显示经济活动所呈现的趋势和状态，给读者以总体印象。

第二，分析原因。用正确的观点、辩证的方法，将要分析的中心问题分解成几个方面，一直分解到指标为止，并解剖各个指标的构成因素，运用技术分析方法进行多角度、多层次、多方面的对比分析，分析影响各项指标完成情况的原因及影响程度。

第三，得出结论。运用综合归纳的方法，根据对经济活动各项指标，特别是关键性指标实际完成情况的综合、比较和分析情况，对经济活动做出总体评价，得出分析结论，揭示取得成绩的成功经验，导致失败的教训，存在的主要差距和问题。

2. 正文的形式

写好正文部分的关键是如何合理地安排材料，使分析报告条理清楚、结构严谨。正文部分的材料安排和结构形式，通常有以下几种写法。

第一，纵向式结构。这是从大量的材料中，概括出几个要点，分层纵向安排结构形式的写法。其特点是阐述或论证基本观点的各段落、层次之间，有一定的时间顺序和逻辑推理的递进关系，前面的段落是后面段落的基础，后面的分析是前面的深入和发展，最后得出结论。纵向式结构有三种情况：一是按照事物发生、发展、变化的过程安排材料，比较注意事物发展的先后顺序。二是按照事理层次安排材料，层次之间是一种纵深的逻辑推理关系，即涉其一，必然涉其二，涉其二必涉其三……三是按照调查的顺序安排材料，先调查的先写，后调查的后写，逐个地将调查的问题讲清楚。

第二，横向式结构。这是把所掌握的材料按性质予以归类，然后按内在联系分成若干相关而又相对区分的几个部分，进行横向安排结构形式的写法。有三种表现形式：一是分条列项式，即按条款安排结构，给每个部分加上序号，分别列项。二是块块式结构，即给每个部分用一简洁的话（或小标题）加以归纳、撮要，并安排性质相同的材料。三是对比式结构，即把两种事物按性质分类加以对比，从对比中分析评价，判定是非。

第三，交叉式结构。一是以纵向展开为主安排结构，即全文大的结构先纵后横，纵横结合，每个部分则又有不同，有时是纵式的阐述，有时又是横向说明，需纵则纵，需横则横，运用自如，浑然一体。二是以横向展开为主安排结构，即全文大的结构是横式的，既考虑时间的先后顺序，体现事物的发展过程，又注意按内容性质分类，突出几个“平列”关系的问题，使得事与理有机结合。

（四）结尾

财务分析报告的结尾，一般是根据正文中对情况的分析，提出改进意见、建议和措施，要具体中肯，切实可行，其具体内容有的是谈发挥优势的途径，有的是提出解决问题的措施，有的是提出改进经济工作的意见。经济活动分析报告还应在结尾后署名和写明写作时间。

四、财务分析报告的主要分析指标

（一）经营指标分析

主要说明企业基本情况、本期企业生产经营业务的主要经济指标完成情况等，如产量、营业量、销售量等实际完成定额及同比增减值。计算反映企业发展能力状况的财力评价指标有：销售增长率，资本积累率，总资产增长率，三年资本平均增长率。将这些指标与标准指标及上年同期值相比计算增减值，并从以下几个方面分析生产经营中取得的业绩和存在的问题及原因：一是经营环境变化的影响，主要分析企业生产经营内、外部条件变化的影响；二是营业范围调整及影响；三是需披露的其他业务情况和事项的影响等。从中找出主要影响因素，并说明企业取得成绩的主要原因是什么，说明企业经营中出现问题与困难的原因是什么，使企业明确今后的发展方向。

（二）盈亏指标分析

（1）对利润表所反映的本期实际利润数与计划数及上年同期实际数进行对比，分析利润实际情况及增减值。本期实际利润（亏损）总额是多少，比计划及上年同期数增减额及增减率；分析本期实际利润总额构成情况，其中：主营业务利润、其他业务利润、营业外收支等情况与计划数及上年同期数的增减额及增减率是多少。

（2）计算净资产收益率、总资产报酬率、主营业利润率、成本费用利润率等盈利能力分析指标，并用标准值与上年同期值相比计算增减值。

（3）根据分析与计算结果，分析评价企业盈利能力的强弱，并从主营业务收入同比增减额的影响、成本费用同比增减额影响、其他业务利润、营业收支净额等因素分析其对本期利润的影响程度，查找导致盈利能力增强（减弱）的原因。

（三）资金指标分析

（1）对利润表所反映的本期实际利润数与计划数及上年同期实际数进行对比，分析利润实际情况及增减值。本期实际利润（亏损）总额是多少，比计划及上年同期数增减额及增减率；分析本期实际利润总额构成情况，其中：主营业务利润、其他业务利润、营业外收支等情况与计划数及上年同期数的增减额及增减率是多少。

（2）计算净资产收益率、总资产报酬率、主营业利润率、成本费用率等盈利能力分析指标，并用标准值与上年同期值相比计算增减值。

（3）根据分析与计算结果，分析评价企业盈利能力的强弱，并从主营业务收入同比增减额的影响、成本费用同比增减额影响、其他业务利润、营业收支净额等因素分析其对本期利润的影响程度，查找导致盈利能力增强（减弱）的原因。

五、写作要求

（一）要突出重点，忌泛泛而谈

财务状况分析要重在揭露问题，查找原因，提出建议。所以分析内容应当突出当期财务情况的重点，抓住问题的本质，找出影响当期指标变动的主要因素，重点剖析变化较大的主、客观原因。这样才能客观、正确地评价和分析企业的当期财务情况，预测企业发展走势，从而有针对性地提出整改建议和措施。

（二）要深入剖析，忌浅尝辄止

表面良好的背后常常隐藏着严重的缺点、漏洞和隐患，这就要求我们既不能被表面现象所迷惑，也不能就事论事，而要善于深入调查研究，善于捕捉实务发展变化过程偶然现象中的必然规律，可通过对现有大量详细资料的反复推敲、印证、去粗取精、去伪存真中以得出对企业财务状况客观、公正的评价。

（三）要通俗易懂，忌过于专业

编制财务分析报告时，要清楚地知道报告阅读的对象主要是企业及上级部门。财务状况分析主要是服务于企业内部经济管理的改善，经济运行质量的提高，为领导当参谋，让群众明家底。所以财务分析报告应尽量淡化专业味，少用专业术语，多用大众词汇，做到直截了当、简明扼要、通俗易懂。

（四）定期分析与日常分析相结合

年度、季度、月度分析固然重要，但随着财务决策对信息及时性要求的不断提高，要求企业能够及时地分析企业日常的财务状况、获利能力、资金管理能力以及企业的未来发展趋势，甚至要求对财务状况进行实时分析。因此，在注重定期分析的同时，同样也要重视日常分析。

（五）报表分析与专题分析相结合

企业的财务状况分析主要从三大报表着手，对企业各期的经济指标进行分析，编制财务情况说明书。从效果上看，难以面面俱到，实际作用有限。在实际工作中，财务分析往往缺乏与阅读对象的沟通，缺乏对主要经萤火虫事项进行有的放矢的专题分析。因此，企业财务分析报告应围绕领导和广大干部职工最关心的热点问题和实际工作中遇到的新问题来展开，传递对领导决策有用的信息，真正起到参谋作用。

基本格式

原文	提示
××市××××年度财务分析报告 省商业厅： ××××年度，我局所属企业在改革开放力度加大、全市经济持续稳步发展的形势下，坚持以提高效益为中心，以搞活经济强化管理为重点，深化企业内部改革、深入挖潜，调整经营结构，扩大经营规模，进一步完善了企业内部经营机制，努力开拓，奋力竞争。销售收入实现××××万元，比去年增加30%以上，并在取得较好经济效益的同时，取得了较好的社会效益。	这是一篇比较规范的财务分析报告。 前言：概括说明经济形势，或介绍基本情况。
（一）主要经济指标完成情况 本年度商品销售收入×××万元，比上年增加×××万元。其中，商品流通企业销售实现×××万元，比上年增加5.5%，商办工业产品销售×××万元，比上年减少10%，其他企业营业收入实现×××万元，比上年增加43%。全年毛利率达到41.82%，比上年提高0.25%。费用水平本年实际为7.7%，比上年升高0.63%。全年实现利润×××万元比上年增加4.68%。其中，商业企业利润×××万元，比上年增加12.5%，商办工业利润×××万元，比上年下降28.87%。销售利润率本年为4.83%，比上年下降0.05%。其中，商业企业为4.81%，上升0.3%。全部流动资金周转天数为128天，比上年的110天慢了18天。其中，商业企业周围天数为60天，比上年的53天慢了7天。	对财务分析期的经营情况作了简要说明，对企业计划执行情况和各项经济指标完成情况做了大致介绍。
（二）主要财务情况分析 1．销售收入情况。通过竞争意识，调整经营结构，增设经营结构，增设经营网点，扩大销售范围，促进了销售收入的提高。如南一百货商店销售收入比去年增加296.4万元；古都五交公司比上年增加396.2万元。 2．费用水平情况。全局商业的流通费用总额比上年增加144.8万元，	对各项财务指标的完成情况进行了说明和分析，有数据，有比较。

费用水平上升 0.82%，其中：①运杂费增 13.1 万元；②保管费增加 4.5 万元；③低值易耗品摊销增加 5.2 万元。从变化因素看，主要是由于政策因素影响：①调整了“三资”“一金”比例，使费用绝对值增加了 12.8 万元；②调整了房屋租赁价格，使费用增加了 50.2 万元；③企业普调工资，使费用相对增加 80.9 万元。扣除这三种因素影响，本期费用绝对额为 905.6 万元，比上年相对减少 10.2 万元。费用水平为 6.7%，比上年下降 0.4%。

3．资金运用情况。年末，全部资金占用额为×××万元，比上年增加 28.7%。其中：商业资金占用额×××万元，占 31.8%，比上年上升了 8.65%。其中：应收款和其他应收款比上年增加 548.1 万元。从资金占用情况分析，各项资金占用比例严重不合理，应继续加强“三角债”的清理工作。

4．利润情况。企业利润比上年增加×××万元，主要因素是：（1）增加因素：①由于销售收入比上年增加 804.3 万元，利润增加了 41.8 万元、；②由于毛利率比上年增加 0.52%，使利润增加 80 万元；③由于其他各项收入比同期多收 43 万元，使利润增加 42.7 万元；④由于支出额比上年少支出 6.1 万元，使利润增加 6.1 万元。（2）减少因素：①由于费用水平比上年提高 0.82%，使利润减少 105.6 万元；②由于税率比上年上浮 0.04%，使利润少实现 5 万元；③由于财产损失比上年多 16.8 万元，使利润减少 16.8 万元。以上两种因素相抵，本年度利润额多实现×××万元。

（三）存在的问题和建议

1．资金占用增长过快，结算资金占用比重较大，比例失调。特别是其他应收款和销货应收款大幅度上升，如不及时清理，对企业经济效益将产生很大影响。因饨，建议各企业领导要引起重视，应收款较多的单位，要领导带头，抽出专人，成立清收小组，积极回收。也可将奖金、工资同回收款挂钩，调动回收人员积极性。同时，要求企业经理要严格控制赊销商品管理，严防新的三角债产生。

2．经营性亏损单位有增无减，亏损额不断增加。全局企业未弥补亏损额高达×××万元，比同期大幅度土升。建议各企业领导要加强对亏损企业的整顿、管理，做好扭亏工作。

3．各企业不同程度地存在潜亏行为。全局待摊费用高达×××万元，待处理流动资金损失为×××万元。建议各企业领导要真实反映企业经营成果，该处理的处理，该核销的核销，以便真实地反映企业经营成果。

从财务的角度给予公正、客观的评价，并针对性地提出一些建议和对策。

××市商业局财会处

××××年×月×日

第六节　经 济 合 同

一、基本知识

合同亦称合约、契约、协议书。它是平等主体的自然人、法人及其他组织之间为实现一定的经济目的，明确相互利益义务而依法订立的书面协议。经济合同是法人之间为实现一定经济目的，明确相互权利义务关系的协议。

合同关系即法律关系，具有强制性。合同已经签订就对当事人具有法律约束力，违反合同就要承担相应的经济和法律责任。合同是协作关系的具体反映，是管理的有效手段也是合同双方保证完成计划、达到一定目的的有效方法。

1. 常见的经济合同种类

根据新的《中华人民共和国合同法》规定，目前常见的经济合同主要有以下几种：

（1）买卖合同：是出卖人转移标的物的所有权于买受人，买受人支付款的合同。

（2）供用电、水、气、热力合同：供用电合同是供电人向用电人供电，用电人支付电费的合同。供用水、供用气、供用热力合同，参照供用电合同的有关规定。

（3）借款合同：是借款人向贷款人借款，到期返还借款并支付利息的合同。

（4）租赁合同：出租人根据承租人支付租金的合同。

（5）融资租赁合同：是出租人根据承租人对出卖人、租赁物的选择，向出卖人购买租赁物，提供给承租人使用，承租人支付租金的合同。

（6）承揽合同：是承揽人按照订做人的要求完成工作，交付工作成果，订做人给付报酬的合同。承揽包括加工、订做、修理、复制、测试、校验等工作。

（7）建设工程合同：是承包人按要求进行工程建设，发报人支付价款的合同。

（8）运输合同：是承运人将旅客或者货物从起运地点运输到约定地点，旅客、托运人或者收货人支付票款或者运输费的合同。

（9）技术合同：是当事人就技术开发、转让、咨询或服务而订立的确立相互之间权利和义务的合同。

（10）保管合同：是保管人保管寄存人交付的保管物，返还该物并收取一定保管费用的合同。

（11）仓储合同：是保管人储存存货人交付的仓储物，存货人支付仓储费的合同。

（12）财产保险合同：是指投保人向保险人缴纳保险费，保险人在所保财务或利益受损时，在保险责任范围内承担赔偿责任，或在约定期限届满时给付保险金合同。具体分为财产保险、货物运输保险、运输工具保险、责任保险、保证保险、信用保险等类。

（13）委托合同：是委托人和受托人约定，由受托人处理委托人事务并且收取一定费用的合同。委托人可以特别委托受托人处理一项或数项事务，也可以概括受托委托人处理一切事务。

（14）经纪合同：是行纪人以自己的名义为委托人从事贸易活动，委托人支付报酬的合同。

（15）居间合同：是居间人向委托人报告订立合同的机会或者提供订立合同的媒介服务，委托人支付报酬的合同。

2. 经济合同的主要特点

《中华人民共和国合同法》以法律的形式对合同的各个方面都作了具体规定。概括起来讲，经济合同具有以下几个主要特点：

(1) 合法性：经济合同的订立和履行，是当事人受到法律保护和监督的合法行为。合同的主体是具有平等民事权利的法人、其他经济组织或自然人。当事人任何一方不履行合同，都要承担由此引起的法律后果。订立合同时，必须遵守法律和行政法规。如果订立的合同符合当事人双方的意愿，但损害国家利益和社会公告利益，也是违法的。

(2) 协商性：经济合同是双方或多方当事人意思表示一致的法律行为，不是单方面的法律行为。当事人在合同关系中的地位是平等的，订立合同，应当遵循平等互利、协商一致的原则。任何一方不得把自己的意志强加给对方，任何单位和个人不得非法干预合同双方履行自己的义务。订立合同，必须经过要约和承诺的法律程序，以贯彻平等、协商的原则。所谓要约，是指当事人一方向另一方提出订立合同的要求或建议；所谓承诺，是指当事人一方向另一方提出的订立合同的要求或建议表示完全同意。事实上，双方一拍即合，一下就取得完全一致意见是很难做到的，通常都要经过讨价还价、多次洽谈，才能最后达成双方都可以接受的协议。

(3) 公平性：经济合同是一种以公正为取向的法律行为。合同的公平性首先表现在当事人的法律地位平等，不允许一方有超越他方的法律地位；其次表现为双方采取自愿协商、自主决定的方式来达成协议。显失公平性的合同，或乘人之危签订的合同，都是存在瑕疵的合同，都存在着成为无效合同的可能。

签订经济合同的作用是：作为合作双方交易的法律依据；便于合同双方互相监督，有利于很好执行合同。

二、写作格式

从结构上讲，经济合同的表现形式有两种，即条文式合同和表格式合同。一份较完整的经济合同文书应具备标题、签约当事人的名称或姓名、正文、结尾四个部分。

1. 标题

标题是指合同的名称。一般只写明合同的种类，如《供用合同》《承揽合同》等。此外，标题还有以下几种写法：

(1) 将经营范围和合同名称写在一起，如《纺织品购销合同》《针棉织品购销合同》等；

(2) 将合同有限期和合同名称写在一起，如《2013 年第一季度购销合同》《2014 年货物运输合同》等；

(3) 将签约单位名称并列写在合同名称的前面，如《XX 市 XX 公司与 XX 厂购销合同》。

2. 签约当事人的名称或姓名

在合同标题的下方，分行并列写明签订合同当事人双方的单位名称（全称）或者姓名和住所，有的在单位名称之前还写明合同的性质。为了行文方便，可在括弧里注明一方是“甲方”或“供方”，另一方是“乙方”或“需方”，但不能写成“我方”或者“你方”，以免理解时产生歧义。

3. 正文

正文部分一般包括合同的主要条款和双方自愿协议的内容。根据《中华人民共和国合同法》

的规定，合同应具备以下条款：

（1）标的：是合同中双方当事人权利和义务的所指对象。任何合同都必须有标的，没有标的的或标的不明确，双方的权利和义务就没有所指，合同就无法履行。例如，购销合同中的标的是某种产品，建设工程合同中的标的是某项设计或工程等。合同的标的必须有利于当事人权利和义务的具体实现，因而不能含糊抽象，要有明确的限制，清楚的界限。

（2）数量：是衡量合同双方利益义务大小的尺度，它包括数字和计量单位。除了数字要具体准确外，计量单位的度必须明确。有些产品数量较难做到十分精确，则应规定要交货数量允许的超欠幅度、正负尾数和运输耗损；有些工业产品附带给予易耗备品、配件和安装修理工具，合同上要注明件数并标明已计入成本或另行收费。

（3）质量：是标的的外观形态和内在素质的综合体现，产品质量的技术要求，包括物理（或机械）性能、化学性能、使用特征、耗能指标、工艺要求、卫生和安全要求等。凡是有法定标准可依的，要指出属于哪一级标准；没有法定标准的，要明确双方协议的具体标准以及检验方法。验收和检疫方法，按国家的有关规定执行，没有规定的由当事人双方协商确定；有些分等级的产品，要规定等级品率。

（4）价款或报酬：是取得对方的产品、劳务或智力、成果所支付的表现为货币的代价。以事务为标的的称为价款，以劳务为标的的称为报酬。报酬除了数额以外，还要明确计算依据（根据某项国家规定的价格，或是由当事人协商议定的价格），规定支付方式。国内经济关系，除法律另由规定的以外必须用人民币计算和支付；除国家允许使用现金履行义务的以外，必须通过银行办理转账或者票据结算。

（5）履行的期限、地点和方式：履行的期限是指交货或完成劳务等日期。明确期限有利于双方安排生产和工作，以及有计划、有步骤地完成任务。合同对当事人双方应履行的权利和义务都要规定明确的期限，同时期限也是判定当事人双方能否按期履约的客观标准。履行的地点和方式是指当事人在什么地点、什么方式履行合同，这些直接影响费用的计算，应明确规定。例如，自提产品应明确规定提供地点、送货单位，要对交货地点、运费的承担、运价标准和途中耗损等，都做出明确的规定。

（6）违约责任：又称“罚则”，是对不按合同规定履行义务的制裁措施。合同的核心问题是责任，明确违约责任对与维护合同的法律严肃性，督促当事人新手合同义务，具有重要意义。违约的经济制裁措施主要是违约方给对方支付违约金和承担由于违约造成的经济损失。

（7）解决争议的方法：当事人可以通过和解或者调解解决合同争议。当事人不愿和解、调解或者和解、调解不成的，如由仲裁约定的应根据仲裁协议向仲裁机构申请仲裁；当事人没有订立仲裁协议或者仲裁协议无效的，可以向人民法院起诉。

此外，根据法律规定的或按合同性质必须具备的条款，以及当事人有要求必须规定的条款，也是合同应包括的内容。

4. 结尾

结尾是合同合法性和有效性的标记，一般包括双方公章、法定代表人或委托代理人签章，还应写明地址、电话、开户银行和账户号。条款式合同最后还要注明签字时间和地点。如果该合同需经过鉴证或公证，还要载明鉴（公）证意见以及经办人签章和鉴（公）证机关公章。

三、写作要求

1. 必须符合国家的政策、法令，遵循一定的原则

（1）必须遵守国家的有关法律、政策和行政法规，不得利用合同进行违法活动，扰乱社会经济秩序，损害国家利益和社会公共利益。

（2）应当遵循平等互利、协商一致的原则，任何一方不得把自己的意志强加给对方。

（3）必须切实维护当事人的合法权益。

（4）必须以能够全面履行合同规定的义务为前提，不能写入无法履行义务的条款。

2. 内容要具体明确，条款要齐全完备

写作合同，应当具备《合同法》及有关合同条例规定的条款。条款的内容要具体明确，不能使用模糊语言来表述。

3. 要严肃合同纪律，不得随意涂改或终止

《合同法》规定："依法成立的合同对当事人具有法律约束力。当事人应当按照约定履行的义务，不得擅自变更或解除合同。"因此，在写作合同时，必须自觉维护合同纪律的严肃性，未经当事人之间协商一致，不得随意涂改合同的内容。此外，在填写政府有关监督、管理部门统一监制的合同时，字迹要工整清晰，书写要规范，应当用毛笔或钢笔填写，以便保存。

4. 理清写作基本思路

明确签订合同的目的，即为什么签订合同；明确签订合同的主要依据或原则；明确国家有关政策和法律规定的当事人共同享有的权利和应尽的义务，即当事人各自在履行合同过程中针对对方应享有什么权利，怎样行使权利，应尽什么义务，怎样履行义务以及权利和义务的标准、条件等；明确当事人应当承担的责任，即当事人违反了国家有关政策和法律时应承担的责任，当事人在履行合同过程中出现违约行为而导致合同不能正常履行的情况时应承担责任（违约方发生不可抗力的情况除外）。

5. 掌握语言要求

合同是受到法律制约的文书，一经成立就不能随意改动；合同又是有偿性的，直接与当事人的经济利益有关，因此，要求语言必须准确严密，不允许有丝毫的含混，更不能产生歧义。写作时，对于合同全文，尤其是主要条款的表述，一定要字斟句酌，准确无误地表达既定的含义。合同语言的严密性突出体现在主要条款的表达上：首先要每一条款的表意要严密，该表达的意图一定要表达清楚，不要有疏漏；其次是各条款之间的内在逻辑关系要严密，不能颠三倒四，前后重复或矛盾。

基本格式

原文	提示
建筑安装工程承包合同 签订合同双方：______________ 建设单位：______________ 以下简称甲方； 施工单位：______________ 以下简称乙方。	一方是"甲方"或"供方"，另一方是"乙方"或"需方"，但不能写成"我方"或者"你方"。

为明确甲乙双方在施工过程中的权利义务，促使双方互相创造条件，搞好配合协作，多快好省地完成国家的基本建设任务，经甲乙双方充分协商，特签订本合同，以便共同遵守。

第一条：总则

一、工程名称：____________________

二、国家（或各部委，或省，自治区，市政府，计委，建委等有关单位）对工程的批准投资计划，工程项目表，申请建筑许可执照，计划任务书，初步设计，总概算等文件号。

三、工程编号：________________

四、工程地点：_________________

五、工程范围：本合同全部工程建筑安装面积共计_____平方米（各单项工程建筑安装面积详见工程项目一览表）。

六、工程造价，本合同全部工程施工图预算造价为人民币______元（各单项工程造价详见工程项目一览表）。

第二条：工程期限

本合同全部工程自一九_____年_____月_____日开工至一九_____年____月_____日竣工（各单项工程，中间交工工程开、竣工日期详见工程项目一览表）。

在组织施工过程中，如遇下列情况，得顺延工期，双方应及时进行协商，并通过书面形式确定顺延期限。

一、因天灾或人力不能抗拒的原因被迫停工者；

二、因甲方提出更变计划或变更施工图而不能继续施工者；

三、因甲方不能按期供图，供料，供设备或其所供材料，以及设备不合规格要求，被迫停工或不能顺利施工者。

第三条：施工准备

一、甲方在开工前应办妥征地拆迁；申请领取建筑执照；清除施工场地范围内影响施工的原有管线，绿化等障碍物；解决施工用地（包括材料，构件的堆放和中转场地，搭建大型临时设施用地）；解决施工用水源、电源和运输道路的接通；向乙方提供所有工程设计图纸；组织设计、施工单位进行工程设计交底。

二、乙方在开工前应组织有关人员学习和熟悉图纸，参与设计交底，编好施工图预算，负责编制施工组织设计或施工方案，进行现场平面布置，搭建施工临时设施，安排施工总进度计划，储备材料，加工构件，做好一切施工准备。

第四条：物资供应

一、本合同全部所需材料按下列第（　　）项供应方式办理：

1．特殊材料，……

2．统配部管材料由乙方负责办理申请，订货，调剂使用。

介绍标的履约的时间要求及可允许的特殊的延期情况。

甲方、乙方在履约各阶段的责任义务明晰。

3. 包工不包料工程，全部材料由甲方采购供应到现场或指定的加工地点。

4. ……

二、成套设备和非标准设备，由甲方负责办理申请、订货及加工，引进成套设备在交付乙方前，甲方应负责商品检验

合同中间变更的处理方式。

第五条：工程款结算

一、本合同全部工程造价的结算方式，按下列第（　　）项办理：

1. 以施工图预算加增减变更预算进行结算；

2. 按施工图预算加系数包干确定包干造价，包干范围以外的费用，另按有关规定调整包干造价；

……

二、本合同自签订生效之日起，甲方应在＿＿＿＿＿日内按工程造价总数＿＿＿＿＿＿元的百分之＿＿＿＿＿一次拨给乙方备料及施工费。工程进行期间，甲方应审查乙方提供的完成工作量统计月（季）报表，并据此拨给工程进度款。工程未竣工验收前，可预留工程总造价的百分之＿＿＿＿＿＿的尾款，待工程竣工验收后全部付清。

第六条：施工与设计变更

一、乙方在组织施工中必须坚持“百年大计，质量第一”的方针，要根据国家颁发的施工验收规范和质量检验标准，以及设计要求组织施工，要求全部工程达到合格标准。

二、在组织施工中，要坚持按图施工，任何一方不得随意变更设计，如遇下列情况造成乙方窝工、返工和材料、构件的积压倒运，劳动力，机械调迁等损失，应由甲方负担。

1. 施工中发现设计有错误或有严重不合理的地方，乙方应以书面通知甲方，由甲方在七天内与原设计单位商定提出修改或变更设计文件，经甲乙双方办理有关手续后方准继续施工。

合同完成后的检验奖罚和仲裁监督，履约价款给付。

2. 施工中如遇设计变更后超出原设计标准或规模时，须经原批准单位审批同意，甲乙双方办理有关手续后方可施工。在设计变更尚未批准前，任何一方不得强行施工。

3. 在施工中如遇中途停建，缓建，甲乙双方对在建工程应商定做到安全部位。

第七条：竣工验收，结算与保修

一、乙方在单项工程竣工前＿＿＿日，应将验收日期以书面形式通知甲方届时验收，如甲方不能按期参加验收，须提前通知乙方，并与乙方另行商定验收日期，但甲方必须承认乙方的竣工时间。甲方推迟验收，其间所发生的管理费和各项损失均由甲方负担。

二、竣工工程经检验合格，从验收之日起＿＿＿＿天内乙方向甲方移交完毕，如甲方不按期接管，致使已验收工程发生损失，应由甲方负担。

三、某项工程中之某项工程如需单独移交甲方，以便由另一施工单位进行施工，在移交时甲乙双方应办理中间验收手续，作为竣工工程验收之依据。

……

第八条：奖励，惩罚与仲裁

一、乙方在保证工程质量的前提下提出修改设计的合理化建议，经甲方和原设计单位同意方可施工，由此而节约的工程投资，百分之________归乙方，百分之________归设计单位。

二、由于乙方责任未按本合同规定的日期竣工，以竣工验收合格日期计算，每逾期一天，应按该项工程的预算造价（包工不包料工程按预算人工费计算），由乙方偿付给甲方万分之______的违约金。如乙方采取措施提前竣工，每提前一天，由甲方付给乙方万分之____的奖励。奖金由甲方收益中开支或从甲方节约的投资中支付。如甲方确无资金来源，可不实行奖罚条款，乙方应从全局出发，不能因此推迟交工。

三、甲乙双方不得借故拖欠各种应付款项，如逾期不付，则视同贷款，拖延方应增付应付而未付款项的利息。

第九条：工程负责人和工伤事故

一、甲方派____________同志为驻现场负责人，乙方派___________同志为现场施工负责人，共同履行本合同的各项规定。

二、乙方有责任教育工人严格执行操作规程，安全施工，防火防盗。在施工中发生的伤亡事故和乙方管理不善造成的其他损失，均由乙方负责，乙方不得因此影响工程进度。

第十条：合同份数及有效期

一、本合同一式_______份。其中正本两份，甲乙双方各执一份；副本一式_______份，报送甲乙双方的主管部门，工商行政管理机关和建设银行各一份存留备案。

二、本合同自双方签订之日生效，在本合同全部工程竣工验收并结清尾，款后失效。

第十一条：附则

……

第十二条：合同附件（均略）

第十三条：其他条款

____

____

建设单位（甲方）：________________________________（盖章）

代表人：__________________________________（盖章）

地址：____________________

补充内容

甲乙双方联系人和方式要多样，单位信息详细。

电话：____________ 联系人：____________ 银行账号：____________ 施工单位：____________（盖章） 代表人：____________（盖章） 地址：____________ 电话：____________ 联系人：____________ 银行账号：____________	

课后练习

一、判断题

1. 财务预算是根据单位目标所编制的经营、资本、财务等本年度收支计划，包括特种决议计划预算、短期财务预算报告与财务预算三大类。（　　）

2. 财务预算报告的标题可以只写文种。（　　）

3. 财务预算报告的引言部分可有可无。（　　）

4. 编制财务预算具有明确目标、协调经营过程中各方面的关系、控制流程等重要作用。（　　）

二、修改病句

1. 今年沈阳私人购买小轿车数量大幅上扬，与去年相比增加到 29.87%。

2. 腾达电子公司全体员工要从这次火灾事故中吸取经验教训，杜绝这类事故不再发生。

3. 财务决算报告与财务预算报告的形式完全不同，财务决算报告形成的前提是财务决算。

三、简答题

1. 简述财务预算报告与行政公文中报告的根本区别。

2. 从内容和结构上讲，财务预算报告中的哪些部分不可省略？

3. 试分析财务预算报告在企业生产运营中的重要作用。

4. 财务决算与财务预算之间有何关系？

5. 在财务决算报告的编写中，应当依据哪些方面的数据？

四、综合练习题

1. 下面是一则病文，试指出其存在的毛病。

大学生课外阅读情况的调查

阳光下、草坪上、教室里、图书馆……到处可以看见书不离开手的大学生，他们脸上洋溢着满足自信的笑容。

“你课外阅读的主要目的是什么？”“你最喜欢阅读哪种类型的书籍？”“你平时看一本书用多长时间？”……前不久我们对大学生的阅读取向进行了一次访问式调查，目的是了解当代大学生读什么书，读多少书和怎样读书的问题。

通过调查有部分学生的课外阅读主要是为了休闲。他们认为“平时专业课程的阅读量已经很大了，课外阅读当然选择内容较轻松的课外书籍，以缓解读书的压力”。这样的学生大约占44.9%。还有部分同学的课外阅读是为了拓展知识面。这样的学生所占比例较少，只有8%。

大学生不青睐具有专业知识的书籍是否合理呢？不少招聘企业都感慨现在的大学生专业能力很薄弱，学以致用的能力较差。在学校期间不注重专业知识的积累和自身专业技能的训练，不阅读、不关注相关专业课外书籍，是造成这种现象的原因之一。

在回答“你最喜欢阅读哪种类型的书籍？”时。大多数学生选择报刊杂志。报刊杂志始终占据大学生阅读排行榜的首位。多数学生选择此类书籍的原因大多是因为“阅读起来方便”和“信息量大，来源广泛，易获得”。调查中发现。学校为学生免费提供的《文汇报》成为阅读人次最多的报刊，《青年报》《环球时报》《参考消息》《电脑报》《读者》有一定的市场。在阅读内容上，阅读新闻占61%，领先其他三项，阅读“生活信息及收集资料”占24%，阅读“文学作品”占16%，阅读“评论文章”占18%。

目前大学生的阅读结构对大学生正确世界观、人生观的形成非常不利，急需加以正确引导。

2. 请以一篇例文为基础，调整具体数据，然后进行财务决算报告的写作。

（练习提示：只利用文中的数据材料；内容和结构自行设计；要求内容与结构要素齐全。）

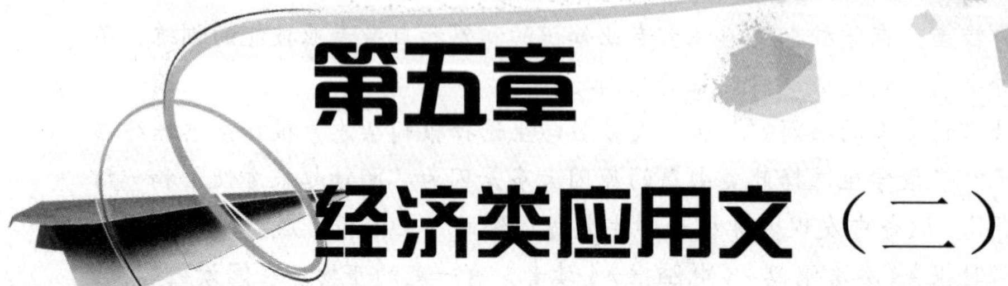

第五章 经济类应用文（二）

学习目标：

（1）了解投招标及告示类应用文写作的内涵，掌握投招标写作的基础知识。

（2）知晓投招标及告示类应用文写作的常识，能规范写作并修改投招标类常见应用文。

（3）了解项目管理类应用文写作的内涵，掌握项目管理类写作的基础知识。

（4）知晓项目管理类应用文写作的常识，能熟练写作和修改项目类常见的应用文。

第一节 招 标 书

一、基本知识

招标公告是指招标单位或招标人在进行科学研究、技术攻关、工程建设、合作经营或大宗商品交易时，公布标准和条件，提出价格和要求等项目内容，以期从中选择承包单位或承包人的一种文书。

招标公告，又称招标书、招标通告、招标公告、招标启事、招标邀请书。它是招标者为邀请符合条件的有关单位投标，将业务项目、项目标准及要求条件等写成的文书。

在市场经济条件下，招标有利于激励有序竞争，加强横向经济联系，提高企业经济效益。对于招标者来说，通过招标公告择善而从，可以节约成本或投资，降低造价，缩短工期或交货期，确保工程或商品项目质量，促进经济效益的提高。

招标公告具有以下特点：

第一，公开性。这是由招标的性质决定的。因为招标本身就是横向联系的经济活动，凡是招标者需要知道的内容，诸如招标时间、招标要求、注意事项，都应在招标公告中予以公开说明。

第二，紧迫性。因为招标单位和招标者只有在遇到难以完成的任务和难以解决的问题时，才需要外界协助解决。而且要在短期内尽快解决，如果拖延，势必影响工作任务的完成，这就决定了招标公告是具有紧迫性特点的。

招标公告种类很多，按照不同的分类方法可以分成不同的种类。

（1）按照招标内容来划分，可以分为建筑工程招标公告、劳务招标公告、大宗商品交易公告、设计招标公告、企业承包招标公告、企业租赁招标公告等。

（2）按照招标的范围来划分，可以分为国际招标公告、国内招标公告、系统内部招标公告和单位内部招标公告等。

（3）按照合同期限来划分，可分为长期招标公告和短期招标公告两类。

（4）按照招标环节来划分，可以分为招标公告、招标通知书、招标章程等。

二、写作格式

招标公告是公开招标时发布的一种周知性文书，要公布招标单位、招标项目、招标时间、招标步骤及联系方法等内容，以吸引投资者参加投标。其通常由标题、招标号、正文和落款四部分组成。

（一）标题

招标公告的标题是其中心内容的概括和提炼，形式上可分为单标题和双标题。

1. 单标题

其有三种写法：一是完整式标题，由招标单位名称、招标项目和文种组成，如“××学院新校区工程招标公告”。二是省略式标题，可省略招标单位名称或招标项目，或者二者均略去，只留下文种名称，如“××大桥工程施招标公告”“××公司招标公告”“招标公告”等。三是广告性标题，以生动、吸引人的语言激发人们投标的欲望，如“给您一个大展身手的机会，请君租赁××营业厅”等。

2. 双标题

正标题标明招标单位和文种的名称，副题点明招标项目，如“××进出口公司国际招标公告——××配套工程”。

（二）招标号

凡是由招标公司制作的招标公告，都须在标题下一行的右侧标明公告文书的编号，以便归档备查。编号一般按招标单位名称的英文编写、年度和招标公告的顺序号组成。

（三）正文

招标公告的正文应当写明招标单位名称、地址、招标项目的性质、数量、实施地点和时间，以及获取招标文件的办法等各项内容，其写作结构一般由开头和主体两部分组成。

1. 开头部分

开头部分又称前言或引言。简要写明招标的缘由、目的或依据，招标项目或商品的名称、规模和批号、招标范围以及资金来源等内容。

2. 主体部分

主体部分是招标公告的核心部分，通常采用条文式或分段式结构，要写明以下内容：

（1）招标项目的情况。具体写明招标项目的名称以及项目的主要情况。如工程名称或要采购的商品的名称，工程概况、规模、质量要求，或大宗商品的型号、数额、规格等。

（2）招标范围。写明投标人应具备的条件，使参评的投标人明确自己是否能成为合格的投标人。

（3）招标步骤。写明招标的起止日期，投标人购买招标文件的时间、价格和方式，开标的时间和地点，有的还需写明签约的时间和期限、项目开工的时间或时限等。

（四）落款

在招标公告正文的末尾写明招标单位的名称、招标公告发布的日期：如果是刊发在报纸也可不署日期。此外，还要写明招标单位的地址、电话、电报挂号、传真、邮政编码及联系人等，以便投标人与招标人联系。

有的招标公告还带有附件，将一些繁杂的内容，如项目数量、工期、设计勘察资料等作为附件列于文后，或作为另发的招标文件。

与招标公告具有同等效力的“投标邀请书”，其内容与招标公告的内容一样。不同的是，邀请书以书信体行文，标题直书“投标邀请书”，正文有称谓（被邀请单位的名称），开头有对被邀请者的肯定性评价，邀请书的文字更为简洁，语气更恳切。

三、写作要求

制出完整、严谨、科学、客观公正，集针对性、合理性与保护性一体的招标书，是招标成败的一个关键环节。

（一）编制原则要知晓

制作招标书的原则有四条：全面反映招标单位需求的原则，科学合理的原则，公平竞争（不含任何歧视）的原则，维护国家利益和供应商商业秘密的原则。知晓编制原则非常重要，这是编制招标书的最基本要求。

（二）编制方法要恰当

所谓编制方法要恰当，就是选择的编制方法要能体现合法合规、提高效率、降低费用、保证质量的特点。具体讲：一要依法编制。就是招标书的编制方法要符合政府采购法律、法规。因此，依法编制招标书很重要。二要量力而行。尽管招标单位可自行编制招标书，但如果自身没有编制能力，就不能勉强编制，就应当委托具有法定资格的编制招标书的中介机构代理编制，否则，不仅会前功尽弃，还会浪费人力、物力，拖长采购时间。三要掌握技巧。就是无论采用自行编制方式，还是采用委托编制方式，都要掌握一定的技巧，不然就会使招标发生周折。在自行编制方式下，应注意采用“组合法”，就是按招标书的结构组成，分别由不同的专业人员编制。这样既能保证质量，又能提高效率，但决不能将招标书交给个别人编写。

（三）“实质要求”要合理

就是招标书中对投标人提出的实质性要求要合理。太高了，会导致企业不敢投标，或无法进行评标和决标；太低了，会导致投标人太多、太滥，或拉长开标、评标、决标时间，降低采购效率，甚至于影响采购质量。

（四）编制内容要完整

这是编制招标书的又一基本要求。由于《中华人民共和国招标投标法》等规章，未对招标书的内容进行具体明确，因而至今仍有不少人包括一些招标书的制作人，都不清楚招标书究竟包括哪些内容，以致因招标书内容不完整，使投标人看不懂，甚至使招投标双方发生纠纷，闹上法庭。

（五）编制完毕要审核

就是在招标书初稿完成后进行“回头看”。这是避免招标书“出叉”的最后一道关口。其原因有三：一是因为招标书内容比较丰富、复杂，有的部分是委托中介机构编制，有的部分是采购人自己编制。自己编制的又是由几个人分别编制，若不从头至尾地认真审核一遍，就容易出现前后不连贯、口径不统一、说法相矛盾等诸多问题。二是因为编制招标书时间较长，至少需要半个月时间，若不重新检查一遍，有时就会因市场行情变化较快，招标书中有关数据已不适应，而失去校正的机会。因此，在招标书初稿完成后，一定要进行认真审核。

基本格式

原文	提示
教学辅助用房建筑工程招标资格预审公告	
1．招标条件 ××中学教学辅助用房项目招标已由石泉县发展和改革局以石发改发【2018】125 号文件批准立项建设；石发改发〔2018〕321 号文件批准实施招标；项目业主为石泉县××中学，建设资金为财政资金。招标人为石泉县××中学，由招标人自行委托招标代理机构为陕西国正建设工程项目管理有限责任公司。该项目已具备招标条件，现进行公开招标，特邀有意愿的投标人（以下简称申请人）参加资格预审申请。	这是一篇招标单位发的招标资格预审公告，其目的是预选资格合格者。它的标题采用简约式的“工程项目名+文种”。
2．项目概况与招标范围 2.1 建设地点：石泉县××中学校园内。 2.2 工程规模：建筑面积：1238m^2，框架结构四层。 2.3 计划工期：以招标文件为准。 2.4 招标范围：××中学教学辅助用房项目施工图纸及变更图纸所涉及全部内容。 2.5 项目计划投资：约 180 万元。 2.6 标段划分：无	
3．申请人资格要求 3.1 本次资格要求申请人具备建设行政主管部门颁发的建筑工程施工总承包三级（含三级）以上资质。申请人拟派项目经理具备建筑工程专业二级（含二级）以上注册建造师执业资格和有效的安全生产考核合格证书，且具备类似规模工程施工管理经验和工程业绩，未担任其他在建工程项目的项目经理。 3.2 本次资格预审不接受联合体资格预审申请。 3.3 其他要求：陕西建筑市场监管与诚信信息一体化平台查询不到企业基本信息的省外建筑企业，不得参与投标。	正文采用条文式，一目了然，便于理解和执行。
4．资格审查方法：本次资格预审方法详见资格预审文件 5．报名时间及要求 5.1 请申请人于 2018 年 6 月 13 日至 2018 年 6 月 20 日每天 9:00-12:00、14:00-17:00 受理（节假日除外），在石泉县政务中心三楼资源交易中心服务大厅报名，请持单位介绍信、法定代表人授权委托书及身份证（附法人身份证	

彩色扫描件）；营业执照（或三证合一）、施工资质证书、组织机构代码证、税务登记证、安全生产许可证、项目经理（注册证、资格证、陕建质发【2016】48号规定的新版安全生产考核合格证）、建造师无在建工程承诺书、企业近三年承建过两项及以上类似工程业绩（附中标通知书或合同、竣工验收备案表）、报名项目经理及投标企业检察院无行贿受贿证明相关资料（外省企业需提供陕西省建筑市场一体化平台入库截图备查），以上所带证书、证件除施工资质证书、法人身份证可提供彩色扫描件外，其他证书、证件均为原件及加盖公章的彩色扫描件三套采用左侧胶装方式，在规定时间内报名，投标人凡参加开标会议的，其投标书中所填报的项目经理（项目负责人）本人必须到场，不得委托他人，否则取消其投标资格。

6．资格预审申请文件递交的时间：具体要求详见资格预审文件的规定。

7．发布公告的媒介

本次资格预审公告同时在《三秦都市报》《陕西省采购与招标网》《石泉县政府网站》同时发布。

8．联系方式

招 标 人：石泉县××中学

联 系 人：张老师

电话：159×××××××××

招标代理机构：陕西国正建设工程项目管理有限责任公司

联 系 人：唐迷

电话：156××××××××× 0915-××××××××

石泉县石泉中学

2018年6月12日

联系方式全面周到，有利于客户及时作出反应。

第二节 投 标 书

一、基本知识

投标书与招标书相对应，是投标单位见到招标书以后准备参加投标竞争活动所写的文书。从本质上讲，投标是对招标提出邀约的响应、回答或承诺，同时提出具体的标价和条件承诺来竞争中标。

投标书具有以下特点：

第一，竞争的公开性。目前，随着我国的市场经济发展的日趋成熟，经济活动中的招投标竞争也逐步规范起来，以促进正当、合法的竞争，因而大都实行公开竞标，以体现公开、公平、公正的原则。

第二，制作的规范性。投标书的制作既要遵守国家对招投标工作的有关规定和具体办法，又要执行国家颁布的技术规范和质量标准，不能随心所欲，任意制作。

第三，承诺的可行性。对投标书承诺的各项条件（包括项目标价、规格、数量、质量及进度要求等），承诺单位务必保证其可行性，一旦中标，必须严格履行承诺，绝不能反悔。

第四，时间的限定性。招、投标活动一般都有严格的时间限定，必须在限期内将投标书递交招标单位，过期将视同自动放弃。同时，对投标项目的进度要求也有严格的时间限定。

招标书与投标书是当今社会兴建工程或者进行大宗商品交易时广泛采用的一种公开竞争方式，是一种现代贸易活动。通过招标与投标的方式实现贸易成交，有利于打破垄断行为，进行正当、合法的竞争，这对于促进企业的改革、发展与管理，保证企业管理人员的廉洁自律，增强企业的活力，降低企业经营成本，提高经营效益，无疑都具有非常重要的意义。随着商业银行竞争的加剧，目前不少大型客户在选择银行金融产品与服务时，也频繁采用这种方式。这对改进商业银行服务，促进商业银行的创新、规范商业银行的竞争、降低优质客户的金融成本等都具有明显的积极作用。

投标书多种多样，按形式分，有企业投标书、全员投标书、合伙投标书、个人投标书；按性质分，有租赁企业投标书、承包企业投标书、大宗商品投标书、聘任经营者投标书；按时间分，有长期投标书、短期投标书；按投标范围分，有内部投标与外部投标，国内投标与国际投标。

二、招投标文书和招投标文件的区别

（一）招标文书和招标文件的区别

1. 内容不同

招标文书（以下简称为招标书）是指招标资格预审公告、招标公告和投标邀请书、招标资格预审合格通知书、中标通知书等；招标文件是有关招、投标事宜等文件的总称。

2. 行文目的不同

招标书旨在向承包人提供招标的信息、招保购买招标文件和投标，而招标文件旨在向承包人提供编写投标文件所需的资料，并向他们通报招标依据的规则和程序等，其内容应当包括招标项目的技术要求、对投标人资格预查的标准、投标报价要求和评标标准所有实质性要求和条件，以及拟签订合同的主要条款。

3. 发布方式不同

资格预审公告和招标公告通常利用大众传媒工具如报刊、网络等来传播；投标邀请书常用邮寄或专人送达等方式来传递。招标文件则常常是投标人向招标人购买获得。

（二）投标文书和投标文件的区别

1. 内容不同

投标文书（以下简称为投标书）通常是指投标函部分的文书，由法定代表人身份证明书、投标文件签署授权委托书、投标函、投标担保银行保函、投标担保书等内容组成。投标文件是投标人根据招标文件的要求来编写、向招标人送达的所有文件的总称，由投标函部分、商务部分和技术部分三部分组成。内容简单的投标文件可以投标书的形式来体现。

2. 主次位置不同

投标文书是投标文件的附属部分；投标文件是主体，包括了投标文书。

三、写作格式

投标书是对招标书的回答。它是投标者根据招标书中提出的条件和要求，对自身的投标条件进行自我审核后，向招标单位提出自己的投标意向的书面材料。投标书具有竞争性，它的各项经济指标具有严格的法律约束力。

投标书一般由标题、正文、结尾三部分组成。

（一）标题

标题有五种写法，应具体斟酌。

（1）完全性标题，由投标方、投标目标、事由、文种组成。

（2）不完全性标题，由事由、投标目标、文种三部分组成。

（3）简明性标题，由事由和文种二元素构成。

（4）只有文种的标题。

（5）新闻式标题。分主题和副题两部分，如“有实力，讲信誉——我的投标书”。

（二）正文

一般由前言、主体、结尾三部分组成。前言部分简要交代投标目的和依据，点明投标的项目和内容：主体部分主要有现状分析、确定投标期限及投标形式；充分提供依据制订具体标的、实施措施，并提出配合与支持的请求。

（三）结尾

签署投标单位及法人代表名称或姓名，并写明日期。

四、写作要求

（一）要及时拟制和提交

由于招标是招标单位为了选择金融产品与服务，将有关条件和要求予以公布，利用投标者之间的竞争而优选投标人的行为，具有明确具体的时限要求，因此，投标银行必须确切把握，抓住时机，在特定的时限内拟制并适时送交投标书，以便实现投标的目的。不然，时过境迁，就会贻误良机，使中标的目的落空。

（二）要坚持实事求是的原则

无论招标与投标，都是在国家金融政策法规规定允许的条件下，是十分严肃的金融交易行为，其整个过程都要受到国家有关监督机关和部门的指导和约束。因此，在撰写时必须坚持从实际出发，实事求是的原则，不容粗疏延误。特别是投标书，作为投标单位一方，必须做到这一点。要认真细致地权衡自身所具有的人员素质、技术水平、金融实力，做到量力而行，量体裁衣。切不可只为中标而夸大其辞或弄虚作假。否则，就会给国家、招标单位以至自身利益造成难以预料的损失。

（三）要知己知彼，增强竞争力

在写投标书前，必须进行认真的市场情报搜集工作，力求准确吃透招标单位的需求及思路，使本单位提出的投标书与招标书的内容合拍。同时还要认真研究竞争对手的实力与营销策略，知己知彼，既合理核算成本，又使报价适中，具有竞争力。

（四）要注意明确性和可行性

撰写投标书，其所涉及的每一项内容，特别是有关的目标、标价、完成期限、质量标准以及服务承诺等，必须写得明确具体，切实可行。要本着适度的原则，尽量预见各种可能遇到的情况，充分展示出自身的金融实力、技术水平和不凡的经营策略。

（五）要注意文字的简洁性和内容的周密性

投标书是一种实用性很强的文书，因而在语言表达上应力求准确、简要，特别涉及有关技术指标、质量要求、服务承诺等，更应如此。要避免诸如“尽可能”“力争”“××以后”等模糊度较大的词语出现，以免言不及义，事与愿违。同时要对照招标书的要求，对投标书的各项内容的表达进行严格的检查，做到严谨周密，完备无遗，防止粗心大意，遗漏重要事项。

基本格式（一）

原文	提示
投　标　函 致：来安×××地产开发有限公司 在踏勘了现场并仔细研究了碧桂园·城市花园（汉河）项目玫瑰园一层花园围栏改造工程的招标文件、合同条件及相关条款要求后，我司承诺： 一、全费用综合包干单价报价类（按招标文件附件清单报价）	这是一篇附在投标文件商务标部分、技术标部分前面的投标函，其目的是对投标文件相关内容作交代。标题只采用了文种。

专业工程	项　　目	统一报价百分比	统一报价系数
改造工程	碧桂园·城市花园（汉河）项目玫瑰园一层花园围栏改造工程	100 %	1.00

原文	提示
说明： 1．上表中，投标人按照招标文件相应专业工程的全费用综合包干单价进行报价，即按全费用综合包干单价乘以统一报价系数作为投标报价。 2．碧桂园·城市花园（汉河）项目玫瑰园一层花园围栏改造工程的报价系数，招标文件未规定报价系数必须小于或大于1.0。投标人报价时必须充分了解和掌握了本项目的全部有关情况、并结合自身的实力填报报价系数，如日后施工过程中标人出现甩项时，将按合同规定由中标人承担违约责任。 3．如投标人不清楚或无法确定上述承包范围中某项或某几项内容，应按投标须知前附表约定的时间内向招标人请求澄清或提出质疑。 4．若投标人未在上表进行报价的，则表示投标人的报价百分比为100%的，即统一报价系数为1.00，表示按招标文件相应专业工程的全费用综合包干单价乘以统一报价系数1.00作为投标报价，也表示按招标文件相应专业工程的全费用综合包干单价作为投标报价。 填写示范： 例1：若投标人的报价百分比为96%的，即统一报价系数为0.96，表示按招标文件相应专业工程的全费用综合包干单价乘以统一报价系数0.96作为投标报价，也表示按招标文件相应专业工程的全费用综合包干单价下浮4%作为投标报价。 例2：若投标人的报价百分比为101%的，即统一报价系数为1.01，表示	正文写明了投标报价、工期、履约担保情况、投标保证金等内容外，还写明投标态度、投标内容强调和投标承诺等，表达了对义务的担当。

按招标文件相应专业工程的全费用综合包干单价乘以统一报价系数1.01作为投标报价，也表示按招标文件相应专业工程的全费用综合包干单价上浮1%作为投标报价。

二、我司承诺，清单未列项目计价程序表下浮率按下表执行：

项目	下浮率	投标人应按左侧《清单未列项目计价程序表下浮率》执行并进行承诺，不允许对《清单未列项目计价程序表下浮率》进行修改。
装修工程	0%	
室内安装工程	0%	
室外安装工程	0%	

三、我司投标的经济标书电子文档压缩包权限密码为：________

四、因国家、地方税收政策的改变，以及合同中有关开具发票的相关约定等，我司已在投标报价中综合考虑，我司承诺不再向贵司提出任何补偿要求。

五、我司接受贵司在招标文件中提出的关于设计变更（增、减）工程及签证部分的计价办法。

六、一旦我司的投标被接纳，我司将在合同签署后按贵司的质量要求、工期要求、合同的约定的计价原则完成合同中及招标图纸表达的所有工程。

我司已注意到招标时贵司提供的图纸可能需要变更，如获中标我司将随时接受贵司的要求对变更后的全套图纸重新编制实物工程量，并接受贵司对价和量的审定结果。

在工程施工过程中，我司将严格按照国家施工标准以及贵司招标文件中明确的施工技术要求以及施工过程中贵司颁布的内部技术要求执行，并执行贵司颁布的施工现场各项管理规定。

七、我司对贵司提供的施工图进行了工料单价、各种费用的计算，并接受贵司的核实和最终确认意见，如有设计变更，结算时仅对设计变更部分进行调整。

八、我司同意在合同正式签署之前，本投标函将始终对我司具有约束力，并可随时被贵司接受。

九、如我司在接到中标通知后不按贵司要求的时间签署正式合同，或坚持提出附加条件，我司同意贵司有另选中标人的权利。

十、我司理解贵司并无义务接受所收到的价格最低的或其他任何投标书。

十一、我司完全详细了解招标文件和合同条件中的内容，并据此进行标书的编制，我司承诺一旦中标，将无条件接受招标文件、合同条件中所列的条款并按此进行合同的签署。

十二、本投标函已充分考虑了贵司保留对招标文件的最终解释权。

十三、本投标函为我司发出之不可撤销之文件。

投 标 人：　（公章）

法定代表人：

年　月　日

基本格式（二）

<table>
<tr><th>原文</th><th>提示</th></tr>
<tr><td>

××高速公路（××段）工程投标书

致：辽宁省高等级公路建设局

1．在研究了××至××高速公路××至××段工程项目**合同段的招标文件(含第1号至第号修改书)，和考察了工程现场后，我们愿意按人民币(大写)元(元)的投标总价，或根据上述招标文件的规定核实并确定的另一金额，并遵照招标文件有关支付规定的要求承担本合同工程的实施、完成及其缺陷修复工作。

2．如果你单位接受我们的投标，我们将保证在接到监理工程师的开工通知书后，在本投标书附录内写明的开工期内开工，并在15个月的工期内完成本合同工程，达到合同规定的要求。该工期从本投标书附录内写明的开工期的最后一天算起。

3．如果你单位接受我们的投标，我们将保证按照你单位认可的条件，以本投标书附录内写明的金额提交履约担保。

4．我们同意在从规定的开标之日起120天的投标有效期内严格遵守本投标书的各项承诺。在此期限届满之前，本投标书始终将对我方具有约束力，并随时接受中标。

5．在合同协议书正式签署生效之前，本投标书连同你单位的中标通知书将构成我们双方之间共同遵守的文件，对双方具有约束力。

6．我们理解，你单位不一定接受最低标价的投标书或你单位接到的其他任何投标书。同时也理解，你单位不负担我们的任何投标费用。

7．随同本投标书，我们出具人民币万元的投标担保。如果我们在本投标书有效期内撤回投标书；或在接到中标通知书后14天内未能或拒绝签订合同协议书；或未能提交履约担保，你单位有权没收投标担保金，另选中标单位。

投标单位：
投标单位地址：
法定代表人或其授权的代理人
职务：　　　姓名：　　　签字：
邮政编码：
电　话：
传　真：
证人姓名：
证人所在单位及地址：
证人职务：
日期：　　年　　月　　日

</td><td>

标题省略了投标人。

正文把投标的施工方案、施工目标、施工措施、要求、外部条件等内容具体、完整、全面地进行了表述。

</td></tr>
</table>

投标报价修正书

致：辽宁省高等级公路建设局

在进一步研究了合同段招标文件的投标人须知、合同条件、技术规范、图纸、工程量清单和修改书后，我方（即下面的签署人）表示愿意从原投标总价人民币　　　　　　元（大写）　　　　　　（元）调至　　　　元（大写）　　　　　　（元），作为最终投标报价，并遵照招标文件的要求承担本合同工程的实施、完成及其缺陷修复工作。

以上调价幅度为　　　　　　%，对工程量清单各章均按比例调价，但对业主指定的项目不调整。

特此声明

投标单位：

法定代表人或其授权的代理人：

年　月　日

招标书附录

序　号	事　项	合同条款	要　求
1	投标担保金额	——	每一合同段不低于投标报价的 1.5%
2	履约担保金额	10.1	合同价格的 10%（含暂定金额）
3	第三者责任险的最低金额	23.1	100 万元人民币，事故次数不限
4	监理工程师发出开工通知书日期	41.1	28 天内（从签发中标通知书之日算起）
5	开工期限	41.1	3 天
6	工期	43.1	15 个月
7	拖期损失赔偿金	47.1	0.05%/天
8	拖期损失赔偿金限额	47.1	合同价格的 10%
9	缺陷责任期	49.1	24 个月
10	期中（月进度）支付证书最低限额	60.2	200 万元
11	保留金的百分比（占期中支付金额）	60.3	5%
12	保留金限额	60.3	最终合同价格的 5%
13	开工预付款	60.5	合同价格的 8%（不含暂定金额）
14	开始偿还开工预付款	60.6	在期中支付证书累计金额达到合同价格减去暂定金额后的 30%以后
15	出具支付证书后的付款时间	60.15	其中支付证书：56 天内最后支付证书：84 天内
16	未付款额的利率	60.15	0.004%/天（不计复利）

招标书签署人签名

投标银行保函

致：辽宁省高等级公路建设局

鉴于　　　　　（以下称投标人）已于　　年　　月　　日提交了施工第**合同的投标书（以下称投标书）。

根据本文件，兹宣布，我行　　　　　（以下称银行）向辽宁省高等级公路建设局立约担保支付　　　　　的保证金。

本保证书对银行及其继承人和受让人均有约束力。

本保证义务的条件是：

（1）如果投标人在提交投标书后投标人在规定的投标有效期内撤回投标书；或

（2）投标人如不接受依据投标人须知第25条规定的对其投标价格的修正；

（3）如果投标人在投标有效期内收到业主所发的中标通知书后14天内，

（a）未能或拒绝根据投标人须知的规定，按要求签署合同协议书，或

（b）未能或拒绝按投标人须知的规定，提供履约担保。

我行将履行担保义务保证在收到业主第一次书面要求后，业主在要求中说明索款是由于出现了上述条件中的一种或两种情况，即凭业主出具的索款凭证，向业主支付不超过上述限额的金额，无须业主出具其他任何证明。

本保证书在投标人须知规定的投标书有效期后28天（含第28天）或在该日期前任何时间贵方延长的日期内有效，任何索款要求应在上述日期前交到银行。业主延长投标书有效期的决定，应通知银行。

担保银行：

法定代表人或其授权的代理人

（职务）　　（姓名）　　（签字）

银行地址：

邮　编：

电　话：

传　真：

日期：　　年　　月　　日

公证机关：

公证机关所在单位及地址：

公证人：

日期：　　年　　月　　日

授　权　书

致：辽宁省高等级公路建设局

本授权书申明：（地址）的（单位）的（人名）经合法授权，特代表本公司（以下称“承包人”）授权（单位）的（人名）为正式的合法代理人，并授权该代理人在有关××至××高速公路项目××至××段第**合同的施工、建成和修复缺陷，以承包人的名义并代表承包人签署投标文件、进行谈判、签署合同和处理与此有关的一切事务。

各方在此分别签字，以资证明。

投标单位：

授权人签字：

被授权的代理人签字：

公证人签字：

公证人单位：

年　　月　　日

向投标人银行进行查证的授权凭证

授　权　书

本授权书申明：（地址）的（单位）经合法授权辽宁省高等级公路建设局（以下称“业主”）可向你行（银行名称）进行我公司有关财务方面的查证，并由你行提供业主所需的有关证明。

各方在此分别签字盖章，以资证明。

授权人（投标人）：　　　　　　（签字盖章）

投标人开户银行：　　　　　　（签字盖章）

投标人开户银行联系电话：　　　部门：

年　　月　　日

本文紧紧围绕招标文件的具体要求进行表述，充分展示出本企业的实力和竞争能力。论证严密、层次清晰、文字简练。

中标人确保工程质量不违法转包不非法分包承诺

致：辽宁省高等级公路建设局

我单位在××至××高速公路项目××至××段第合同段工程招标中，有幸中标，非常感谢评委会及业主的信任，在这项工程的实施过程中，我们除响应招标文件的所有条款，履行合同内容外，并郑重承诺：

在此项工程施工过程中，一定要精心设计、精心组织，确保工期和质量，并保证不违法转包中标工程，不非法分包中标工程，并随时接受业主和招投标管理部门的监督。因特殊工序确需分包的，一定要征得业主的同意，并报请招投标管理机构批准，在招投标管理机构监督下采取招标方式分包，并对所分包工程的管理、工程质量等负全责。

若我单位在项目实施过程中自食其言，出现违法转包、非法分包等违反《辽宁省建设工程招标投标条例》的行为，甘愿受法律法规处罚。并自动撤出现场，放弃二年投标资格。

承诺单位：

法人代表：

年　　月　　日

工程量清单

第 100 章：总　则

第 200 章：土石方工程

第 400 章：排水工程及通道

第 500 章：防护工程

第 600 章：桥梁工程

因为标书是众多文件中的一份，不再重复，尾部省略。

工程量清单汇总表

工程量清单

合同编号：

清单 第 100 章 总则

项目号	项 目 名 称	单 位	数 量	单 价	合 价
101-1	保险费（暂定金额）				
-a	按合同条款规定，提供建筑工程一切险	总额			365 896
-b	按合同条款规定，提供第三方责任险	总额			426 879
104-1	临时道路修建、养护与拆除	总额			600 000
104-2	临时工程用地	m^2	26 640	2.5	66 600
104-3	临时供电设备及线路架设				
-a	临时电力	m	8 000	40.2	321 600

续

项目号	项 目 名 称	单 位	数 量	单 价	合 价
-b	临时电信	m	10 000	3.545	35 450
105-1	承包人驻地建设	总额			2 400 000
106-1	监理工程师的费用	总 额			630 000
清单 100 章总计		人民币：4 846 425 元			

工程量清单

清单 第 400 章 排水工程及通道					
项目号	项 目 名 称	单 位	数 量	单 价	合 价
-a	□×□mm 碎石盲沟				
-b	□×□mm 碎石盲沟				
402-9	渗沟				
-a	碎石渗沟（含混凝土、煤渣、砂砾等）				
-b	ϕ10 加劲软式透水管	m			
-c	ϕ5 加劲软式透水管	m			
402-10	跌水				
-a	ϕ10 铸铁管	m			
-b	··· 级砂浆砌片石				
403-1	单孔··· 级钢筋混凝土圆管涵				
-a	0.5 米圆管涵	m	20	339.72	6794
-a	1.5 米圆管涵	m			
403-2	··· 级钢筋混凝土圆管倒虹吸管				
-a	ϕ□m	m			
-b	□				
403-3	双孔Λ级钢筋混凝土圆管涵				
-a	ϕ□m	m			
-b	□				
403-4	钢管倒虹吸				
-a	ϕ□mm	m			
404-1	钢筋混凝土盖板涵				
-a	1-2 米盖板涵	m	140.84	4 240.13	597 180
-b	1-4 米盖板涵	m	183.67	9 655.82	1 773 484
-c	1-5 米盖板涵	m			
-d	1-3 米盖板涵	m	14	6 947	97 258
404-2	钢筋混凝土箱涵				
-a	1-4 米箱涵	m			
-b	1-6 米箱涵	m			
小计		人民币：2 474 716 元			

……

……

工程量清单汇总表

金额（人民币元）

清单 100 章：总 则

清单 200 章：土石方数量

清单 400 章：排水工程及通道

清单 500 章：防护工程

清单 600 章：桥梁工程

工程量清单小计 A：

加 8%的清单小计作为不可预见费（暂时文件）B：

加 0.3‰的清单小计作为招标管理费 C：

投标总价（A+B+C）：

（转入投标书）

表 I-1（a）财务状况表（近三年资料）

项目或指标	单位	96 年	97 年	98 年
一、资本金总额	万元			
二、全部资产总额	万元			
三、固定资产（原值/净值）	万元			
四、经营资金				
1．固定资金	万元			
2．流动资金	万元			
3．用于周转的自有资金	万元			
五、流动资产	万元			
六、流动资产平均余额	万元			
1．其中货币资金	万元			
2．其中应收及预付款	万元			
七、速动资产	万元			
八、流动负债	万元			
其中预收及应付款	万元			
九、长期负债	万元			
十、营业收入	万元			
十一、实际完成建安产值	万元			
十二、实现利润总额	万元			
十三、反映企业财务状况及经营成果的指标	万元			
1．资本金利润率	%			
2．流动资金周转率	次			
3．企业偿还能力				
4．企业资产负债比率	%			
备　　注				

表 I-1（b）近五年内已完成工程经历表

（公路工程部分）

……

……

表 III 估计合同支付表

（人民币千元）

开工后时间（月）	投标人估计	
	期间金额/%	累计金额/%
0—3	35500（32）	35500（32）
4—6	19969（18）	55469（50）
7—9	22187（20）	77656（70）
10—12	16641（15）	94297（85）
13—15	11094（10）	105391（95）
39	5547（5）	110937（100）
小计	110937（100）	
暂定金额及计日工	8872	
投标价	119809	

……

……

表 Ⅵ-5 劳务单价分析表

序号	工种	单位	工资构成				
			直接工资/元	间接工资/元	保险费/元	其他费用/元	单价/元
1	普工	h	11．34	3．08	0．63	0．97	16．02
2	技工	h	14．00	4．00	0．80	1．20	20.00

一、设备人员动员周期和设备人员、材料运往施工现场的方法我公司一旦接到中标通知书后，立即进行人员、设备的动员和调遣工作。3 天内派项目经理部的主要负责人、管理人员、技术人员进驻工地，与前指办和业主接洽的同时，详细勘察、了解施工沿线情况，尽快安排落实施工营地，开始料场、拌和场、机械停置场的修建工作，并着手水、电、路三通的准备工作。

同时，公司会同项目经理部有关人员按照施工方案中工序的先后，组织相应的机械陆续进入工地，包括路基施工机械、桥涵基础工程施工机械设备等。做到临建工程、电力设施等的修建、架设与施工机械、人员进入现场同步进行。

设备人员动员周期均需 30 天，其中主要工程机械和人员动员周期控制在 15 天之内。完成各种临建设施均 40 天，主要便道和施工临时设施建设控制在 25 天之内。主要的机械设备用平板拖车由河北、辽宁工地和太原基地运到工地，包括钢材、水泥等。地材从工地附近的料场调运。

二、主要工程项目的施工方案、施工方法

（一）填方路堤施工特点

1．本合同段路堤施工数量大，总填方量为 136 万方，由于路堤存在沉降和稳定问题，特别是高路堤可能发生的稳定性问题，要求其施工质量高，因此无论对基底的处理，填料的选择，排水措施，压实标准的控制等方面都要求比较高，从而保证路基的稳定性与耐久性。

2．由于填方方量很大，因此采用机械化作业，从基础的处理、填料的开挖、运送、摊铺、压实均采用一系列的机械进行施工。

3．本高速公路采用封闭形式，桥涵、孔道（汽孔，人孔，拖孔）较多，结构增多势必带来结构物两端路堤的填筑与压实困难问题，

因此采用各种技术措施保证结构物两端路堤的填筑压实质量，减少桥头跳车。

4．为尽量减少路堤沉降，提高路堤稳定性，采用新的施工设备和新的检测手段，如采用重型压实设备和重型压实标准等。

（二）路堤施工前准备工作

1．开工前，在全面熟悉设计文件交底的基础上，进行现场核对和施工调查，发现问题应及时根据有关程序提出修改意见并报请变更设计。

施工前调查的内容包括：

（1）工程范围内的地形、地质、水文和地面排水情况等；

（2）工程范围内的交通和地上、地下构筑物及公用管线情况；

（3）施工现场的供水、供电、电讯设备及场内外运输线路，生产和生活设施的设置地点等情况；

（4）沿线附近可供取土的地点和有关情况；

（5）沿线附近可供排水的沟渠和涵管等情况；

（6）施工现场附近测量标志及需要保护植物和构造物等情况。

2．根据现场收集到的情况、核实的工程数量，按工期要求、施工难易程度和人员、设备、材料准备情况，编制实施性的施工组织设计，并报监理工程师审批，经批准同意后即提出开工报告，获批准后开工。

3．征地拆迁、场地清理工作。这是施工前必须做的一项非常主要的工作，内容包括：由业主办理征地用地手续，对用地范围内的既有房屋、道路、河沟、通信、电力设施、上下水道、坟墓及其他建筑物，协助有关单位事先拆迁或改造；对于路基附近的危险建筑物予以适当加固，对文物古迹妥善保护。

路基用地范围内的树木、灌木丛等均在施工前砍伐或移植清理，并将树根全部挖除，将坑穴填土夯实。此外还根据图纸要求进行放样，编制施工预算，对准备用做填料的土进行土工试验等。

4．做好排水设施。事先做好截水沟、排水沟等排水及防渗设施，特别是

雨季施工更要加强这方面工作。路堤施工中各施工层表面不应有积水，表面应做成2%～4%的横坡。雨季施工或因故中断施工时，将施工层表面及时修理平整并压实。

（三）土方路堤的填筑

……

（四）填石路堤的填筑

本合同段利用石方量78 万方，因此填石路基施工是本合同路基施工的主要任务。

1. 填料要求

填石路堤的石料来源主要是路堑开挖利用的石料，施工时注意其强度和风化程度是否符合要求。石料强度是指饱水试件的极限抗压强度，填石路堤要求其强度值不小于15 MPa（用于护坡的不应低于20 MPa）。……

2. 填筑方法

……

3. 注意事项

（1）填石路堤的填料如其岩性相差较大，特别是岩石强度相差较大时，则将不同岩性的填料分层或分段填筑。易风化软岩不用于路堤上部，亦不得用于路堤浸水部分；有些挖方路段是爆破石而有的是天然漂石土、块石土等，这些填料不得混填在一起，应分层或分段填筑。

（2）用强风化石料或软质岩石填筑路堤时，用重型压路机或夯锤压实时，可能会被碾压或夯压成碎屑、碎粒，这类石能否用于填筑路堤应按有关规定检验其CBR值，符合要求时才准许使用，否则不得使用，这可以保证路堤填筑压实后的浸水整体强度和稳定性。该类填料与土质路堤填料类似，故能使用时，应按土质路堤技术要求施工。

（3）填石路堤路床顶部至路床底部50 cm，范围内用符合路床要求的土填筑，并分层压实，这可提高路床面的平整度，使其均匀受力并有利于与路面底层的连接。

（五）土石路堤的填筑

……

（六）高填方路堤

……

……

……

第三节　可行性研究报告

一、基本知识

可行性研究报告是在制订某一建设或科研项目之前，对该项目实施的可能性、有效性、技术方案及技术政策进行具体、深入、细致的技术论证和经济评价，以求确定一个在技术上合理、经济上合算的最优方案和最佳时机而写的书面报告。

可行性研究报告主要内容是要求以全面、系统地分析为主要方法，以经济效益为核心，围绕影响项目的各种因素，运用大量的数据资料论证拟建项目是否可行。对整个可行性研究提出综合分析评价，指出优点、缺点和建议。为了结论的需要，往往还需要加上一些附件，如试验数据、论证材料、计算图表、附图等，以增强可行性报告的说服力。

（一）可行性研究报告的内容及构成

1. 总论

总论即项目的基本情况。在可行性研究报告的编制中，这一部分特别重要，项目的报批、贷款的申请、合作对象的吸引主要靠这一部分。总论的内容一般包括项目的背景、项目的历史、项目概要以及项目承办人四个方面。

2. 基本问题研究

可行性研究报告的基本问题研究，是对各个专题研究报告进行汇总统一、平衡后所作的具有原则性、较系统的概述。其主要内容包括：市场情况与企业规模；资源与原料及协作条件；广址选择方案；项目技术方案；环保方案；工厂管理机构和员工方案；项目实施计划和进度方案；资金筹措；经济评价；结论。

（二）可行性研究报告的主要用途

可行性研究是确定建设项目前具有决定性意义的工作，是在投资决策之前，对拟建项目进行全面技术经济分析论证的科学方法。在投资管理中，可行性研究是指对拟建项目有关的自然、社会、经济、技术等进行调研、分析比较以及预测建成后的社会经济效益。在此基础上，综合论证项目建设的必要性、财务的赢利性、经济上的合理性、技术上的先进性和适应性以及建设条件的可能性和可行性，从而为投资决策提供科学依据。

可行性研究报告用于多方面的专业领域，包括：用于向国家相关政府部门申请立项；向金融部门申请贷款的重要依据；向有关主管部门申请专项资金的重要依据；向证监会申请股票上市的重要依据；向国土部门、开发区、工业园申请用地的重要依据；与项目有关的部门签订合作，协作合同或协议的依据；进口设备和对外谈判的依据；环境部门审查项目对环境影响的依据。

其主要用途可以概括为：第一，相关政府部门立项；第二，国土资源管理部门购地手续；第三，商业银行贷款或其他融资方式；第四，环保管理部门的环评审批等。

（三）土木工程建设项目可行性研究的任务、分类、编制单位、编制要求

在对地区的社会、经济发展及路网状况，在充分调查研究、评价预测和必要的勘察工作的基础上，对项目建设的必要性、经济合理性、技术可行性、实施可能性，提出综合性的研究论证报告。

土木工程建设必须遵守国家规定的基本建设程序。大中型及重点工程建设项目均应进行可行

性研究；小型项目可适当简化，由各省、自治区、直辖市根据具体情况参照本办法自行规定。

可行性研究按其工作深度，分为预可行性研究和工程可行性研究。

编制预可行性研究报告，应以国民经济与社会发展规划、路网规划和公路建设五年计划为依据；编制工程可行性研究报告，以批准的项目建议书（或省、自治区、直辖市及计划单列市级单位的委托书）为依据。

预可行性研究报告应重点阐明建设项目的必要性。通过踏勘和调查研究，提出建设项目的规模、技术标准，进行简要的经济效益分析，审批后作为编制项目建议书的依据；工程可行性研究报告，应通过必要的测量（高等级公路必须做 ）、地质勘探（大桥、隧道及不良地质地段等 ），在认真调查研究、占有必要资料的基础上，对不同建设方案从经济上、技术上进行综合论证，提出推荐建设方案，审批后作为编制设计计划任务书的依据。工程可行性研究的投资估算与初步设计概算之差，应控制在上下浮动 10%以内。

可行性研究工作，必须由获得相应等级公路工程勘察设计证书的单位承担。大中型项目、高等级公路及技术复杂的独立文桥、500 以上的隧道工程项目，原则上应由持甲级证书的单位承担建设责任。

可行性研究报告的编制单位，应根据上级主管部门（或委托单位）下达的任务，组织有经验的技术、经济、管理人员，拟订工作大纲和工作计划，安排足够的时间，进行充分地调查、论证，编制可行性研究报告。可行性研究报告编就后，经编制单位行政领导、总工程师、项目负责人签字后送交委托单位三式一份报告，由建设单位报送主管部门审查。

建设单位与可行性研究报告编制单位签订合同，明确任务、工作深度、完成时间、双方责任以及有关任务，并按国家有关规定支付可行性研究费用。建设单位委托工程可行性研究任务时，应向被委托单位提供经上级批准的项目建议书及预可行性研究报告。

编制可行性研究报告时，应严格执行国家的各项政策、规定和交通部颁布的技术标准、规范等。有关经济评价和交通量预测，应分别按《公路建设项目经济评价办法》和《公路建设项目交通量预测试行办法》办理。如另用其他方法，必须加以详细说明。

可行性研究报告的审查应按国家计委的规定办理。一般应先由主审单位组织预审，认为报告内容齐全、研究成果符合国家有关规定和本办法的要求时，才能提交正式审查，否则应进行必要的修改补充后再行报审。

凡需由国家计委或交通部进行审查的可行性研究报告，必须先由省、自治区、直辖市及计划单位自行组织审查，提出审查意见后再行报审。

可行性研究报告的幅面尺寸采用 297mm × 210mm（A4）或 297mm × 420 mm（A3），附件单独装订。预可行性研究报告的封面采用淡黄色；工程可行性研究报告的封面采用墨绿色。

引进项目和利用外资项目的可行性研究工作，除执行本办法外，还应按国家有关规定执行。

可行性研究报告的写作要求：第一，设计方案；第二，内容真实；第三，预测准确；第四，论证严密。

二、写作格式

可行性研究报告一般有标题、正文、附件组成。

（一）标题

标题一般有两种形式：第一种形式，标题包括建设单位名称、项目名称及文种三项内容，如《××省建设银行关于新建××市光明区居民点的可行性研究报告》；第二种形式，标题中只包括项目名称及文种两项内容，如《××公路改建工程可行性研究报告》《关于建立××电厂的可行研究报告》等。

（二）正文

正文通常包括前言、主题、结论三个部分。

1. 前言

可行性研究报告前言的写法固定模式常见的是概括介绍拟建项目提出的背景、依据、目的及其经济效益，说明可行性研究的范围、要求。

2. 主体

主体部分是对项目可行性的分析论证，是可行性研究报告的核心部分。由于论证对象不同，所以这一部分的写法也不尽相同。从总体上看，大多数可行性研究报告都包含以下几个方面的内容。

(1) 市场调查。通过分析市场现状和未来前景，考察该项目实施后进入市场的发展状况，包括对国内外的市场需求、价格、竞争能力等做出分析。如果市场调查的结论是否定的，那么该项目就是不可行的。

(2) 对规模和方案的分析。包括对项目名称、规格（规模 ）、技术性能、实施计划和方案的分析。

(3) 技术力量和水平的说明与分析。说明与分析的项目包括地址选择及其理由：原材料、资源配备；技术设备、工艺流程、辅助设施；组织机构设置、所需人员及培训方案；项目的实施方案、工程设计、设备订货、工程施工和验收、设备安装和调试、试生产和正式投产的时间安排和进度；现有的环境状况及工程实施后给环境带来的影响及如何控制环境污染等。

(4) 资金来源分析。确定资金来源的方式，对投资数额进行估算，对资金到位的时间、资金偿还的方法、流动资金的合理安排和使用等进行分析。

(5) 经济效益分析。分析投资的收支、盈亏状况等财务问题，评价项目的经济效益。

以上是可行性分析的主要内容，由于拟建项目的性质不同，所分析的内容各有不同，在写作时应按实际情况灵活掌握和处理。

3. 结论

结论是对整篇研究报告内容的总结、概括。应就项目实施的可行性提出明确的结论性意见，也可对主体部分中一些较为重要的内容，如实施该项目可带来的社会效益、经济效益、实施中须注意的关键性问题等加以强调。

概括地说，可行性研究报告的正文大都包括三方面内容：第一，概括说明情况；第二，从不同的角度展开论证；第三，阐明结论。由于可行性研究报告是一种论证性、专业性较强的文种，而且篇幅较长，所以多采用“总一分一总”式（即先总述，再分述，最后加以总结）结构模式，也有的采用“总分”式结构模式，把情况概述和结论都放在开头部分。

（三）附件

很多可行性研究报告的正文之后都有一些附件，如统计图表、设计图纸、实验数据及文字性论证材料。这些材料具有很强的说服力和参考价值，但又不宜放在正文中。把它们作为附件放在正文后，既可以保证正文内容的简洁、顺畅，又可以保证资料的齐全。

三、写作要求

（一）要实事求是，做好调查研究

在动笔撰写可行性研究报告之前，首先必须以实事求是的态度，认真、全面、细致地做好调查研究工作。通过调查研究获取全面、准确、可靠的资料。

可行性研究报告所用的资料主要有两种：一是“死资料”。包括文字材料和数据，如公开出版物上的记载、内容档案资料等。二是“活资料”。“活资料”又有两种，第一种是“有关人员”反映的各种情况。“有关人员”主要是指项目的领导人员、主管人员、承办人员及与该项目有关的群众。以上人员因各自所处的位置不同，看待问题的角度不同，反映的情况可能有所不同。第二种是现场材料。调研人员一定要亲自到项目现场进行考察，了解工作和生活环境、地域特点、基础设施状况等。

（二）要虚心学习，掌握有关专业知识

可行性研究报告具有很强的专业性，因此常需要组成一个专家组进行可行性研究，一般来说技术人员 3 人、经济专家 7 人为专家组的最佳构成比例。联合国工业发展组织认为任何大型项目的可行性研究小组成员都应该包括下列人员：1 名工业经济专家、1 名市场分析专家、若干名精通建设项目的工艺师和 1 名会计、1 名机械工业工程师、1 名土木工程师。可行性研究报告的撰写人员必须虚心学习与项目有关的专业知识，了解和把握与整个项目有关的专业知识。

（三）要认真研究，进行科学分析

在对材料进行整理的基础上，还要对材料进行综合分析。分析工作可按两个步骤进行：首先，要按类别分析材料，根据材料对各种情况做出准确地判断；其次，要从理论上对具体材料及根据材料做出的判断加以分析，对各项指标进行认真核算，最后得出科学、客观、明确的结论。应当注意的是在对经济效益所做出的分析中，必须重视对不确定因素的分析。所谓不确定因素，主要是指有可能造成事先估算与实际情况之间产生出入的各种客观因素。不确定性因素的变化有可能导致该项目经济效益的变动，给项目带来潜在的风险。

不确定因素分析的内容主要包括：

第一，盈亏平衡分析。这是在一个时期和范围内（一般是正常生产的年份），探讨成本、产量、价格等和盈亏的关系，从而对项目的市场需求变化适应能力、项目的抗风险能力等做出判断的分析办法。

第二，敏感性分析。这是分析项目某一个主要因素（如产量、成本、投资等）的变动，对效益指标（如投资收益率、返本期等）影响的分析方法。通过对多个方案敏感性大小的对比，选择敏感性较低的方案，可使项目风险减少到最低程度。

第三，概率分析。这是按概率研究不确定性因素对项目经济效益影响的一种定量分析方法。即通过研究几个按一定概率分布、同时变动的因素，来预测经济指标的概率分布情况，从而判断不确定因素有可能给项目带来的损失或风险。

基本格式

原文	提示
XX 工厂建筑项目可行性研究报告（目录） 	这是一篇工厂建设的可行性研究报告，主要从行业市场背景、资源供应、建设规模、工艺路线、设备选型、人力定员、环境影响、资金筹措、财务能力等方面进行充分地论证和可行性研究；从技术、经济、工程等方面进行调查研究和分析比较，并对项目建成以后可能取得的财务、经济效益及社会环境影响进行预测，从而提出该项目是否值得投资和如何进行建设的咨询意见，为项目决策提供依据的一种综合性的系统分析方法。

该报告各个方面考虑周全详尽，条分缕析，为决策者提供了一份清晰的可行的思路、方案。

第四节　项目评估报告

一、基本知识

项目评估报告，是专业评估人员根据项目主办单位提供的项目可行性研究报告，通过对目标项目的全面调查、综合分析和科学评估，从而确定目标项目是否可行的技术经济文书。

项目评估报告与可行性研究报告相对应。另外，对项目实施情况进行评估，也可形成项目评估报告。

与可行性研究报告相对应，项目评估报告可分为以下三种。

(1) 用于招商合作、企业融资的项目评估报告。这类项目评估报告通常要求市场分析准确，投资方案合理，并提供竞争趋向分析、营销计划、管理方案、技术研发等实际运作方案。

(2) 用于建设立项、工商注册的项目评估报告。这类项目评估报告通常作为大型建设项目立项和新产品研发的基础文件，建设立项的主管部门和工商管理部门根据建设项目、新产品研发注册的项目评估报告批复或备案，决定该项目是否实施。

(3) 用于资金支持的项目评估报告。此类项目评估报告通常有两种，一是商业银行在贷款前进行风险评估时，需要建设项目方出具详细的可行性研究报告，项目主管部门据此给出项目评估报告；二是在申请国家的相关政策支持资金时，需要项目方编写可行性研究报告，项目主管部门据此给出项目评估报告。

二、写作格式

项目评估报告一般由标题、正文、署名、日期构成。

（一）标题

标题有简式、繁式两种。简式标题直接写“项目评估报告”；繁式标题由“编写单位+项目名称+性质+文种”构成。例如“沈阳中商集团拟收购股权价值项目评估报告”，“沈阳中商集团”是编写单位，“拟收购”是项目名称，“股权价值”是性质，“项目评估报告”是文种；也可省略其中一个或两个要素，但至少要有包括文种在内的两个要素。

（二）正文

项目评估报告的前提是可行性研究报告。撰写时可视可行性研究报告而定。

常规的正文一般包括如下要素：引言、主体和结尾。引言部分主要说明项目评估报告的依据和目的，语言简明扼要。主体部分主要是必要性评价和可靠性评价。必要性评价又称背景分析，即分析项目在科学研究和经济建设中的意义和地位，从而明确目标项目是否有建设的必要，这里突出考察的是项目对国民经济和社会发展所能做出的贡献大小，重点评估两个指标，一是项目的投资方向，二是市场需求。可靠性评价即可行性评价，考察项目是否具有建设的可能。如果项目缺乏建设的技术、经济或其他物质基础，那么项目就无法落实。项目可行性研究的内容包括 8 个方面：市场需求调查分析，拟建或改扩建规模，技术工艺设备和生产条件研究，厂址方案与建厂条件，劳动力的来源、素质及职工业务技术培训，工程建设实施计划及生产计划，技术经济指标及财务效益分析，投资效益和社会影响研究。因此，项目可行性评估的重点主要有两个指标：一是技术的可行性，重点考察技术是否先进适用，能不能与现有的技术设备水平相适应；二是经济的可行性。结尾部分非常重要，包含两项议题，一是要在上述因素分析的基础上，对项目是否可行做出结论；二是对可行的项目建设提出合理化的改进建议，以保证项目建设的顺利进行，或者对不可行的项目指明存在的问题，为项目主办单位改进下一步的项目设计工作提供指导和参考。

（三）署名

正文右下方写明撰拟此报告的单位或拟写人。

（四）日期

写全具体的年、月、日。如果引言部分已写明了日期，文末也可省略。

三、写作要求

（一）论据确凿，论证严谨

要力求评估报告具有客观性、科学性、公正性。情况真实全面，分析深入透彻，既能看到项目的优势，又不忽视项目存在的问题。在编写报告时，尽可能听取各种不同意见；提出结论性意见时，既要明确，又要谨慎，使项目评估更加有客观性、科学性和公正性。

（二）实事求是，资料翔实

项目评估报告具有很强的权威性，必须用大量数据来说明问题。所采用的资料，要本着“去粗取精，去伪存真”的原则，进行细致的鉴别、筛选，以使报告具有不容置疑的说服力。

（三）准确表达，量化表述

项目评估报告包括的内容十分丰富，既有定量分析，又有定性分析；既有图表公式，又有文字推理论证。这就要求既不搞文字游戏和数字游戏，又要以定量分析为主。准确的经济数据是具体事实在数量上的高度抽象。

基本格式

原文	提示
基础工程项目评估报告 一、工程概况 工程名称：光谷8号二期（K24-1）地块5#楼地下室工程 建设单位：武汉祥福瑞德房地产开发有限公司 设计单位：湖北省建筑设计院 监理单位：武汉宏宇建设工程咨询有限公司 施工单位：湖北天宇建设工程有限公司 勘察单位：武汉丰达地质工程有限公司 本工程为32层剪力墙结构，地下室2层，地上32层，建筑高度为96.3m；地基基础结构现浇梁、板、柱砼强度等级为C40、C50，本工程抗震设防烈度为6度，抗震设防类别为丙类。地基基础设计等级为甲级，基础安全等级一级。设计使用年限为50年。地下室基础采用桩基础加防水底板。绝对标高34.9m，5#楼主楼建筑面积13 608.39m^2，地下室建筑面积4 314.44m^2，总建筑面积是17 922.83m^2。 桩基基础分部已经通过施工、设计、监理、甲方等相关单位共同验收。	介绍项目的基本情况。
二、质量评估依据 设计蓝图及设计变更文件； 《建筑工程施工质量验收统一标准》GB50300—2013； 《建筑地基基础工程施工质量验收规范》GB50202—2011； 《混凝土结构工程施工质量验收规范》GB50204—2002（2011版）； 《钢筋机械连接通用技术规程》JGJ107—2010 《混凝土强度检验评定标准》GB/T50107—2010 《混凝土质量控制标准》GB50164—2011 招标文件及合同（施工、监理等）； 国家、地方现行有关建筑工程试验、检测、验收标准、规范规程、办法及规定。	介绍项目的先行情况、资金配置。

三、质量受控状态

1. 按照监理管理及施工规范的要求，施工单位建立了完整的工程质量保证体系。以项目经理为直接负责人，下辖技术负责人、施工员、测量员、质安员，对每道工序进行了严格检查，保质保量施工进度计划，我项目监理部在施工阶段监理过程中的“四控制、二管理、一协调”工作。在施工阶段，监理人员现场巡视发现在施工过程中问题时及时指正并督促施工单位整改。监理人员严格要求施工单位按图施工，按照有关规范、规程操作，接受监理受控程序。

介绍得力的保障措施，为项目的推进去除隐患。

2. 受建设单位委托，根据监理合同我监理公司委派总监理工程师各专业监理工程师对整个施工过程进行了全程跟踪监理。严格要求施工单位按图施工，坚持贯彻上道工序未签字认可，决不允许下道工序施工的原则。现场旁站监理人员随机抽查施工单位各道施工工序，着重对施工过程进行控制：

在基础土方开挖过程中检查督促施工单位派专人指挥挖掘机，严格控制开挖深度对照地勘报告要求及现场实际情况保证基础进入持力层深度满足设计要求，机械开挖后采用人工清土及时抽排积水避免持力层受到扰动，开挖完成后及时请设计、勘察、监理等单位共同验槽。在基础施工过程中针对基础柱、插筋跑位普遍的质量通病，在基础柱筋安装完成后，对其轴线定位及柱筋固定进行了严格控制，保证了无跑位现象。

a、事前控制

对进场材料按规范规定进行严格的见证取样，并送具备相应资格的单位进行检测，合格后，方可使用，在此阶段我们着重抓了钢筋、商品砼进场检验工作。

具体行动的介绍彰显了项目的可操作性。

b、事中控制

施工过程中，按照施工图和规范的要求严格监控每道工序的报验工作，并重点抓住了钢筋安装与连接，模板的支撑加固及砼的浇捣工作。

c、事后控制

阶段重点是严格监控模板的拆除时间和砼的养护工作以及成品保护。

3. 基础工程施工控制要点

a、轴线定位

施工单位放线完自检合格后报验，在监理工程师复核合格后，方可进行施工。

b、中线、标高、模板工程质量控制

施工单位完成模班板工程的施工并自检合格后向监理部报验，监理工程师重点检查模板几何尺寸、标高、轴线以及柱的垂直度，检查验收合格后方可下道工序施工。

c、钢筋工程

控制材料质量，施工单位钢材进场后报验，在监理工程师监督取样，试验合格后，才能使用，钢筋制作成型，严格按照施工图纸施工，其钢筋的品种、规格、数量、间距、型号均符合设计要求和规范要求，钢筋绑扎完毕后，经自检无误后，填报砼浇捣申请表，监理工程师认可后，方可浇捣砼。

d、砼工程

本工程使用商品砼，商品砼到场后，施工单位检查和收集相关的资料合格后，由监理工程师现场抽取砼的塌落度，合格后方能浇捣，最后在监理工程工程师的见证下按规定留置试块，并请检测站来现场进行钢筋保护层及间距检测。

4．基础分部分项工程的划分

	分项工程	验收批数量	验收结果
分部工程	土方工程	2 个检验批	合格
	模板分项	8 个检验批	合格
	钢筋安装、加工工程	16 个检验批	合格
	隐蔽工程检查记录	8 个检验批	合格
	混凝土施工	8 个检验批	合格
	现浇结构外观尺寸	8 个检验批	合格

介绍项目的前途和影响，体现了项目的巨大效益和价值。

5．工程质量保证项目及质量检测评定

工程所用的各种原材料及成品均有出厂合格证试验报告及复检报告；钢材 20 组送检结果全部合格，钢筋接头 14 组送检结果全部合格（经湖北诚信建设工程有限公司检测）。砼试块留置情况如下，标养留置 29 组，同养 33 组，用 GB/T50107—2010 标准评定，评定结果符合规范要求。

由湖北诚信建设工程有限公司对该工程的实体质量进行检测，检测钢筋保护层、混凝土楼板厚度、钢筋数量间距、以及混凝土回弹检测结果，符合设计以及规范要求。

不回避可能出现的问题，实事求是。

6．质量评定

地基与基础工程中各检验批、分项、分部资料齐全，实体工程质量符合要求，同意该分部验收。

最后总结强调项目在当地推广的可行性同时表达期望。

年　　月　　日

附 1：项目总结报告

下面是某企业的项目总结报告（框架），供读者参考。

一、项目信息

提供关于项目名称、客户名称、项目经理以及项目发起人姓名等方面的一般信息。

项目名称：		客户名称：	
项目发起人：		项目经理：	
报告起草人：		项目历时：	

二、项目背景与要求

提供有关项目背景、目标、项目方案等方面的信息。

项目背景	
目标	
项目方案	

三、项目总结

从完成项目的进度、成本、质量、团队管理、客户关系等方面进行评价。

完成了项目的哪些交付结果	没有完成的工作是哪些？原因是什么？
对项目的总体评价：	
进度方面评价： 项目实际进展情况与计划进度如何？ 哪些方面的工作本来应多花些时间？ 在进度上发生了哪些变化？ 我们用到了哪些进度控制方法？	
成本方面评价： 项目实际成本与计划预算相比如何？ 哪些方面的工作本来应多花些资金？ 预算怎样才能作得更准确些？	
质量方面评价： 项目的质量符合客户的具体要求吗？ 在质量方面发生了哪些问题？是如何处理的？ 客户对项目质量要求发生了哪些变更？ 客户对项目的最终移交成果是否满意？ 以后如何更好地理解客户的质量要求？	
人员管理与团队建设方面评价： 小组成员是否理解各自的角色？ 是否存在有人工作分配负担过重或过轻的情况？ 成员之间的协作情况如何？角色分配是否合适？ 运用的激励、领导方式、监督方法是否有效？ 小组成员在哪些方面得到了锻炼与成长？	
沟通交流方面评价： 小组成员对项目的目标、客户要求是否有充分的了解？ 成员是否迅速地交流自己遇到的问题？ 有没有利益相关者在交流沟通中被忽略？ 今后的项目在交流沟通上可作哪些改进？	

<table>
<tr><td>技术与方法评价：
该项目运用了哪些新技术？它们如何促使项目的成功？
项目跟踪与控制的方法是否发挥了作用？
什么样的改进可能有用？</td><td></td></tr>
<tr><td>客户关系评价：
项目运用了哪些客户关系管理的方法？其效果如何？
客户的反馈与抱怨是如何被管理的？
采取了哪些增强客户满意度的措施？</td><td></td></tr>
<tr><td>合同管理评审：
合同前期招标、谈判方面积累了哪些成功的做法？
合同履行过程中的冲突是如何得到处理的？
在与合同方打交道方面积累了哪些经验？
合同方的职能履行得如何？如何改进？</td><td></td></tr>
<tr><td>经验教训：
该项目有哪些成功的经验？又有哪些失败的教训？
如果有机会重新做这个项目，应该怎样去做？</td><td></td></tr>
<tr><td colspan="2">客户方（发起人）意见：

签　　名：
日　　期：</td></tr>
</table>

附 2：项目投资预算编写规范

下面是某建筑企业的项目投资预算编写规范，供读者参考。

项目名称：______________________

序号	项目编号	项目名称	工程量	工程量单位（元/m²）	造价/万元
	前期费用		354584.1	600	21 275.05
1	11 层住宅	建筑费用	177965.82	1 400	2 4915.21
		装修费用	177965.82	400	7 118.633
		安装费用	177965.82	500	8 898.291
2	17、24 层住宅	建筑费用	83805.45	1 500	12 570.82
		装修费用	83805.45	400	3 352.218
		安装费用	83805.45	500	4 190.273
3	地下车库	建筑费用	27238	1 500	4 085.7
		装修费用	27238	200	544.76
		安装费用	27238	450	1 225.71
4	商业办公	建筑费用	38228.73	1 500	5 734.31

		装修费用	38228.73	500	1 911.437
		安装费用	38228.73	500	1 911.437
5	地下储藏室	建筑费用	27346.1	1 500	4 101.915
		装修费用	27346.1	200	546.922
		安装费用	27346.1	350	957.1135
6	室外工程	广场道路硬化绿化	354584.1	240	8 510.018
		路灯光亮工程	354584.1	50	1 772.921
		室外管网	354584.1	120	4 255.009
7	预备费		354584.1	150	5 141.469
合　计					1 23019.2

注：1．设计中涉及的计价项目应依据国家及本地区发布的最新有关计价标准与规定填写本表。表中位置不够可以另行附页。

2．随上表附投资估算的编制说明。

投标人：

法定代表人或授权委托人：＿＿＿＿＿（签字或盖章）＿＿＿

日期：　201X　年　X　月　X 日

投资估算编制说明：

1．编制依据

（1）该工程方案设计说明及设计图纸。

（2）相关配套文件。

2．编制方法

（1）土建部分：结构工程参照威海地区类似工程。建筑装修材料按国内中档优质产品考虑。

（2）安装工程：各系统的主要设备均采用国产中档品牌或合资品牌设备，次要设备采用国内品牌设备。

3．编制范围

（1）本估算未计土地费用。基础设施和配套设施中含道路、广场、绿化、室外照明灯内容。

（2）室外工程仅为红线范围内。

（3）不包括的内容：地基的特殊处理。

4．主要技术经济指标

（1）该项目总建筑面积约 354 584 m^2，工程估算总造价为 123 019 万元。

（2）土建估算 51 407 万元，机电及安装估算 13 473 万元。

（3）室外道路、绿化、管网、围墙、路灯、亮化等工程估算 14 538 万元，建设管理费、勘察设计费等前期其他费用共 21 275 万元，装修费用共 13 473 万元，基本预备费用共 5 141 万元。

（4）单位面积经济指标 3 469 元/m^2。

附 3：项目成本费用管控方案

下面是某企业的项目成本费用管控方案，供读者参考。

方案名称	濮阳恒大项目成本费用管控方案	编　号	
		执行部门	

根据公司成本控制制度，项目成本控制主要分为人工费、材料费、措施费、分包成本管理、项目管理费这五大部分。

一、人工费

人工费的控制主要分为：定额用工控制、项目零工控制、少数工种及勤杂人员工资控制。

1．定额用工控制即内部工人人工费控制：

生产经理（周晨钟经理落实）须根据每月的进度计划并结合项目的实际情况及工长的人员数量，每周给工长开具施工任务令，项目预算员（郑丽落实）对生产经理开具的施工任务令按内部货币化定额核算其货币化金额，将核算好金额的施工任务令下发给工长，工长再根据施工任务令对班组开具施工任务单。每月底23号之前工长将本月的施工部位及施工内容分楼栋分工序写好，上报到技术员（孙宝明）和预算员（郑丽）处，技术员和预算员对工长上报的本月的施工部位及施工内容进行现场核实确认并和施工任务令上的内容进行对比，看是不是有偏差。施工部位及施工内容核实无误后，预算员根据每月开具的施工任务令及工长实际所施工的部位内容计算出相应的工程量，套取内部货币化定额，计算出工长货币化工资。本项工作在每个月的25号晚前完成。核算出货币化工资后，预算员应及时将金额反馈给工长，并通知工长记载本月考勤表工资，同时要求工人手工在考勤表上签字，工长将工人签好字的考勤表在26号晚前送至预算员手中。

2．项目零工控制

项目零工是指：对于现场文明施工、安全维护、维修、材料机具的装卸倒运、人员调迁、关系户干活、职工例会、班前交底、宣传布置、自做办公用具、宿舍床铺搭设及各种用具修理等等，这些用工都属于项目零工的范畴。对于项目零工，必须一事一签，由项目生产经理（周经理）根据施工内容及工程量的大小，进行估工，并开具零工单（零工单价原则上不许超过150元/工，特殊情况需请示项目经理同意），零工单开具后需要有验收人及验收意见，验收合格后交给预算员作为月底结算工人工资的依据。零工单不许月底补开。（零工是根据项目的大小及项目的业态进行包干的，濮阳项目主体零工是5.2%，装修是12.54%，计算基数是完成主体货币化工资）

3．少数工种及勤杂人员工资控制

项目部需要合理配置少数工种及勤杂人员，本项目是主体分包，塔司不需要我方配置，机修工、电工等少数工种应合理记载其考勤工资。

二、材料费（分甲供材和自购材料）

1．甲供材的管理：濮阳恒大项目的甲供材主要有：人造砂岩、外墙砖、仿时砖、仿石砖、涂料、水泥瓦、西瓦、抛光砖（含阳台砖）、瓷片、入户门、户内配电箱、弱电线、电线电缆、给排水及管线和管件、防水材料、给水阀门、钢塑复合管及管件、阳台铁艺拉杆、隐形护窗栏杆、小区围墙铁艺栏杆等。

（1）甲供材的进场：预算员根据施工计划及现场的实际情况提前半个月将甲供材的材料计划提报给甲方，预算员在提报计划时一定要确保计划的准确性，并且分批提报，总量控制，防止后期甲供材超总量计划进场。甲供材在进场之前，项目部安排仓库保管员进行接收，接收之前要对甲供材进行验收，核对甲供材的数量、规格型号、产品合格证等相关资料。在甲供材验收合格后，仓库保管员应和甲方办好接收确认手续（书面手续，手续中含甲供材的规格、型号、数量、接收日期、接收人等），同时项目生产经理须协助仓库保管员将甲供材分类分型号堆放好、保管好。甲供材的进场仓库保管员须建立台账，每次甲供材进场后仓库保管员对台账及时进行更新，更新后及时将甲供材台账发给项目预算员。以此保证预算员能及时掌握甲供材的实际进场数量，有利于总量控制。

（2）甲供材的使用：甲供材的使用应分部位分层分段控制，项目预算员因提前将分层分段的工程量台账建立好，并通过定额分析出分层分段中每一个工序甲供材数量，建立好分层分段分工序的甲供材数量台账，以此作为甲供材分层分段的控制依据。在自有工人或分包领用甲供材时，仓库保管员一定要和预算员对接好，每一次甲供材的领用都需要分包队签字。并且只能分层分段领用，领用的数量不能超过预算中定额的含量（大合同明确约定如果甲供材最后超出定额含量，超过的部分由施工单位承担，并且还需承担超过部分甲供材总额20%的管理费）。

2．自购材料的管理：除甲供材之外的其他材料都属于我方自购材料。

对于自购材料，根据公司规定分为地材和仓库材料，地材每个月月底报一次计划，仓库材料每个月1号、11号、21号分别上报一次材料计划。地材计划由预算员根据月度计划进行提报给材料员，材料员根据预算员提报的地材计划每月月底之前录入系统。仓库材料计划，由仓库根据现场实际施工进度及各工长上报的小型材料数量进行提报。

3．关于钢筋、砼、砌块等大额材料的控制方案如下：

（1）钢筋：钢筋的控制分两个方面进行，一方面为施工现场指标控制，另一方面为预算含量控制，具体操作如下：施工现场钢筋的控制：按施工现场翻样标准确定施工成本制造数加1.5%的施工废料指标进行控制，成本核算以此为依据进行核算和考核。（1.5%含施工现场的辅助用钢筋、地锚筋、围护栏杆筋、洞口防护筋、操作损耗）；预算含量钢筋的控制：按施工现场翻样标准增加2.5%的损耗率作为控制指标。由于濮阳项目都是主体分包的，在现场钢筋控制时，要先从分包队下料开始控制，控制分包下料的准确性，杜绝因分包下料失误导致的钢筋废料增加，如果分包下料失误，因将下料失误产生的钢筋废料按钢筋入库金额计入分包，在分包产值中予以扣除。

……

三、措施费（周转料具费、机械费、临时设施费、安全控制费）

1．周转料具费：周转料具主要是指脚手架、支撑系统、钢模、木模、木龙骨、竹胶板、安全网、现场围护等。

项目	料具名称	单位	规格	数量
濮阳恒大悦龙台主体及配套建设工程	钢管	T	统	573.017
濮阳恒大悦龙台主体及配套建设工程	扣件	只	统	110 908
濮阳恒大悦龙台主体及配套建设工程	三型卡	只		13 327
濮阳恒大悦龙台主体及配套建设工程	钢跳板	块		1 309
濮阳恒大悦龙台主体及配套建设工程	立杆	根	2.4M	2 707
濮阳恒大悦龙台主体及配套建设工程	横杆	根	1.15M	3 545
濮阳恒大悦龙台主体及配套建设工程	顶托	只		16 276
濮阳恒大悦龙台主体及配套建设工程	镀锌方钢龙骨	M	4.5*4.5*265cm	141 66.9

濮阳恒大项目截止到2017年3月8日在场的料具如下：

截止到2017年3月8日濮阳项目还有759.46立方的木枋没有出库（金额85 7179元），14 670张多层板没有出库（金额731 989.66元），如若平均分摊在今年剩下的10个月份出库，每个月需出库木枋和多层板金额15.9万元。

周转料具费控制建议：

（1）必须控制木枋和多层板的进场数量，利用现有的木枋和多层板完成地库及主体工程，目前施工的主要是高层，只有19#楼是洋房，高层施工必须要求分包提高料具周转利用率，每栋高层配2层料，周转使用。

（2）对于已经施工完成的洋房，尽快将钢管、扣件等料具清理出来，整理好，准备退还分公司料场。

（3）对于未出库的木枋、多层板，应分批出库，避免后期一次性出库导致过程中成本数据失真。

（4）5#、9#高层爬架马上要进场了，应加快施工进度，以此减少爬架租金。

2．机械费（机械租赁费、泵送费、电费）。

……

3．临时设施费。

……

4．安全控制费：不论工程大小工程复杂程度如何，统一按产值的2‰计算限额指标包干。施工过程中加强安全管理。

四、分包成本控制

1．对于已经签订好分包合同的：

（1）分包合同下来后需要对全体项目管理人员和分包现场代表进行交底，交底人合同签订人。交底的主要内容有：分包具体的承包范围，分包合同未具体约定的，在交底会议上双方书面确定，并签字确认，分包商承包范围内或范围外应完成的工作和要求；分包结算价格的组成，分包结算价中包含的质量、工期、安全文明施工费用等在书面情况下项目有权扣除其相应的费用；材料领用必须由分包代表指定专人去项目仓库领，分包超用材料如何扣除费用；周转料具的管理，丢失偷盗分包商应承担的赔偿额和违约金。

（2）……

（3）……

2．对于目前还未签订合同但后期需要分包的：根据公司最新规定，需项目进行线上招标，项目招标人。

五、项目管理费：（管理人员工资、办公费、业务招待费）

1．管理人员工资根据产值指标进行控制，产值的2%作为管理人员工资控制的指标。

2．办公费根据主体施工完成的建筑面积进行控制。每完成1平方米建筑面积提0.43元办公费。

3．业务招待费主体施工完成的建筑面积进行控制。每完成1平方米建筑面积提1.76元业务招待费。

……

六、项目成本费用控制的管理措施

1．施工项目成本控制的原则。

（1）全面控制的原则。

① 全面控制。

a．建立全员参加责权利相结合的项目成本控制责任体系。

b．项目经理、各部门、施工队、班组人员都负有成本控制的责任，在一定的范围内享有成本控制的权利，在成本控制方面的业绩与工资奖金挂钩，从而形成一个有效的成本控制责任网络。

② 全过程控制。

a．成本控制贯穿项目施工过程的每一个阶段。

b．每一项经济业务都要纳入成本控制的轨道。

c．经常性成本控制通过制度保证，不常发生的“例外问题”也有相应措施控制，不能疏漏。

（2）动态控制的原则。

① 项目施工是一次性行为，其成本控制应事前重视、事中控制。

② 在施工开始之前进行成本预测，确定目标成本，编制成本计划，制订或修订各种消耗定额和费用开支标准。

③ 施工阶段重在执行成本计划，落实降低成本措施，实行成本目标管理。

④ 成本控制随施工过程连续进行，与施工进度同步，不能时紧时松，更不能拖延。

⑤ 建立灵敏的成本信息反馈系统，使成本责任部门（人员）能及时获得信息、纠正不利成本偏差。

⑥ 制不合理开支，把可能导致损失和浪费的苗头消灭在萌芽状态。

（3）创收与节约相结合的原则。

① 施工生产既是消耗资财人力的过程，也是创造财富增加收入的过程，其成本控制应坚持增收与节约相结合的原则。

② 作为合同签约依据，编制工程预算时，应“以支定收”，保证预算收入。在施工过程中，要“以收入定支”，控制资源消耗和费用支出。

③ 每发生一笔成本费用，都要核查有否相应的预算收入，收支是否平衡。

④ 经常性的成本核算时，要进行实际成本与预算收的对比分析。

⑤ 严格控制成本开支范围，费用开支标准和关财务制度，对各项成本费用的支出进行限制和监督。

⑥ 提高施工项目的科学管理水平、优化施工方案，提高生产效率、节约人、财、物的消耗。

⑦ 采取预防成本失控的技术组织措施，制止可能发和的浪费。

⑧ 施工的质量、进度、安全都对工程成本有很大的影响，因而成本控制必须与质量控制、进度控制、安全控制等工作相结合、相协调，避免返工（修）损失、降低质量成本、减少并杜绝工程延期违约罚款、安全事故损失等费用发生。

⑨ 坚持现场管理标准化，堵塞浪费的漏洞。

（4）责权利相结合的原则。

① 要使控制真正发挥作用，必须严格按照经济责任制要求，贯彻责权利相结合的原则。有责无权，不能完成所承担的责任，有责无利，缺乏履行责任的动力。

② 工程项目成本涉及面广，必须形成覆盖项目全员的成本责任网络，归口控制项目成本，并与奖金分配挂钩，有奖有罚。

2．工程项目成本控制的方法。

（1）制度控制。

制度控制是企业层次对项目成本实施的总体宏观控制，使项目施工过程中成本管理“有章可循”。这些制度主要有《劳务工作管理规定》《机械设备租赁管理办法》《料具租赁管理办法》《工程项目成本核算管理标准》等，详见公司内部文件。

（2）定额控制。

为了控制项目成本，企业必须有完整的定额资料，这些定额除了国家统一的建筑、安装工程基础定额以及市场的劳务、材料价格信息之外，企业还应有完善的内部定额资料。内部定额资料根据国家的统一定额，结合现行质量标准，安全操作规程，施工条件及历史资料等进行编制，并以此作为编制施工预算，工长签发施工任务书，控制考核，工效及材料消耗的依据。

（3）合同控制。

① 项目经理部与公司之间的经济技术承包合同

② 公司与劳务承包队伍之间的承包合同

③ 项目经理部与劳务承包实体之间的承包合同

3．工程项目成本控制的内容。

（1）材料费的控制。材料费的控制按照“量价分离”的原则，一是材料用量的控制；二是材料价格控制。

① 材料用量的控制。材料消耗量主要是由项目经理部的施工过程中通过“限额领料”去落实，具体有以下几个方面：

a．定额控制。对于有消耗定额的材料，项目以消耗定额为依据，实行限额发料制度。项目各工长只能在规定限额内分期批领用，需要超过限额领用的材料，必须先查明原因，经过一定审批手续方可领料。

b．指标控制。对于没有消耗定额的材料，则实行计划管理和按指标控制的方法。根据上期实际耗用，结合当月具体情况节约要求，制定领用材料指标，据以控制发料。超过指标的材料，必须经过一定的审批手续方可领用。

c．计算控制。为准确核算项目实际材料成本，保证材料消耗准确，在各种材料进场时，项目材料员必须准确计量，查明是否发生损耗或短缺，如有发生，要查明原因，明确责任。在发生的过程中，要严格计量，防止多发或少发。

② 材料价格的控制。材料价格主要由材料采购部门在采购中加以控制。由于材料价格是由买价、运杂费、运输费中的合同损失等所组成的，因此在控制材料价格时，须从以下几个方面进行：

a．买价控制。买价的变动主要是由市场因素引起的，但在内部控制方面，应事先对供应商进行考察，建立合格供应商名册。采取材料时，必须在合格供应商名册中选定供应商名册。采购材料时，必须在合格供应商名册中选定供应商，实行货比三家，在保质保量的前提下，争取最低买价。同时实行项目监督，项目对材料部门采购的物资有权过问询价，对买价过高的物资，可以根据双方签订的横向合同处理。此外，材料部门对各个项目所需的物资可以分类批量采购，以降低买价。

b．运费控制。合理组织材料运输，就近购买材料，先用最经济的运输方法，借以降低成本。为此，材料采购部门要求供应商按规定的条件和指定的地点交货，供应单位如降低包装质量，则按质论价付款；因变更指定交货地点所增加的费用均由供应商自付。

c．损耗控制。要求项目现场材料验收人员及时严格验收手续，准确计量，以防止将损耗或短缺计入材料成本。

（2）人工费的控制。按照内部施工图预算，钢筋翻样单或模板量计算出定额人工工日，并将安全生产、文明施工及零星用工按定额工日的一定比例一次性包干给劳务承包队伍，达到控制人工开支的目的。

（3）机械费的控制。机械费用主要由台班数量和台班单价两方面决定，为有效控制台班费支出，主要从以下几个方面控制：

① 指导项目合理安排施工生产，督促项目加强设备租赁计划管理，减少因安排不当引起的设备闲置。

② 协助项目加强机械设备的调度工作，尽量避免窝工，提高现场设备利用率。

③ 监督项目强强现场设备的维修保养，避免因不正当使用赞造成机械设备的停置。

④ 协助项目做好上机人员与辅助生产人员的协调与配合，提高机械台班产量。

（4）管理费的控制。管理费在项目成本中有一定比例，由于没有定额，所以在控制与核算上都较难把握，项目在使用和开支时弹性较大，主要采取以下控制措施：

① 根据各工程项目的具体情况及项目经理自身的管理能力、水平、思想素质等，分别赋予不同的管理费开支权限。

② 制定项目管理费开支指标。项目经理在规定的开支范围内有权支配，超计划使用则需经过一定审批手续。

③ 及时反映，经常检查。企业委托财务部门对制定的项目管理费开支标准执行情况逐月检查，发现问题及时反映，找出原因，制定纠正措施。

4．施工项目成本控制的实施。

施工项目的成本主要是在施工过程中形成的，其成本费用支出主要发生在施工项目的各职能部门的业务活动中，发生在施工队、生产班组进行的分部分项工程施工中，因而施工项目成本控制的实施要要是指在项目的施工过程中，以各职能部门、施工队、生产班组为成本控制对象，以分部分项工程为成本控制对象，在对外经济业务时，以经济合同为成本控制对象，所进行落实成本控制责任制，执行成本控制计划并随时进行检查、考核、分析等一系列成本控制活动。

施工项目成本控制责任制的主要内容如下：

（1）项目经理。

① 项目成本控制的责任中心，全面负责项目成本控制工作。

② 负责成本预测、决策工作，主持制订、审核项目目标成本、成本计划和降低成本技术组织措施计划。

③ 建立项目成本控制责任体系，与各职能部门（人员）班组签订成本承包责任状，并监督执行情况。

（2）预算部门。

① 预测项目成本，编制项目成本计划。

② 会同财会部门进行成本计划的综合平衡。

③ 编制施工图预算、施工预算、提供各单位工程，分部分项工程、各成本项目的预算成本资料。

④ 监督对外经济合同履约情况收集变更资料。

⑤ 负责外包工作对外结算工作，控制费用支出。

⑥ 编制预算时要充分考虑可能发生的成本费用，不要漏项。对预算中“缺口”项目，不要估计偏低，以保证工程收入发生工程变更，及时办理增减帐，以通过工程款结算向甲方取得补偿。

（3）技术部门。

① 在审查各级部门所提技术组织措施的基础上，汇总编制项目的技术组织措施计划。

② 提出有效的技术节约、降低成本措施，负责落实，提供技术节约报表。

③ 制定经济合理的施工组织设计。

④ 认真会审图纸，提出便于施工、降低成本的修改意见。

⑤ 制订并贯彻降低成本的技术组织措施，提高经济效益。

（4）工程部门。

① 合理规划施工现场布置、减少二次搬运、运输费等支出。

② 保证工程质量，降低质量根本，避免返工损失。

③ 严格施工安全控制，确保安全生产，减少事故损失。

④ 组织均衡生产，搞好现场调度和协作配合，注意收尾工程。

⑤ 及时办理工程签证。

（5）材料部门。

① 编制降低材料成本措施计划。

② 控制材料采购成本，合理安排储备，降低材料管理损耗，减少资金占用。

③ 严格执行进料验收、限额发料、周转材料、回收利用制度。

④ 负责材料台账启计录，提供材料耗用报表，考核材料实际消耗。

（6）动力部门。

① 编制机械台班使用计划和降低机械使用费措施计划。

② 提供各类机械台班实际使用资料，合理使用、节约台班费用。

③ 加强机械设备管理、保养、维修，提供完好率、使用率。

④ 控制外租机械租赁的费用。

（7）质安部门。

……

附4：项目成本管控工作报告

下面是某企业的项目成本管控工作报告，供读者参考。

方案名称	项目成本管控工作报告	编　　号	
		执行部门	

汇报对象：总经理、财务副总

报告期：____年__月__日至____年__月__日　　　　　　报告人：王XX

按公司要求我们分别制订了成本管理控制方案和计划。

1．根据计划首先加强宣传教育、广泛发动职工积极参与，三月底开展了以“点滴节约从你我做起，挖潜增效靠大家努力”为主题的成本管理会议，增强了员工的节能意识。五月份组织主管人员外出参观了其他高级资质物业公司项目，开展节能降耗等方面的经验交流活动，提高管理人员的视野和技术水平。

2．以严格执行预算为前提，进一步完善成本管理制度。按照总量控制，增量把关，效率优先的原则，各部门按照预算计划，控制支出。

3．梳理物品采购工作，严把申购关，控制发放关

4．突出重点，做好成本支出大项的管理工作。通过分析，夏季制冷电费支出占全年电费支出的

30%，控制制冷机组用电是我们今年节能工作的重点，严格按照每日开关机时间进行操作，并根据室外环境温度随时调整机组运行模式，确保合理需求的同时减少电能消耗。

5．开展技术节能工作。五月份在供冷季开始前，工程部对九层以下的新风机房加装电动阀门，解决大厦制冷系统在设计时无法逐层供冷的设计缺陷，改造前机组运行一小时的用电情况是：四个机头、两个循环泵、两个冷却风扇运行一小时用电、加上机组每年的维保、费用在520元左右。改造后机组运行一小时的运行情况是：一个机头、两个循环泵的用电量加上机组每年维保、费用在160元左右。目前客户需要自付费延时供冷时按照280元收费，在提供个性化服务的同时，降低用电成本，并通过收费的个性化供冷服务，增加物业服务收入。

……

第五节　房地产营销策划书

一、基本知识

策划书是广告经营单位受房地产开发商的委托，为实现房地产广告促销目标，对房地产项目广告传播活动的战略和策略进行的整体运筹规划的活动。

营销策划一般有两种：一种是单独性的，即为一个或几个单一性的广告进行策划；另一种是系统性的，即为规模较大的、一连串的、为达到同一目标所做的各种不同的广告组合而进行的策划。

二、写作格式

从营销策划活动的一般规律来看，营销策划书的基本结构如下。

（一）前言

简要说明制定本策划书的缘由、企业的概况、企业的处境或面临的问题点，希望通过策划能解决问题，或者简单提示策划的总体构想，使客户未深入审阅策划书之前能有个概括的了解。

（二）市场分析

市场分析主要包括三个方面的内容。

(1) 背景资料：与被策划企业的产品有关的市场情况。

(2) 目前同类产品情况：目前国内市场中进口、国产的同类产品的几种主要牌号以及这几种主要牌号的知名度与美誉度如何。

(3) 同类产品的竞争状况：可分为国内市场与国际市场分析。

（三）产品分析

被策划产品的优越性及其不利因素可分为如下两个方面。

(1) 产品特点：具体分析产品的工艺、成分、用途、性能、生命周期状况；

(2) 产品优劣比较：同国内及进口的同类产品进行比较。

（四）销售分析

销售是市场营销的重要组成部分，透彻地了解同类产品的销售状况，将为广告促销工作提供重要的依据。销售状况分析有下列内容。

（1）地域分析：同类产品销售的地域分布与地点。

（2）竞争对手销售状况：分析主要竞争对手的销售手法与策略。

（3）优劣比较：通过分析比较，找好本策划产品最有利的销售网络与重点地区。

（五）企业目标

企业目标分为短期和长期两种。短期目标以一年为度，可具体定出增加销售或提高知名度的百分比。长期目标是三年至五年，广告策划中提到企业目标，可以说明广告策划是怎样支持市场营销计划，并帮助达到销售和盈利目标的。

（六）企业市场战略

为了实现企业的经营目标，企业在市场总战略上必须采取全方位的策略，主要包括五点。

（1）战略诉求点：如何提高产品知名度和市场占有率，产品宣传中是以事实诉求为主还是以情感诉求为主。

（2）产品定位：可以选择高档、中档、低档定位中的一种。如福达彩胶定位为：高质量，低价格，国际流行的产品，柯达技术，厦门制造的国产高档彩色胶卷。

（3）销售对象：分析产品的主要购买对象，越具体越好，包括人口因素各方面，如年龄、性别、收入、文化程度、职业、家庭结构等，说明他们的需求特征和心理特征，以及生活方式和消费方式等。

（4）包装策略：包装的基调、标准色、包装材料的质量、包装物的传播、设计重点（文字、标志、色彩）等。

（5）零售点战略：零售网点的设立与分布是促销的重要手段，广告应配合零销网点策略加大宣传影响。

（七）阻碍分析

根据上面对市场、产品、销售、企业目标、市场战略等的研究分析，已可以顺理成章地找出本企业产品在市场销售中的“难”点。排除这些阻碍，就是下一步广告战略与策略的主要任务。

（八）广告战略

（1）竞争广告宣传分析：分析主要竞争对手的广告诉求点、广告表现形式、广告号、广告攻势的强弱等。

（2）广告目标：依据前面的企业经营目标，确定广告在提高知名度、美誉度、市场占有率方面应达到的目标。

（3）广告对象：依据销售分析和定位研究，可大概计算出广告对象的人数或户数，并根据数量、人口因素、心理因素等说明这一部分人为什么是广告的最好对象。

（4）广告创意：确定广告总体的表现构思。如广告口号，使用的模特儿或象征物，广告的诉求点或突出表现某种观念、倾向等。

（5）广告创作策略：即向目标市场传播什么内容。按照电视、报刊、广播、POP 等不同媒介的情况，分别提出有特色的、能准确传递信息的创作意图。

（九）公关战略

公关活动旨在树立良好的企业形象和声誉，沟通企业与公众的关系，增进消费者对企业的好感。公关战略要与广告战略密切配合，通过举办一系列具有社会影响力的活动达到上述目的。

（十）媒介战略

根据广告的目标与对象，选择效果最佳的媒介来到达广告对象。

(1) 媒介的选择与组合：以哪种媒介为主，哪些媒介为辅。

(2) 媒介使用的地区：配合产品的营销需要进行，分重点与非重点地区。

(3) 媒介的频率：在一年中可分为重点期和保持期，每科媒介每周或每月使用的次数安排。

(4) 媒介的位置、版面：电台、电视台选择哪一种传播时机最好，报刊选择什么日期、版面等。

(5) 媒介预算分配：组合媒介所需的费用进行预算。

（十一）广告预算及分配

必须把年度内的所有广告费用列入如下方面：

(1) 调研、策划费。

(2) 广告制作费。

(3) 媒介使用费。

(4) 促销费、管理费。

(5) 机动费等。

（十二）广告统一设计

根据上述各项综合要求，分别设计出报纸、杂志、广播、电视、POP 广告的设计稿或脚本，以供年度内广告制作的统一设计作参考或依据。

（十三）广告效果预测

预计广告策划可以达到的目标或效果反馈。

三、写作要求

（一）具有指导性

广告策划是对广告整体活动的策划，策划的结果就成为广告活动的蓝图，所以广告策划对整体广告活动具有指导性，它指导广告活动中各个环节的工作以及各个环节的关系处理。

（二）具有整体性

广告策划作为一个整体，是由若干相互联系和相互作用的要素所构成的有机系统，它涉及广告活动的方方面面，策划时要考虑周到。

（三）具有可操作性

编制的策划书是要用于指导广告营销活动，其指导性涉及广告营销活动中每个人的工作及各环节关系的处理。因此其可操作性非常重要，不能操作的策划书再好也无任何价值，不好操作的策划书也必然浪费大量的人力、物力、财力，而且管理复杂、效率低下。

（四）具有事前性

从广告程序上看，广告策划是在广告活动开始之前进行的。广告活动中所涉及的广告目标、对象、媒介、预算、设计、制作等都必须事前确定。因此，在进行广告策划中要考虑到各方面的因素，特别要注意做好调查研究工作，对企业生产与营销，市场环境与机会、竞争的对手的状况，都要心中有数，确保广告策划的主观性和客观性相一致。

四、特别提示

在做房地产营销策划方案时，一定要同时做好广告预算，因为这也是销售成本中的一个重要部分。一般来说广告总费用为同期销售额的2%～3%，它主要包括十三个方面的内容。

（1）沙盘模型，户型模型。

（2）效果图。

（3）销售员统一服装。

（4）售楼书。

（5）户型图。

（6）dm 单。

（7）夹报广告。

（8）升空气球。

（9）彩旗、布幅。

（10）充气拱门。

（11）广告牌。

（12）报纸广告。

（13）促销活动。

基本格式

原文	提示
楼盘销售策划案 一、前　言 2009 年杭州房地产市场火爆，很多区域板块也开始发展成熟，该策划主要对杭州丁桥板块的区域、规划、土地出让等介绍，对住宅供求和目前丁桥在建项目三盛·颐景园楼盘进行解读，并通过机会分析、战略分析等对潜在客户进行分析，最后提出相关营销推广方案及丁桥房地产市场的发展前景。 二、概要提示 三盛·颐景园位居杭城东北丁桥新城，属于杭城十公里生活圈，是丁桥居住区最好的地块，紧邻商业中心区。 融中西建筑之文化精髓，开启现代家居园林之先河，倡导家居园林的美好构想。项目占地面积 38000 平方米，建筑面积 105000 平方米，坐拥新城 CLD 核心资源，周边配套设施完善，交通、医疗、金融、教育、旅游等尽囊其中。 灵韵园林，素质人居，丁桥颐景园仿苏州园林的设计理念，紧依大农港河，天然碧水，十幢高层住宅有机集合营造和谐品质人居。别出心裁的设计，鸟语花香鱼相戏，果树林木草青青，营造“园林深处有人家”的温馨氛围，打造都市素质人居。	基本情况体现规模实力。

三、市场分析

1. 杭州房地产市场分析

2009年，是21世纪以来杭州经济发展最为困难的一年，面对百年不遇国际金融危机的严重冲击和极其复杂的国内外形势，全市人民在市委、市政府的正确领导下，以科学发展观为统领，全力保增长、扩内需、调结构、增活力、重民生、抓稳定，各项工作取得了明显成效，经济实现稳步回升，社会事业协调发展，现代产业体系建设迈出新步伐，市域网络化大都市建设加快推进，市民生活品质进一步提高。

据抽样调查，市区城镇居民人均可支配收入26864元，比上年增长11.5%。人均生活消费性支出18595元，比上年增长11.2%，恩格尔系数（食品占消费支出比重）由上年的38.3%下降至37.5%；全市农村居民人均纯收入11822元，比上年增长10.6%；人均生活消费性支出9065元，增长7.3%。恩格尔系数由上年的35.9%下降至33.8%。

项目的其他情况介绍尽显项目的优势和美好前景，得天独厚。

（1）房地产发展状况

杭州市房地产稳步发展，为我市经济社会发展做出了重要贡献。2009年全市完成房地产开发投资704.68亿元，比上年增长14.5%。房屋施工面积5121.49万平方米，比上年增长2.7%；竣工面积763.95万平方米，下降25.9%。全年商品房销售面积1441.18万平方米，比上年增长86.0%，其中住宅销售1300.99万平方米，增长92.2%。市区公开销售经济适用房7002套，建筑面积50.09万平方米。

房地产开发投资快速增长，成为固定资产投资增长的主导力量。在整体上能保持持续、稳定增长，并且占全社会固定资产投资的比重过半。

而且房地产市场也日趋成熟。商品住宅成为住宅供应的主渠道，个人购房成为商品住宅消费主体；商品房空置面积趋于合理，空置率不断下降；商品住宅价格近五年呈上降趋势。

（2）土地出让情况

……

2. 丁桥区域房地产市场分析

（1）区域城市规划

浙江省杭州市江干区丁桥镇位于杭州市郊东北部，距市中心10公里，是一个新兴的私营经济发展基地、杭城重要的副食品供应基地和重要的风景旅游开发区域。该镇东接天都娱乐城，与余杭区星桥街道为界；西连下城区科技经济园，与石桥镇为界；南至大石一级公路，与市区和绕城公路相连；北部是著名的皋亭山、黄鹤山风景区，总面积15.5平方公里。全镇辖10个行政村，1个居民区，1个市级开发区——杭州私营经济园区；2005年统计总人口2.5万，其中常住人口1.18万。

场定位明确，针对性强。

丁桥镇素以粮、麻、茶、水果为主业，是改革开放的春风，吹开了丁桥诚招天下客的大气。经过多年的努力，至2005年，一个私营企业创业发展的基地——杭州私营经济园区已初具规模并全力拓展开发，上百家来自省内外的私营企业在这里兴旺发达，海通木业、阿思家羽绒、祝强医疗设备、西林链条等企业从这里走出国门，走向世界，成为丁桥建经济大镇的支柱；随着大杭州城区发展的构想和都市农业的发展趋势，花卉、珍禽、特种水产养殖正逐步取代传统农业，森禾花卉、三雄种苗、建塘水产、同协食用珍禽等省、市农业示范园从小到大，以其强劲的辐射力迅速推进了丁桥农业产业结构的调整步伐。丁桥集镇综合开发规划的制订和实施，使丁桥现代城镇建设目标由蓝图变为现实；以龙居寺景区开发为龙头，黄鹤山、皋亭山风景旅游资源的开发已列入了杭州市的总体发展规划，杭州"东南佛角"即将重现其间。

丁桥大型居住区建成后将是一个居住人口达 40 万人，功能完备的大型现代化居住区。

（2）房地产开发现状

区域想要发展，教育配套不容忽视。区域规划设置 36 班中学两所、36 班小学四所，12 班幼儿园七所。通过与名校整合办学的教育发展方针，进一步提高师资水平，提升教育质量，教育配套的各个项目正在紧张建设中，杭师院附属丁兰学校，已于 2006 年下半年交付使用。

随着今明两年区域内将有大量经济适用房小区陆续交付，丁桥的居住氛围也越发浓重了。政府各项配套设施的跟进，秋石快速路、留石快速路等快速路的开通，将缩短该板块和市区之间的距离。

无可争议，丁桥板块依托政府打造城市中央居住区的战略，将逐渐建设成为设施齐全、交通便捷、环境优美、功能完善的现代化新城区。

（3）市场走势研判

随着以广宇集团为头炮的一批品牌开发商的进驻，把丁桥迅速推到了购房者眼前。可以说，在目前以武林广场为圆心的 10 公里主城区圈内，隶属江干区的丁桥，则属于明显的房价低洼地。

2007 年 7 月 25 日，丁桥 36 号住宅用地的出让，正式拉开了丁桥板块商品房买卖的序幕。最终广宇集团以总价 49800 万元竞得，楼面价约为 4241 元/平方米。

考虑广告宣传的面广、力度大、触角深入，十分周到。

2008 年初，新源·元都新景开盘均价为 7380 元/平方米，给当时丁桥板块的商品房销售起到标杆作用。

随后在 2008 年末开盘的是广宇·上东城。受市场波动的影响，开盘价格定在 7300 多元/平方米。前景看好的丁桥，7000 余元/平方米的价格依旧在同等价格的在售板块中显示出较强的竞争力，所以上东城一开盘即受到购房者的热捧。

策划的销售模式多样，为争取不同的消费者都设计了方案。

2009 年，随着"小阳春"掀起的新一股购房热，彻底炒热了丁桥。

今年 5 月初，竞得 39 号地块的天阳·观筑首次开盘即以 6900 元/平方米的均价对外发售，而联合·格里将于下半年正式开盘，丁桥板块的居住区，即将逐渐形成，丁桥的居住价值也正在被越来越多的购房者肯定。

……

行动方案控制

项目规模及开发进度

项目占地面积 38000 平方米，建筑面积 105000 平方米。

四、销售策略

根据本案的产品定位、市场定位、客户群定位，经慎重推敲，随同销售周期安排，制定了全程策划的节奏安排，以求有效快速地消化本案，将独特的 USP 安排到各个环节中，由若干个策划个案整合为全程方案。通过前面的论述，我们发现本案的市场已经细分，并已选择了目标市场下一步我们应该针对目标市场进行有效的策略实施，整个过程中遵循差异化策略、周期性策略及组合的策略。

具体的销售环节面面俱到，不留死角。并且非常细致，操作性强。

1．原则

准现房销售原则。面对越来越成熟的客户，仅凭一张图纸和精美的印刷品就把期房卖掉的时代早已过去了，众多入住纠纷，致使客户对期房越来越没有信心。因而为了增加客户对项目的信心，同时也为了缩短销售期，降低销售费用，我们要遵循准现房销售原则。

服务营销原则。概念营销逐渐被服务营销所替代，通过售前服务、售中服务、售后服务，充分为客户提供各种方便的新营销模式日益被消费者认可。

2．推出时机

丁桥市场入住纠纷越演越烈，越来越多的客户对期房产生反感，根据准现房销售原则，我们认为开盘时间应在项目具备一定的工程形象进度（今年 6 月 22 日左右）。

3．推出方式

为取得预期的目标，我们要严格进行销售控制。在项目推出时，首先推出南侧一至部分三居的物业进行销售。其目的一是进行市场试探，以便及时调整销售策略；二是便于控制项目整体均价。

4．销售步骤安排

（1）内部认购期

目的：预热期，主要通过硬性广告配以软性文章在报刊媒体上进行形象宣传，向市场导入本案个性特征，吸引市场注意力并通过内部认购价试探市场，确定产品价格定位的准确程度。亦可获得部分买家先期下定，为开盘引爆市场积累客源。

市场情形：近年，住宅市场由于竞争激烈、促销方式繁多，各发展商一方面为了摸清市场情况，一方面为提前将产品导入市场，往往在各销售前准备工作未完全完成前便开始内部认购。且有愈拉愈长之势。通过长阶段的内部认购动作，使其项目开盘前积累了大批意向买家，为其开盘火爆成功奠定了基础。

而本案存在其特殊性，拖延时间就等于金钱的浪费，所以销售时机不容错过，内部认购期时间会较短，但有利有弊，利处是不会因为战线拉得过长，而损失一部分意向客户，弊处是个别客户的仓促下定，会导致后期的退房。

（2）开盘期

目的：项目全面向市场展现，主要通过主流媒体以强大的宣传攻势，使其成为当期市场阶段的中心点，以最短的时间内吸引尽可能多的买家成交，通常开盘期的销售状况决定着此项目的成功与否。

市场情形：市场中各项目开盘方式不一，主要分为：展会开盘，利用当月一次房展会亮相，现场开盘，利用自身销售中心样板间全面开放，现场举办抽奖、酒会等促销活动。

项目开盘时，与之配合的一切销售工具应该完全准备到位，包括样板间，楼书，沙盘等。媒体宣传除主流报纸外：电视、广播、杂志应多方位出击。

（3）强销期

……

（4）持续期

……

（5）收盘期：

……

5．预计销售周期

预计15个月的销售周期，2011年年末售完。

案前准备期：2010年4月—2010年5月。

内部认购期：2010年6月。

开盘销售期：（国贸秋展）2010年7月—2010年9月。

强销攻击期：2010年10月—2011年2月。

持续攻击期：2011年3月—2011年5月。

收盘期：2011年6月—2011年7月。

以上销售周期的预计时间为15个月。

6．销售计划

按照均价7000元/平米计算。实现总销售额10.9个亿。

第六节　建筑工程策划书

一、基本知识

“策划”就是利用已有的信息资源对某一事情进行筹划、谋划，从而确定最佳资源配置方案和行动方案，由此而形成的书面文书即为策划书。

“策划”是一个复杂而完整的思维活动过程，包括推测和决策两大思维步骤。首先，策划人运用已知的信息资源对行为的趋势和结果等进行科学的推演和预测，即推测；其次，策划人对推测出的各种行为措施、行为方案进行优选，确定最佳行动方案，即决策。任何一项策划都是“大胆设想，小心求证”的过程。

策划书可作如下分类：

（一）从被策划对象的时间长短来分

从被策划对象的时间长短来分，可以将策划分为战略性策划和战术性策划。战略性策划就是对某件事情在今后一个较长时期内的总体谋划，即“今后做什么，如何做”；战术性策划就是对眼下的事情具体做的及时谋划，即“眼下做什么，如何做，何时、何地采用何种方法去做”。

（二）从策划的对象来分

从策划的对象来分，可以将策划分为广告策划、营销策划、公关策划、专题活动策划等。这些策划常常被广泛应用于建筑领域，如房地产广告策划、楼盘营销策划、建筑工程奠基仪式活动策划等。

二、写作格式

策划书种类繁多，写作形式也灵活多样，但无论哪种形式，基本上不外乎以下方面的内容：

（一）封面

策划书的封面应有三个信息：①策划书的名称，如“XXX 楼盘销售策划书”“XXX 工程奠基活动策划书”，名称应简单明确；②策划人，包括策划人单位、职务、姓名，或者小组名称、小组的负责人及成员姓名等；③日期，包括策划书完成的日期和策划书适用的日期。

（二）前言

前言就是对策划书作一个简明扼要的说明，让人对整个策划活动有一个大致的了解。它主要从策划的对象和目的、策划的过程和创意、策划的期望效果、达到效果的方案、策划的费用等方面作简单的介绍。

（三）目录

目录是提取情报必不可少的检索系统，通过编写目录可以检查策划书的结构是否合理。

（四）宗旨

宗旨部分主要介绍策划的主要目的和意图。

（五）内容

这是策划书的重点部分。在编写策划书时，大致从以下方面进行：

（1）策划对象简介；

（2）策划对象的市场定位（通过分析得出）；

（3）达到策划目的的指导计划；

（4）实现策划目的的运作模式；

（5）完成策划的监控手段；

（6）具体工作内容及要求（包括实施的时间、地点、人员安排、物质配备等）；

（7）预算（常用表格的形式列出各种花费）。

三、写作要求

（1）全面收集信息资源，进行理性的分析和推测，并作出最佳的判断，初步形成决策。

（2）确定策划的主题，即主题要明确。

（3）选择恰当的时机，确定适当的规模。

（4）组织要周密，计划要详尽，不可有空当或遗漏等缺陷。

（5）策划“点子”要新颖，但应符合大众心理。

基本格式

原文	提示
×××项目开工奠基仪式活动方案 一、目的 （1）体现招商引资，共谋发展的丰硕成果； （2）政企合作，高规格建设新城，提高全市公众建设淮上的信心； （3）宣传展示投资企业实力； （4）促进商务交流，提升蚌埠知名度、美誉度和影响力； （5）聚集人气，展现蚌埠义乌国际商贸城的巨大前景，确立蚌埠义乌国际商贸城的公众形象，提高知名度。 二、主题 扬帆起航，再塑珠城市场新辉煌 三、名称 ×××开工奠基典礼 四、时间 2012年9月24—25日 五、地点 2012年9月24日：×××大酒店 贵宾楼会议室。 2012年9月25日：西项目所在地块。 六、主办、承办单位 主办单位：中共××市委、××市人民政府 承办单位：中共××区委、××区人民政府、××××××有限公司 七、活动内容 1．专题新闻发布会 时间：9月24日15:30 地点：××大酒店 贵宾楼会议室 主要内容：由市政府专题召开蚌项目建设新闻发布会，对项目情况进行主题发布，并对配套设施建设、市场规划布局、业态整合及市场培育、发展等进行推介宣传。 建议：（1）由市政府秘书长主持； （2）市领导对项目进行主题发布； （3）区领导介绍项目配套基础设施、环境等情况； （4）市商务局领导介绍市场规划布局、业态整合等情况； （5）公司介绍商贸城主体市场培育、管理等情况。 新闻发布会建议邀请日报社、广播电视台、新浪、搜狐网站等新闻媒体记者参加。 2．区委、区政府招待晚宴	开门见山，明确提出活动目的，提纲挈领。 活动安排细致入微，易于操作，给具体的办事人员指明了方向、方法。活动流程有条不紊，人员布置合理。

（1）市委、市政府领导接见浙江客商代表

时间：9月24日17:30

地点：锦江大酒店锦江厅

会见结束后，市领导与客商代表一同就餐。

（2）招待晚宴

时间：9月24日18:00

地点：锦江大酒店淮河礼堂

主持人：区长××

区委书记××致欢迎辞。

3．奠基典礼

时间：9月25日上午10:18

地点：淮上区淮上大道北侧、延安路延伸以东、物流路以西项目所在地块

方案一、主持：代市长×××

主要议程：（1）××公司董事长××致辞；

（2）区书记讲话；

（3）浙江市场协会领导讲话；

（4）市委书记讲话；

（5）副省长宣布开工；

（6）领导培土奠基。

方案二、主持：区长

主要议程：（1）公司董事长致辞；

（2）区书记宋长士讲话；

（3）浙江市场协会领导讲话；

（4）代市长讲话；

（5）市委书记宣布开工；

（6）市四大班子领导启动开工仪式；

（7）领导培土奠基。

4．公司答谢午宴

时间：9月25日12:00

地点：瑞豪大酒店

主持人：总经理

董事长致答谢词。

八、组织机构及职责

区政府成立典礼筹备小组，区委书记宋长士任组长，区长洪斌任第一副组长，冯中元、高健清、钱厉、李欣、王书华、徐杰、史新涛、杨维星任副组长，领导小组下设办公室，王书华任办公室主任。领导小组下设六个工作组。

1．综合协调组

组　长：冯中元

总的说来，该工程仪式方案面面俱到，非常精准细心，可行性强，执行便利。

副组长：王书华　杨维星

成　员：李建明　贾奇芳　王飞轮　杨清泉　张连伟　唐爱芹　周礼坤

具体职责：

（1）负责统筹活动方案的实施；

（2）负责协调各小组之间工作配合；

（3）负责活动场所周边市容环境美化、亮化、整治工作；

（4）负责突发事件的应急处理。

2．秘书组

组　长：徐　杰

成　员：贾伟忠　刘　平　左　佑　吴大传　周翠丽　杨柏乐　朱　明　赵玲玲　柴水根

具体职责：

（1）活动的策划、组织工作；

（2）活动中有关文、函、电的起草、审核、印发；

（3）代拟领导讲话稿；

（4）负责通知区四大班子领导及副科级以上领导干部参加开工仪式。

3．会务组

组　长：史新涛

成　员：方　晓　徐　辉　张如联　蒋丽丽　崔松辈　沈艳芳　何志松　王海燕

具体职责：

（1）负责制定接待指南和接待方案并组织实施；

（2）有关宣传资料、纪念品、请柬、各种证件等准备、采购、制作；

（3）来宾签到，礼品发放，防晒、防雨物品准备，贵宾、嘉宾休息室水果等准备；

（4）负责上级领导及重要嘉宾接待工作；

（5）做好市直部门、兄弟县区来宾对口接待工作；

（6）负责车辆调度、食宿安排及来宾引导、服务等相关工作；

（7）负责代订邀请嘉宾返程票务工作；

（8）负责活动期间的食品卫生安全工作。

4．安保组

组　长：李　欣

成　员：鲍佳淳　任长稳　刘胜祥　金桂荣　华维银　马怀洪　王树盛　徐春晖

具体职责：

（1）负责活动场所治安环境、道路交通环境的有序运行工作；

（2）负责活动场所的安全保卫工作；

（3）负责活动期间的消防安全工作；

（4）负责活动期间的医疗、卫生保障工作；

（5）负责活动期间气象预报及应急保障工作。

5．宣传组

组　长：钱　历

成　员：凌　军　吴同奎　张先好　朱志军　陈元非

具体职责：

（1）负责制定整体宣传工作方案并组织实施；

（2）负责组织新闻发布会；

（3）负责邀请省新闻媒体；

（4）负责宣传短片、宣传册的制作；

（5）负责整体氛围的营造，户外广告制作，宣传标语、口号、广告用语的确定，宣传稿件的审查。

6．工程组

组　长：高健清

成　员：何廷庆　吴　庆　莫云雄　金和平　丁　汀

具体职责：

（1）负责活动现场场地平整；

（2）负责活动现场围墙拆安；

（3）负责现场施工单位人员、机械组织等工作；

（4）负责活动期间供电保障和通信保障等工作。

（5）负责广告公司现场布置协调工作。

九、嘉宾邀请

（1）分管副省长，省发改委、省商务厅、省工商局、省质监局、省旅游局、省海关、省消防总队、省工商联领导；

（2）市四大班子主要领导及分管领导；

（3）市直相关部门领导；

（4）蚌埠市三县五区领导；

（5）淮上区四大班子领导、副科级以上干部；

（6）蚌埠各知名企业、各规模市场和各行业协会负责人；

（7）外驻皖、蚌各商会负责人；

（8）项目所在地镇、村领导；

（9）浙江市场协会，义乌市及有关镇、街和部门领导，义乌中国小商品城、义乌市各行业协会负责人，外驻义乌各商会负责人；

（10）国内各知名市场（商贸城）负责人；

（11）安徽省、蚌埠市广播电视台、报社、著名网站等新闻媒体记者。

预计总邀请人数 1000 人，请柬、邀请函由筹备组统一印制，各牵头邀请单位负责具体落实。

十、活动具体安排

详见附表。

十一、需要市政府协调解决的问题

（1）市政府适时召开开工仪式筹备会议；

（2）邀请省政府领导参加开工仪式；

（3）市直部门对口邀请接待省直部门领导。

日　期	时　间	主要活动	地　点	出席人员
9月24日	全天	报　到	各宾馆、酒店	全体人员
	15:30 | 16:30	新闻发布会 主　持：市领导 主题发布：市领导 答记者问：区领导、商务局、中恒公司	锦江大酒店贵宾楼会议室	市、区领导、 市商务局、 中恒公司、 省、市著名网站等新闻媒体记者
	17:30 | 17:50	市领导会见重要来宾	锦江大酒店 锦江厅	市领导、 客商代表
	18:00 | 19:30	区委、区政府招待宴会 主　持：洪斌区长 致　词：宋长士书记	锦江大酒店 淮河礼堂	各级领导、 受邀嘉宾
9月25日	8:30 | 11:30	蚌埠义乌国际商贸城 开工奠基典礼	义乌商贸城 项目区	各级领导、 全体来宾
	11:50 | 13:30	答谢午宴 主　持：何廷庆总经理 致　词：杨维星董事长	瑞豪大酒店	各级领导、 全体来宾
	14:00 | 17:40	参观考察 部分来宾返程	待定	有关领导、 有关嘉宾
	18:00 | 19:30	晚餐	各住宿地	有关领导、 有关嘉宾
9月26日	上午	来宾返程		全体来宾

课后练习

一、简答题

1. 招投标书和招投标文件有什么区别？
2. 招标书在什么情况下要写送往单位名称？
3. 拟写项目评估报告要具备怎样的前提？

4. 项目评估报告与可行性研究报告有怎样的内在联系？

5. 房地营销产策划书和建筑工程策划书包含哪些内容？

二、判断题

1. 投标书标题的结构必须由投标方、投标目标、事由、文种四部分组成。(　　)

2. 可行性研究报告既可在事前撰写，也可以在事中事后调整和补写。(　　)

3. 项目评估报告以定量分析为主，不作定性分析。(　　)

4. 房地产营销策划实际上就是要会忽悠，让购房者不自觉上当（　　）

三、综合题

1. 某大学拟建教学辅助用房，学校基建办准备用公开招标的形式进行招标。请为其起草一份资格预审公告和资格预审合格通知书。(有关规定自拟)

2. 某建筑单位对上述招标作出响应，并编制好了投标文件，请为其起草一份报标函。

3. 根据下列材料，以××市轻工业商品贸易大厦筹备处的名义写一份工程设计招标书。(有关内容可以自行补充)

经上级批准，准备新建轻工商品贸易中心大厦。其建筑面积为 30 000 m^2，楼高 20 层，建筑地点在××区××路中段，要求由具有必要的设计条件和成功的设计过类似项目的甲级设计单位设计。有欲投标者应于 2018 年 7 月 20 日前到××市轻工业商品贸易大厦筹备处面洽。联系人为轻工招待所 105 房间的×先生，联系电话为××××-××××××××

4. 请分析，下面两篇例文是属于项目评估报告，还是可行性研究报告，并进行适当的修改和调整，包括段落和标点符号，使其成为规范的文件。

例文 1：

××市社会保障局新产品开发项目评估报告

一、项目开发背景

为加强行政、事业单位的财政资金归口管理，中国农业银行××市支行在上级行的指导帮助下，实行上下联动公关，大力拓展机构类法人大客户，经××市委、市政府多次协调研究，决定于二〇一八年四月一日正式启动运行社保工作，将养老、医疗、失业、工伤、生育五大保险全部纳入该局核算，对这些资金进行集中管理，有利于社会的保障与稳定，更有利于公共财政体系的建设，新成立的××市社保局因涉及的单位与个人较多，资金规模较为可观而成为各家金融机构的竞争热点，农行××市支行在上级行的大力帮助下，在本行领导的亲自公关下，争取到了××市委、市政府的同意，将该局的所有账户开设在我行，从而赢得了项目的合作权。

二、项目基本情况

(一) ××市社保局的管理范围

××市社保局是××市财政局下属的二级局，负责对××市所有行政、企事业单位的养老、医疗、失业、工伤、生育实施集中核算、集中计发，并为每一统管单位建立内部账户，分户核算管理。

(二) 集中资金的范围和预测资金量

××市社保局只在一家国有商业银行开设一个银行存款账户，集中核算单位、个人的养老金、医疗金等资金均要纳入一家银行的账户内进行统一管理，且由代理银行统一代发。其集中养老金、医疗金、失业金等资金流量约 500 万元，留存金融部门资金月均 300 万元；代发单位、个人“三金”，总人数为 5000 人，“三金”支出总额为 500 万元，留存金融部门资金逐月累计年末可望达

1500 万～2000 万元。

（三）项目建设安排

××市社保局计划把县级行政、企事业单位一次性集中启动，所有前期工伤均已到位，现仅欠一部分办公设备（附后表）。

三、农行争取社保局账户的重要性

近几年，虽然我行存款总量与增量的市场份额均在本地区金融同业排名第一，但是我行经营资金超负荷运转的状况仍然没有得到根本解决，组织存款工伤仍是我行的工作中心与重点，作为经济不发达的××市来说，财政性存款及行业系统资金在市场存款总量中占着十分重要和举足轻重的作用，因此，争取××县社保局账户对于我行组织存款、带动中间业务的发展具有长远的重要意义。

（一）缓解存贷比例高、资金负荷重的矛盾

截至 2017 年末，我行各项贷款总额××亿元，各项存款总额仅×××亿元，贷差××亿元，存贷比例达××%，向上级行借款××亿元，因存款组织不足，每年均向上级行借款，严重制约我行扭亏与消化历史包袱的进程。

（二）保住存款市场份额并有效拉动存款增长

因地区经济落后及国有企业单位改革，公司客户除烟草行业外已屈指可数，较好的电信、移动因财务一体化实行收支两条线管理后滞留地区存款较少，企业存款难以有效增长，而今年我行储蓄、机构存款增长××亿元，占我行存款增量的××%，因此，社保局账户及代发“三金”业务能拉动我行储蓄、机构存款的稳定增长。否则，丢掉这一关键账户就意味我行失去一个大系统客户。

（三）改变账户归属的历史原因造成我行机构客户存款有效增长不足的现状

因计划经济体制下国家专业银行按行业分工及抓住 20 世纪 80 年代账户清理的商机，导致我行占有的行政事业、机关团体客户账户市场份额低的现状，严重制约机构存款的有效增长，现在如果能将该客户揽入我行，将是一大商机。

项目投资概算如下。

项目预计总投资××××万元，我行投资×××万元，其中：

1. 建立社保缴费大厅，内设养老保险缴费处、医疗保险缴费处、工伤保险缴费外、生育保险强调指出费处。缴费大厅面积 150～200 平方米，需费用 13.5 万元；
2. 购置办公桌椅 11 套，需费用 0.8 万元；
3. 购置计算机设备 10 台，需费用 5 万元；
4. 购买公务车一辆，需费用 6-8 万元；
5. 购置笔记本电脑 1 台，需费用 1.5 万元；
6. 购置激光扫描复印机 1 台，需费用 1.5 万元；
7. 购置立式空调 2 台、挂式空调 5 台、电炉 20 个，需费用 3 万元；
8. 购置传真机 5 台，需费用 0.8 万元。

四、投资回收分析

从 2018 年开始我行在项目上可获得的收益为：第一年××万元，第二年××万元，第三年×××万元，项目前三年累计可以实现收益×××万元，项目总投资为×××万元，说明项目在三年内可以收回投资成本。

五、项目风险性分析

通过评估测算，该项目总投资为×××万元，从项目带来的存款效益预测，我行投入资金的收回期是×年，而我行与××市社保局签订的合作协议期限是 20 年，说明该项目的搞风险能力较强，风险较低。随着合作时间的不断增加，银企的合作关系将进一步增强，资金的集中力度和规模将逐年增加，农行在项目存款量增加的同时，经营利润也将不断扩大。长期稳定的合作关系为投入资金的安全性收回提供了可靠保障。

六、结论及建议

随着我国系统资金管理制度改革的进一步深入和不断完善，社保系统资金统一管理的力度和范围将逐步扩大，农行与当地社保部门建立长期、稳定、友好的合作关系，有利于农行机构类存款业务的稳定、快速发展，社保的低成本存款资金的注入，有利于我行增加资金实力，对我行以后的发展有着十分重要的作用和深远的意义。

项目的开发成功，使农行在××市树立了良好的社会形象，提升了农行在该市的经营地位和知名度，为我行以后的发展奠定了坚实的基础。

项目的开发成功，为我选择经营和发展注入了新的血液，拓宽了我行的发展渠道，对我行在××市长期、稳定发展具有重要的作用。第一，开辟了一条稳定的存款来源渠道，可以促进我行储蓄存款的稳步上升；第二，可以带动我行机构类信贷资产的投入，增加事业类优良客户的市场份额，促进我行有效信贷资产的提高，为实现经营利润打下良好基础；第三，增加了优良个人客户群体，可以拉动我行个人消费信贷的有效增长；第四，行政、事业单位代收、代付等中间业务较多，为我行以后发展中间业务提供了一个广阔的空间；第五，可以降低我行对机构业务分散公关的费用，减少客户开发成本；第六，可以促进我行业务经营的好转，为实现最终经营盈利打下基础。

通过评估分析，我行认为开发××市社保合作项目，是十分必要的，这对我行以后的发展有着十分重要的现实意义。项目的投入可以在短期内收回，项目效益较好，切实可行，为使此项工作得以顺利实施，并达到预期的目的，建议上级行开发××市社保项目，特报二级分行审批。

中国农业银行××市支行

二〇一八年二月十五日

例文 2：

义乌小商品配送中心项目评估报告

一、创业项目概况

义乌小商品物美价廉，现已遍布大小超市和千家万户，深受老百姓的喜爱！但由于距离义乌路途较远，乡镇或农村超市只能去省、市批发商那里进货，不仅要承受层层加价，还费时费力。这就给有志创业青年提供了一个难得的创业机会。创业协会可帮扶创业者成立一个义乌小商品配送中心，每月将其需要的小商品直接从义乌发过来，价格均为义乌批发价，由小商品配送中心配送到乡镇或各村超市。用配送上门的方式，比商户自己去义乌进货的价格还要低。可以说，只要占领全乡镇小商品市场，就能赚取可观利润，实现创业梦想！

二、项目市场评估

（一）项目优势分析

（1）风险小、无竞争。风险小是本项目的关键，尤其适合没有太多资金的青年创业。因为小商品全是义乌批发价，假如有一天不想做此项目了，可以把小商品以义乌的批发价配送给各超市，至少能保证收回成本。而且小商品类没有保持期、有效期等限制。另外，创业协会为优化创业环境、避免恶性竞争，各县（市）每个分类商品或各乡镇只帮扶一人成立义乌小商品配送中心，所以，在一定的配送区域内没有人会用同样的模式竞争。

（2）投资少、见效快。小商品配送项目的投资额度可根据个人经济实力量力而行，3 万-5 万元均可操作，为节省经营成本，也可以无店铺经营，只要有仓库就可以实施。另外，从义乌把小商品发过来以后，只要能以低成本的价格优势配送给县（市）或乡镇、农村超市马上就能赚取利润，不需要漫长的市场培育期。

（3）市场需求非常稳定，经营成本低。众所周知，诸如学生用品类、儿童玩具类、饰品挂件类、塑料制品类、餐具厨具类、五金工具类、日常用品类、常用电器类等小商品都是居家必需品，一年四季家家户户都需要，所以市场需求非常稳定。只要用心维护好自己的配送网络，不管刮风下雨，超市都能为你赚钱。本项目可以无店铺经营，与小商品批发市场相比，你可以节省房租费、税费、水电费和员工工资等费用，无形中就降低了经营成本，增加了价格竞争力。

（二）项目劣势分析

（1）项目小、利润较薄。创业青年首先要明白的是，义乌小商品配送中心不是一个大项目，不像办公司和开工厂。另外，本项目也不是暴利项目，只能靠自己的努力把量做上去才能赚取利润，没有捷径，也没有可以投机的机会。这也是义乌人能把小商品做强做大的最聪明也是最笨的经营之道。什么才是好的创业项目？只有适合自己的才是好项目，否则，再好的项目对自己来说也不是好项目。切记，认不清自己是大多数创业青年失败的主要原因。

（2）品种多，需要耐心。日用百货小商品有上千种之多，需要创业青年有耐心，不怕麻烦。

（三）市场需求分析

××市目前有三个小商品批发市场，分别是红河、中环和美丽华小商品批发市场。市场内 30% 的小商品是从义乌批发，70%的小商品是从×××市批发，××地区的其他超市再从这三个市场批发，据 2009 年的不完全统计数据显示，三个批发市场每天的销售总额可达 225 万元。那么这 225 万元就是××地区每天的小商品需求量。其中××市区占 35 万元，林州市区占 20 万元，内黄县城占 15 万元，汤阴县城占 15 万元，滑县县城占 20 万元，五个县（市）的小商品消费总量共计 105 万元。每个乡镇每天的小商品需求量是多少呢？我们先来看一下××市小商品批发市场的覆盖范围。安阳县的 21 个乡镇、林州市的 16 个乡镇、汤阴县的 10 个乡镇、内黄县的 8 个乡镇和四个区内的 5 个乡镇，共计 60 个乡镇。其中内黄和滑县以东的乡镇是去濮阳批发小商品，滑县以南的乡镇是去郑州批发小商品。分析表明，每个乡镇每天的小商品需求量是 2 万元左右，那么每月的需求量就是 60 万元左右。你的配送中心如果能占全县（市）或乡镇小商品消费量的 20%的份额就足够了。

三、项目财务分析

（1）投资总额：3 万～5 万元。

（2）资金使用：仓库租金 0.1 万元/月（仓库面积需要 30 平方米左右），进货费用 3 万～5 万元。

创业协会为帮扶青年成功创业，一般情况下一个大乡镇加一个小乡镇为一个配送区域。每两个乡镇区域内约有 60 家超市，每个超市每天的平均进货量按 100 元计算，那么每天的配送量可以达到6000元，每月的配送量就是18万元，按照15%的利润率计算，每月的得毛利润可达2.7万元。因为每个乡镇和每个人的实际情况不一样，所以每个配送中心的净利润会有所不同。每个县（市）的超市数量比一个乡镇的超市多很多，而且也比较集中，配送起来比较方便、快捷，配送成本相对较低。每个分类商品如果能在每个县（市）占有20%的市场份额，就是一个非常可观的数字。

四、协会帮扶措施

创业协会为帮扶各乡镇配送中心顺利实施和健康发展，特在××创业网上搭建了专门的小商品发布平台，并在义乌设立了办事处。办事处安排有两名工作人员，工作人员将定期在××创业网上发布义乌市场适合××地区配送的小商品实物图片和视频，并同时发布义乌市场当月的批发价，供各配送中心按需选择。另外，办事处在义乌还要帮助各配送中心统一组织货源和物流。协会在安阳安排三名工作人员，为各乡镇配送中心提供：①当小商品从义乌物流到××市后，由协会工作人员协助其再把小商品物流到各县（市）或乡镇；②调换上月确有质量问题的小商品；③统计各配送中心下月需要订购的小商品；④协调需要调换给其他配送中心的小商品；⑤分析各配送中心的配送情况并指导其开展工作等和扶服务。

五、项目的前瞻性

创业协会帮扶青年做小商品配送项目只是第一步，随着县（市）或农村生活水平的提高和各县（市）或乡镇配送中心的不断成熟，要逐步把义乌适合在××地区配送的物美价廉的种类商品，通过配送中心形成农村终端市场与义乌批发市场的直通。

六、项目风险及对策

（1）市场方面：同类产品市场的服务竞争、价格恶意竞争等因素会影响制约配送中心的预期目标。要不断加强宣传和与超市沟通，提高信誉度和竞争力，从而建立稳定的配送网络。

（2）环境方面：配竞达 中心所处的地理位置，道路顺畅与否直接影响小商品的配送量，所以要学会不断观察，及时调整配送策略，扬长避短。

（3）运作方面：配送中心的服务、配送是否及时与超市之间的关系等，是影响是否能够达到良性循环的主要因素，所以在配送过程中要做到服务好、配送及时经常与各超市做好交流和沟通。

5. 根据以下资料，撰写一份“华润凤凰城”楼盘的营销策划书。

楼盘基本情况如下。

占地面积：404 280 m^2。

建筑面积：700 000 m^2。

开发商：华润置地（成都）实业有限公司。

物业管理公司：华润置地（成都）物业服务有限公司。

景观设计单位：易道环境规划设计有限公司。

建筑设计单位：上海日清建筑设计有限公司。

整合推广公司：CD 主意会（深圳）广告。

按揭银行：中国工商银行，中国农业银行，招商银行，中信银行。

产权年限：70 年

户数：总户数 1 481 户，当期户数 1 481 户。

楼盘简介：华润凤凰城位于成都市高新南区大源组团花荫村，天府大道西侧约 800 m，绕城高速南侧约 1 000 m。项目临近 15 万 m^2 伊藤中国旗舰店及商业购物中心、18 万 m^2 城市中央双公园、高新区直属幼儿园和小学、成都七中、地铁一号线起始站、天府歌剧院、天堂鸟海洋乐园。

2016 年，华润凤凰城推出【玺岸】180～236 m^2 和 6 m^2 大厅决策层公园官邸、【御岭】110～190m^2 城南中央公园大宅、【铭座】56 m^2 全能舒享公寓，三大产品线。

华润凤凰城采用全点式围合布局，紧邻千米双溪四岸、3 万 m^2 湿地艺术公园、15 万 m^2 城市中央公园。

华润凤凰城项目拥有西南首条百米长的蓝花植大道，成都首家 1 600 m^2 私人击剑主题会馆，和由 100%意大利进口石材采用顶级干挂工艺营造的超豪华大堂；由室内恒温泳池、蓝宝石景观泳池组成的奢华双泳池体系等。

周边配套：商场有伊藤中国旗舰店、复地商业广场、欧尚宜家、苏宁环球广场等。

教育：成都七中，川大科技园，高新区直属幼儿园小学，美视国际学校。

医院：市一医院，宋庆龄儿童医院、巴伐利亚医院，华西口腔医院。

银行：建设银行、工商银行、农业银行等。

其他 18 万 m^2 双公园、农贸市场露天+室内双泳池、击剑馆、三大露天球场、茶社、健身房、社区超市、多功能餐厅、家庭 KTV 包间。

交通情况：离地铁一号线 1 000 m、通 26，801，815 路公交。

停车位：1 300 多个。

四、实训题

针对某单位的计划修建工程，请写一份可行性研究报告。

第六章 财经宣传类应用文

学习目标：

（1）了解财经宣传文书的概念、特点和作用。

（2）掌握消息、通讯、商业广告的特点、种类、结构和写法。

（3）学会撰写消息、通讯、商业广告。

财经宣传文书是借助各种传媒向社会和公众传播财经领域有关生产、经营、管理信息的文体，是财经领域传播、交流信息的工具，包括财经消息、财经通讯和财经广告。财经宣传文书对财经状况进行高质量、持之以恒的报告和评析，以及对商品、服务和企业的宣传，对经济快速发展起到了不可低估的作用。

第一节 财经消息

一、文体知识

（一）财经消息的概念

财经消息是对当前经济领域中出现的具有一定社会价值或具有一定影响的事实所作的简要报道。经济消息从反映的范围来说，是有关经济领域中的各种事情；从时间上来说，是近期出现的事情；从内容上来说，必须是有价值的事情，否则，即使是新近发生的事情也不一定能够成为消息。

（二）财经消息的特点

财经消息隶属于新闻文体之列，因而必然具有新闻的真实性、时效性等特点。

1. 真实性

真实是财经消息的生命。财经消息的写作不同于文学创作，必须反映客观的真实情况，财经消息中反映的事件必须确实可靠，所引用的数字准确无误，所做出的判断和评价实事求是。不能道听途说、牵强附会，更不能凭空想象或歪曲。财经消息中的人物、事情、时间、地点及引述的数据都必须准确可靠，不能有半点虚假。真的深层含义还包括，财经消息必须真实地反映事物的客观规律，揭示事物的本质特性。

2. 时新性

财经消息的新鲜性，是指所报道的活动是新近发生的，也就是新的财经消息。二是指内容的“新”。财经消息在注重时效性的同时，还应注重内容的新鲜感。

3. 重要性

财经消息的重要性是指在各经济领域中出现的影响较大而又为许多人所关切的事件的性质。因为重要性是决定经济新闻价值大小和有无的关键因素。尤其当前，世界上产生的各种现象，都可以从多种角度出发进行观察和分析。但是随着现象的复杂程度不同，也可以说随着被研究系统的相互关联和制约层次不同，不同的观察角度和分析方法在实际意义和功效上也就大相径庭。就人类对经济活动的主观目的和实际控制而言，针对不同的经济活动现象所用的观察角度和分析方法也必须相应地有所不同。判断经济新闻事实重要与否，主要看它是否符合客观经济发展的规律。

（三）财经消息的功能

1. 宣传政策，指导工作

及时地报道宣传经济政策，以此来指导经济工作，是经济消息的重要功能。为了实现这一功能，作者应把触角渗透到经济体制改革和社会经济生活的各个方面，选择那些与群众利益密切相关的“难点”“热点”“疑点”“重点”题材，讲求实效。

2. 沟通情况，传递信息

由于财经消息具有情报性，反映事实迅速及时，所以它具有沟通情况，传递信息的功能。这一功能有利于经济活动的各部门、各领域及时了解经济形势，制订经济决策，加强经营管理，促进经济效益的提高。

（四）财经消息的种类

财经消息可以从不同的角度进行分类，最常见的分类方法是按照内容的不同分类，分为以下几种。

1. 动态经济消息

这是一种最为常见、用途也最为广泛的新闻文种。其特点是一事一报，及时向社会介绍国内外重大经济事件，或者介绍最新企业动态，如生产动态、建设成就及有价值的经济管理方面的最新信息等。如《世界许多行业生产能力过剩》，报道了西方国家经济增长速度减慢，市场萎缩、购买力下降，一些工业部门出现产品积压、生产能力过剩，这是国际经济动态。重大经济新闻和经济简讯，都属于动态消息。

2. 综合经济消息

综合经济消息，是指在同一主题统帅下，把不同地区、不同单位新近发生的，居于同类性质又各具特点的经济活动综合起来报道的新闻体裁。它报道的是全局性的情况和动向，以反映概貌，给读者以完整的印象。有人称这是将若干个动态消息进行综合报道，即将一地多事或多地一事综合起来进行报道的新闻文体。

3. 经济典型报道

经济典型报道也称经验消息，是对经济领域中一定时期产生的同类事物中最突出或最具代表性的事物进行的重点报道，是报刊常用的报道形式，其目的，是通过对具有典型意义的经济事件的剖析，引出普遍性的经验，用以指导工作、教育读者。

4. 述评经济消息

它是一种夹叙夹议、边述边评的经济消息体裁。它的特点是：以叙为主，评述结合。

二、写作格式

财经消息一般是由标题、导语、主体、结尾和背景材料五个部分组成的。

（一）标题

消息的标题非常重要，与其他文体相比，消息的标题应更“抢眼”一些。

消息的标题有单行标题、双行标题、三行标题等几种形式。

(1) 单行标题，只以一个主标题或正标题，概括消息的主旨。内容简短、单纯的消息常用这种。例如：信守承诺打造中国险企金字招牌。

(2) 双行标题，是由引题与主标题或主标题与副标题组成的两行标题。主标题是概括量最重要的新闻事实。另一行标题如在正题之前则为引题，又称肩题或眉题，它是主标题的先导，作用是交代主标题的由来，或交代背景、烘托气氛；如在正题之后则为副标题，又称子题或辅题，作用是对主标题或重要的新闻事实的补充说明或解释。

例如：优化工程设计　应用节地技术（引题）京沪高铁建设节约用地成效显著（正题）

塔里木盆地油气变“福气”（正题）30 多万各族群众用上洁净天然气（副题）

(3) 三行标题，是由引题、主标题和副标题组合而成的标题。三行标题较双行标题内容丰富，一般用于比较重要的消息。使用这种标题，三个标题的相互配合非常重要。

例如：就当前经济形势和下半年经济工作听取意见（引题）中共中央召开党外人士座谈会（正题）习近平主持会议并发表重要讲话（副题）

（二）导语

导语是财经消息的开头部分，用一句话或一个段落将消息中最有价值、最重要、最吸引人的内容简洁地表述出来。正因为消息特别是动态消息常常要将主要内容放入导语部分，并且由主到次、由重到轻地安排其他材料，所以人们常把消息的结构形式称为“倒金字塔”式。

根据财经消息的写作目的和报道的内容、角度的不同，导语可以采用不同的写法，常见的有以下几种。

1. 叙述式

例如：8 月 2 日，对肇庆市洪河乡农民王林胜来说是个值得高兴的日子，患有动脉高压症达三年之久的王林胜，在乡卫生院做了手术，解除了病痛，全部费用只花了一万元，比到市里大医院少花了两万多元。他高兴地说：“有了医疗联合体，我们农民看病，再也不犯难了。”

2. 描写式

例如：“就在烟产品消费税新政尘埃落定之时，风传一段时间的白酒消费税新规终于掀开面纱，并将于 8 月 1 日起实施。烟酒价格是否会随之上扬，已成为市民关注的焦点。”（《河北经济日报》2014 年 7 月 31 日）

3. 引语式

例如：“本报讯（记者常世荣 通讯员王海军）日前，康保忠义乡草莓基地种植大户李旺满脸兴奋：'我今年种了50亩卢比草莓，预计亩产量可达2000斤，产地价按10元计算，每亩纯收入1万元不成问题。'"（《河北经济日报》2015年7月31日）

4. 论述式

本报北京10月9日电（记者李丽辉）近日，中央财政紧急拨付了奶农临时救助补贴资金3亿元，重点支持内蒙古、河北、辽宁、山西、山东、河南6个奶业主产省(区)特别困难的奶农。这是为稳定奶牛养殖基础，促进奶业持续健康发展，贯彻落实国务院常务会议精神，财政部、农业部对倒奶严重地区特别困难奶农实施的一项临时救助补贴政策。据悉，中央财政补贴资金采取切块一次性下达，由地方根据实际情况，结合地方财政补贴资金统筹安排使用。

（三）主体

财经消息的主体是财经消息的主干和中心部分，它在导语之后，用足够的、典型的、有说服力的具体材料，解释导语中提出的问题或得出的结论。因此在财经消息的写作中最忌讳不厌其烦地叙述工作过程、生产过程、经济活动过程，大事小事不分主次地进行叙述，只见"账目"，不见人物；只见表皮不见思想。

财经消息主体的结构形式多种多样。有的是因果关系；有的是主次关系；有的是点面关系；有的是时间关系；有的是并列关系。以这些不同的关系为依据，用不同的方法安排材料。有的先写结果后写原因；有的并列几个问题，分别阐述；有的先写主要的，然后按重要程度，依次排列；有的先概括地写"面上"的情况，后写具体事例，反映"点"的典型材料，或先写具体事例，后写概括材料；有的根据事情发生的先后顺序安排材料等。总的来讲，财经消息的主体要层次清晰，结构严谨，主次不能颠倒，逻辑不能混乱。

（四）结尾

财经消息不仅要注意开头，还要注意结尾。结尾是财经消息的结束部分，一般是全文的最后一句或最后一段话。当然，并不是每条消息都要有个结尾。不少经济消息主体写完，全文也就结束了。目前常见的财经消息的结尾，大都是将全文的内容加以概括和小结。也有的是指出事物发展的趋向。结尾部分的写法多种多样，常见的有小结式、启发式、照应式、抒情式等，可以针对报道的事实加以评论，也可以提出希望引人深思，还可带有号召性，唤起读者响应。有的结尾将评论、小结、希望融为一体。

总之，如何结尾，不要模式化、概念化。精彩的结尾应该深化主题，并给人余味无穷之感。财经消息的结尾，是全篇的有机组成部分，应该引起写作者的重视。

（五）背景材料

背景材料是财经消息报道事实的历史、环境与原因的说明。常见的有三种：对比性材料、说明性材料和解释性材料。有的财经消息中有背景段落，有的则把背景材料穿插在主体各部分之中。

基本格式

原文	提示
法媒：俄罗斯经济一季度同比增长1.3%超出俄政府预期 2018年5月18日报道法媒称，俄罗斯联邦国家统计局16日表示，今年第一季度，俄罗斯经济与去年同期相比增长了1.3%。这一增长率超出了政府	这是一篇财经消息。 标题：采用单式标

1.1%的预期。 据法新社5月16日报道，尽管在经历了两年的衰退后，俄罗斯经济在2017年重现增长，但1.5%的缓慢增速没有达到政府2.0%的期望。	题的形式，概括了本消息的主要内容。
报道称，与2000年至2008年总统弗拉基米尔·普京前两个任期中因油价暴涨而超过7%的增长率相比，这一数字也显得暗淡无光。 报道称，今年3月开启第四个总统任期的普京制定了超出全球增速的目标，并对缺乏改革而造成的经济停滞发出警告。国际货币基金组织对今年的全球经济增长预期是3.9%。	导语采用精练的语言向读者传达了主要信息，为全篇定下基调。
央行预测，俄罗斯经济在2020年之前的年增速只有1.5%至2.0%，除非对经济采取结构性改革。 报道称，政府需要更快的增速来提高人民的实际收入，由于2014年油价暴跌以及国际社会对莫斯科在乌克兰行动实施的制裁，俄罗斯经济震荡，人民实际收入连续四年下降。	主体部分是导语事实的展开，是对导语事实的解释和补充，内容充实。
最近反弹至2014年水平的油价应该为俄罗斯经济提供了支持，但代理经济部长马克西姆·奥列什金说，由于新的美国制裁，其办公室将调低今年2.1%的增长预测。	总的来讲，本消息层次清晰，语言表达朴实简洁。

三、写作要求

（一）事实要准确

真人真事，尊重事实，用准确无误的事实说话，反映事实真相，是对消息写作的起码要求，也是新闻工作者所应具备的职业道德。

（二）报道要及时

新闻报道最讲求时效性，应当快写快发，越快越好，只有选择一个合适的时机进行报道，才能取得最佳报道效果。

（三）表述要通俗简练

新闻报道应当具有大众性，应当适应各阶层、各行业、各种文化程度的读者的需要，因而造词用语要力求平实易懂，篇幅比较短小，以尽可能经济的评议传达尽可能丰富的信息。朴实而不单调，概括而不枯燥。

第二节　财经通讯

一、文体知识

（一）财经通讯的概念

财经通讯是财经宣传文种中又一种常见的体裁，它以叙述和描写为主要表现手法，对经济活动中的人物和事件进行详细、深入地报道。它的信息容量大，有财经宣传“明珠”之称。

（二）财经通讯的特点

财经消息和财经通讯均隶属于新闻文体之列，因而必然具有新闻的真实性、时效性、重要性等特征。但若将财经消息和财经通讯相比较，同时又具有独特的个性特征。主要有以下几点：

（1）在内容上：财经消息简要；而财经通讯具体。

财经消息内容较概括简明，篇幅较短，要求一文一事；财经通讯可报道事实的全过程，可写较多的人和事，要求较详细、具体地反映事实。

（2）表达方式上：财经消息侧重叙述，平铺直叙，不追求形象生动；而财经通讯综合使用叙述、描写、抒情和议论等多种表达方式，因而通讯与消息相比更加生动形象，具有较强的可读性。

（3）在报道速度上，财经消息必须以最快的速度，迅速及时地报道经济领域中的新鲜事物，而财经通讯的时间不像经济消息那么迫切，可以用稍长的时间进行仔细采访，从容构思，稍缓发稿。

总之，财经消息和财经新闻的写作都必须做到绝对真实、准确、客观，不能任意扩大缩小，更不能捏造事实。财经消息和财经通讯失实，不但没有任何价值，而且会给经济建设带来重大损失。

（三）财经通讯的功能

1. 表扬先进，树立典型

财经通讯要通过对经济活动中先进人物、感人事迹或典型经验进行真实而具体地描述，及时反映财经活动的风貌，具有表扬先进，树立典型的功能。这种功能有利于形象地宣传财经政策、推广财经工作经验，给读者深刻的影响和启迪。

2. 揭露问题，改进工作

财经通讯不仅歌颂经济活动中先进的人和事，也要揭露财经活动中的不良现象和存在的问题，以使人们警醒和深思，从而改进工作，这是财经通讯的又一功能。“揭露”只是手段，“改进”才是目的。

（四）财经通讯的种类

按报道的内容来分，财经通讯大致有四种：财经人物通讯、财经事件通讯、财经概貌通讯和财经工作通讯。

1. 财经人物通讯

财经人物通讯是一种以记人为主的通讯。它是报道在财经工作战线上涌现出来的开拓者、改革家、先进人物、英雄模范的先进事迹。要求以表现人物的先进思想为中心，多角度地反映他们崇高的思想境界、革新精神，给人们以教育和启发。

2. 财经事件通讯

财经事件通讯是一种以记叙事件为主的通讯。这类通讯经常是围绕经济活动中具有教育意义的典型事件进行叙述。它通过对典型事件发生、发展、结局的描述，挖掘其中的具有普遍指导意义的思想。事件通讯也可以用揭露生活中存在的问题，以引起人们的注意。

3、财经概貌通讯

财经概貌通讯是反映财经战线一个地区或一个单位的新气象、新面貌的一种通讯。它不一定要求写出事件的全部过程，往往是通过一些片段的描述来展现全貌。这类通讯的特点是取材广泛，角度灵活，常用点面结合的手法，捕捉对象的某种总体印象、具有强烈的现场感，读来能有身临其境的感觉。常见的“访问记”“纪行”“见闻”“散记”“侧记”等都属于这一类。

4. 财经工作通讯

财经工作通讯是一种反映财经活动中某项工作的先进经验和成就，或研究工作中的问题的通信。它是通过具体、生动的事例，形象地介绍某种典型经验，分析某项工作进展中的成败得失，概括出具有规律性的东西，用以指导并推动工作。

二、写作格式

财经通讯一般由四个部分组成，即标题、开头、主体、结尾。

财经通讯和财经消息相比在格式要求上不一样，经济消息有固定的格式，经济通讯没有固定的格式，通讯结构与一般记叙文章相同，基本上按时间、逻辑二者结合的顺序安排结构。

1. 选好典型，确立主题

典型是财经通讯的筋骨，主题是经济通讯的灵魂。选好典型，确立主题对通讯来说十分重要。选择什么样的典型呢？要选择那些具有代表性、具有普遍意义、具有宣传价值和教育意义的人和事，选择那些在一定时期内人们所关注的问题。确立什么样的主题呢？要确立体现时代精神，表现时代风尚的主题，确立反映人物和事物、本质和规律的主题。主题是经济通讯的灵魂，是决定文章价值的重要因素。评价一篇通讯是否成功，主要是看主题是不是正确深刻，通讯的主题，从一般意义上说，至少要做到正确、集中、鲜明，从更高的意义上说，要做到新颖、深刻。

所谓正确，是对主题的思想性、科学性的要求，主题符合客观世界的真实情况，符合科学的规律，能引导人积极向上。所谓集中，是指主题的简明和单一，一篇通讯只能有一个主题思想。所谓鲜明，主要是指主题的倾向性，对所报道的事物有一个明确的态度，不能含混笼统，让人不知所云。

新颖、深刻是通讯写作的高标准要求。所谓新颖，是指角度新异、思想新鲜、见解独到，能让人耳目一新。所谓深刻，是指主题不停留在现象的罗列和叙述上，而是能揭示事物的深层本质和内部规律。

2. 写好人物

通讯是对具有新闻价值的人物和事件的详尽报道。以人物为中心的通讯，写好人物的重要性不言而喻。而以事件、经验、风貌为中心的通讯，也不可能完全脱离人物。栩栩如生的人物形象对于任何通讯都是有重要意义的。

（1）通过行动刻画人物：通讯中的人物是行动着的人物，人物的思想、性格，都要靠行动进行刻画。高尔基关于文学创作曾说过这样的话：“为了使艺术作品有说服力，有教育的力量，要尽可能地使人物多行动，少说话。”这段话对于通讯也同样适用。一个不行动的人，也许有他的“心迹”，却没有“事迹”，没有“事迹”也就没有新闻。

（2）精选细节展现性格：选好细节是写活人物的一个关键问题。有时，一个有典型意义的细节，就能写出一个性格鲜明的人物来。

3. 确定丰富生动的情节

有丰富生动的情节，是经济通信区别于经济消息的重要标志之一，同时也是经济通讯产生魅力、吸引读者阅读的重要因素。什么是情节？情节就是一系列事件具有逻辑性的组合。经济通讯的两种主要类型——经济人物通讯和经济事件通讯，对情节都有较高的要求。经济工作通讯和经济风貌通讯对情节的要求弱一些，但也不能没有情节。经济通讯的情节安排要注意以下两点：一是完整、丰富、曲折；二是典型、生动、深刻。

4. 安排好结构

纵式结构，是按时间顺序、事物发展的顺序或作者对报道事物熟悉发展的顺序来安排结构。在这种结构里，时间发展的顺序、情节展开的顺序、作者熟悉事物的顺序成为行文的线索。在采用这种结构时，要详略得当，布局巧妙，富有变化，避免平铺直叙；横式结构，是指用空间变换或按照事物性质来安排材料的。这种结构概括面广，要注重不同空间的变换，恰当地安排通讯所涉及的各方面的问题。采用空间变换的方法组织结构时，要用地点的变化组织段落；按事物性质安排结构时，要围绕主题，并列地写出不同的几个侧面；纵横结合式结构，是以时间顺序为经，以空间变化为纬，把两者结合起来运用。采用这种形式，要以时空的变化组织结构。

5. 灵活使用多种表达方式

叙述、描写、议论、抒情，是通讯写作中使用频率最高的几种手法。这些手法在通讯写作实践中，有着特殊要求和特点，那就是：叙述具有直接性，描写具有直观性，人物语言具有实录性，议论、抒情则强调实在性。这几种表现手法在通讯写作中形成的特征，是根据新闻体裁的要求和读者的需要而确定的。通讯不同于小说，也与报告文学不同，无论是叙述、描写，还是议论、抒情，都要符合新闻用事实说话的基本规律，所以必须明白晓畅、简洁实在。不能给人以花里胡哨、哗众取宠的感觉。然而，在通讯的写作中，又要充分运用各种表现手法，使之生动活泼、引人入胜，这就需要在不断的实践中，摸索出一些经验，做到叙述中适当插入描写，使文字生动活泼；用实在的议论、抒情，以深化主题或以情动人。

财经通讯虽以叙事为主，但不忌讳议论，评论性甚至是它的一个基本特点。当写到动人之处时，作者常会不失时机地站出来评论一番，用自己的思想或见解加强对读者的影响。不过，经济通讯中的议论和议论文中的议论有所不同，主要表现为：财经通讯的议论是不脱离形象的，而且总是和丰富的情感交融在一起。而一般议论文偏重于抽象的推理，而且理性色彩浓厚。另外，经济通讯中的议论，必须十分精练简约，不是长篇大论式的，而是画龙点睛式的。

基本格式

原文	提示
商务部：希望美方公正地处理中兴通讯事件 2018 年 5 月 17 日，商务部召开 5 月第 2 次例行新闻发布会，商务部新闻发言人高峰表示，中方此次应邀访美，希望取得积极、建设性的成果，不希望看到中美贸易摩擦升级，也做好了应对各种可能的准备。中方注意到美方对中兴通讯的言论，希望公正地解决此案。 【延伸阅读】商务部回应“中兴案”：不会拿中方核心利益作交易 在回应关于近期的“中兴公司案”时，商务部新闻发言人高峰 17 日在	这篇财经通讯，通过大量具体的事例、片断性事实或细节描写，生动地展示了中美就中兴通讯摩擦基本情况。 标题：采用单标

例行新闻发布会上表示，已经注意到美方近期有关言论，希望美方有关部门尽快采取实际行动，公正合理地解决此案。 美国总统特朗普日前在社交媒体发文称将尽快恢复中兴的业务，有舆论认为，中方可能付出了一定代价，比如扩大对美国农产品的进口。 对此，高峰强调，中美两国的经贸合作是市场形成的，也是靠市场力量推动发展的，必须符合市场经济规律，不可能搞计划经济那一套，中方坚决捍卫自身利益，不会拿中方核心利益作交易。 同时，他说，中国正在积极进行产业结构调整，广大消费者希望有更好的生活品质，中方愿意从包括美国在内的世界各国扩大进口，也欢迎包括美国企业在内的各国企业在中国发展。希望美方取消不应有的贸易限制，提高供给能力，给予中国产品和中国投资公平公正的待遇。 他表示，中美建交四十年来，双边经贸交融，已经形成“你中有我，我中有你”的利益格局，中方始终认为中美贸易的健康稳定发展符合两国人民利益。 商务部：中国代表团应邀赴美与“301 调查”听证会无关。 商务部新闻发言人高峰 17 日在新闻发布会上表示，此次中国代表团应邀赴美磋商中美经贸问题，与美方“301 调查”听证会没有关系。中方希望美方营造良好的环境，推动合作共赢。 同时，他也强调，中方希望美方认清民意，终止“301 调查”程序。 商务部：不希望看到中美贸易摩擦升级。 商务部新闻发言人高峰 17 日在新闻发布会上表示，“我们不希望看到中美贸易摩擦升级，当然也做好了应对各种可能的准备。” 应美国政府邀请，中方经贸团已于当地时间 15 日下午抵达华盛顿。 高峰对此表示，中方此次应邀访美，希望中美双方可以相向而行，本着相互尊重、平等协商的原则，通过磋商妥善化解矛盾，取得积极的建设性的成果。	题。 正文：通过商务部发言人发言的形式将纷繁复杂的材料统摄在一起，行文言之有序，富有条理。

三、写作要求

（一）深入调查，详尽地占有材料

占有丰富的写作素材，是写好财经通讯的基础，只有深入调查，掌握大量生动具体、确凿可靠的材料，才有可能提炼出新鲜深刻的主题，正确反映事物的本质，才有可能选择典型事例，写出生动感人的财经通讯。

（二）精心提炼主题

写财经通讯，经过调查研究掌握了丰富的写作素材后，接着就要对材料进行分析、归纳，提炼出一个能够反映事物本质和特点的主题。有了正确、深刻的主题，才能很好地选取材料，结构文章，表现典型。

（三）提高文学修养，努力写好人物

财经通讯要求生动形象地反映现实生活，也就是说，它既要真实，又要生动形象。为此，作者必须努力提高自己的文学素养，夯实写作功夫。能调动多种写作技法和手段，刻画出丰满感人的人物形象。

第三节　财 经 广 告

一、文体知识

（一）财经广告的概念

“广告”一词来源于拉丁文，意思是我“大喊大叫”。传说，古罗马人做生意时，常常雇人在街头闹市大喊大叫，请大家到商品陈列处去购买商品，人们把这种称之为“广告”。我国广告的历史可以追溯到 3000 年前。殷周时期，有个叫格伯的人，他把马卖给了一个叫棚先的人。这笔交易用铭文的形式，记录在专门为刻铭而铸的青铜器上。《周礼》记载，凡做交易都要“告于市”。到了宋代，我国已经出现了图记广告，这就是商标。据宋代画家张择端的《清明上河图》记录，汴梁城东门附近十字街就有各类横额、竖牌等广告牌 30 多块。上海博物馆收藏着一枚宋制针作坊银牌，上面有“请认白兔儿为记”的字样。后来，随着印刷术的广泛应用，又相继出现了报刊和印刷广告。

广告有广义和狭义之分。广义广告包括财经广告和非经济广告。财经广告又称商业广告，是为了推销商品、劳务等而获取利益的营利性广告；非经济性广告又称非盈利广告，它是为了实现某种非经济目的而发布的广告，如政府公告、启事、声明以及个人的遗失声明、寻人广告等。狭义广告专指经济广告，这是一种由广告主付费，通过各种媒体传递商品或劳务信息，进而影响消费行为，促进销售，使广告主获得利益的活动。财经广告的对象是广大消费者，内容是商品或劳务信息，手段是通过各种媒体进行，目的是为了促销，获取盈利。本节所讲的广告指的是经济广告，是广告主以付费的形式通过各种传播媒介所作的有关企业、产品和服务的宣传，即商业广告。

（二）财经广告的特点

1. 真实性

广告的真实性是指广告的内容必须真实可靠。这一点与新闻必须坚持真实性的原则要求是一致的。广告表达是向人们介绍商品、报道服务内容或文化节目，是传播信息的一种方式，其要点在于真。“广告的生命在于真实”，也是企业生命。广告的内容不能虚伪、欺骗或歪曲，要实事求是地反映产品的本来面目，广告语上不能过分，这样才能取信于顾客。

2. 思想性

广告不仅是一种促进销售的方法，一种经济现象，而且是艺术形态。商品广告借助于文学、美术、音乐等艺术形式，以报纸、杂志、电视、广播等为媒介，对社会文化和社会风气有着巨大的影响。因此，在广告的制作表达上，内容和形式都必须健康，切不能运用低级趣味的东西来迎合一些不健康的要求，达到推销产品的目的。

3. 针对性

广告的内容要有针对性。首先要了解产品的销售对象是谁，消费者的年龄分布，消费习惯、爱好、购买能力与心理特点如何。由于不同的消费者群体都有自己的喜好、厌恶和风俗习惯，广告就要根据广告对象的具体情况来决定广告的内容。在人物的选择、颜色的搭配以及语言上都要符合广告对象的特点和要求。再比如，各个产品都有一定的生命周期，大体上分为引入期、成长期、成熟期、衰退期四个阶段，产品处在哪一阶段，直接决定广告宣传的重心的选择。

4. 艺术性

广告不但是一种宣传，而且还是一种艺术。广告应给人以美的感觉和很高的艺术享受，能够让人得到启发、受到感染。广告设计是一种艺术创作，广告的形式要不断创新，要有新构思、新格调，既能指导消费，又能丰富人们的精神生活。

（三）财经广告的广告主题

一则好的广告，必须有一个好的广告主题。正像文章不能没有主题一样，广告如果失去了主题，同样会使读者感到不知所云，从而失去它应有的作用。

1. 广告主题的定位

广告主题的定位是根据商品本身性质的不同、市场需求的变化和消费者的差异而确立宣传的侧重点。如一种方便食品的广告，我们可以从它携带方便、食用简单的角度定位，也可以从它风格独特、物美价廉的角度定位，还可以从它的营养价值的角度定位等。一般来说广告主题的定位可以考虑从以下几方面进行：

(1) 从商品特征的角度定位：在同类商品的竞争中，广告宣传应尽可能地突出本商品与其他竞争商品的不同之处，如成分、形状、性能、用途、功效、价格等。当然，从商品特征方面定位广告主题不能孤立地只看商品，也应适当考虑市场和消费者的因素。比如，自行车在我国是消费者重要的代步工具，而在美国，消费者却把它当作一种健身的器具。因此，在我国做自行车广告，可以宣传它“坚固耐用，骑行轻便”，而在美国则需要从具有多种健身功能方面去做文章。

(2) 从消费者角度定位：不同的消费者有不同的特征，正因其国别、性别、职业、年龄、收入、兴趣等千差万别，他们的购买动机也必然是多样的。针对不同消费者的特点和他们对商品的不同要求进行宣传，往往能收到好的宣传效果。如从性别来说，女性消费者一般侧重感情，男性消费者一般侧重理智。当然这种区别也不是绝对的。

广告主题从消费者的角度定位，正是根据消费者的心理特征，力求最大限度地打动消费者，引发他们的购买欲望。

(3) 从企业的角度定位：在不同企业产品的性能、结构等都十分接近而难以区分的情况下，企业能否给人可信、可靠的印象，直接关系到该企业产品的销售状况。广告主题从企业的角度定位，着重宣传企业的成果、经营特色或对社会的贡献，能够起到树立企业形象、提高企业信誉的作用。

树立企业形象、扩大企业知名度，可以从企业的历史、名望、实力、经营理念及技术设备条件等方面来考虑。

2. 广告主题的表现形式

(1) 单一主题式：即在不同的广告中围绕商品的某一销售要点集中进行宣传，以期通过不断地反复，达到强化消费者印象的目的。比如瑞士“雷达”表在各种媒体的广告中只介绍它是“永不磨损型”，给人留下了深刻的印象。

（2）系列主题式：即在不同的广告中围绕分别介绍商品的某一方面的销售要点，通过若干则广告的系列宣传，使消费者对该商品产生一个完整的印象。

（四）财经广告的种类

根据不同标准，商品广告可以分为多种类型，根据广告的形式可分为以下几类。

1. 报纸广告

这种广告是指企事业单位为了推销产品、介绍企业情况在报纸上进行宣传，以引起消费者兴趣和购买动机的实用文体。报纸广告的读者面宽广，发行量大，宣传效果好，影响大，制作简单，收费较低。

2. 杂志广告

这种广告是企事业单位为了推销商品、提供服务、介绍企业情况等，通过杂志进行宣传，引起消费者购买欲望的实用文体。杂志广告可用彩色印在杂志的插页上，对广大读者有很大的吸引力。

3. 广播广告

这种广告是企事业单位为了推销商品、提供服务、介绍企业情况等，通过广播宣传，引起消费者的兴趣和购买动机的实用文体。广播广告发挥以声夺人的特长，主要靠语言配音乐介绍商品，要求文笔简练、语言通俗易懂。这种广告传播迅速、及时，拥有亿万听众，宣传效果好。

4. 电视广告

这种广告是企事业单位为了推销商品、提供服务、介绍企业情况等，通过电视进行宣传，以引起消费者兴趣和购买动机的实用文体。电视广告要巧妙构思，耐人寻味，生动有趣，不落俗套，寓商品介绍于娱乐之中，有艺术欣赏价值。电视广告深入千家万户，宣传效果好。

5. 霓虹灯广告

这种广告是使用彩色霓虹灯来进行产品、厂牌或企业名称宣传的广告。它的式样多种多样，有图案式，也有文字式，还有图文并茂式。它的优点是利用光电色彩相结合，给人美感，富有吸引力，宣传效果好。

6. 橱窗广告

这种广告是使用商店玻璃橱窗来陈列产品进行宣传。产品陈列，可用实物，也可用图片加文字说明。它的优点是真实感强，宣传效果好。

7. 路牌广告

这种广告是使用不同形状的广告牌立于路旁，对过路行人进行宣传。一般画面大，多以图案文字结合为主，醒目、美观，可长期保存、宣传效果好。

8. 传单广告

这是使用纸片传单的形式进行产品宣传的广告。一般用描述体介绍产品，可读性强，消费者易于接受，宣传效果好。

除上述分类之外，广告还有许多其他分类方法。如按广告诉求的方法，可分为理性诉求广告和感性诉求广告；按广告产生效果的快慢，可分为时效性广告和迟效性广告；按广告对公众的影响，可分为印象型广告、说明型广告和情感诉说型广告；按广告的目标对象，可分为儿童、青年、妇女、高收入阶层、工薪阶层的广告；按广告在传播时间上的要求，可分为时机性广告、长期性广告和短期性广告等。

二、写作格式

广告没有统一的格式，其内容排列也比较自由，但通常一篇完整的广告文案由以下几部分组成：标题、正文、口号（广告标语）、附文。

1. 财经广告标题的写作

标题要有足够的吸引力。标题的吸引力蕴涵在它的内容和形式上，引人入胜的标题会使正文的阅读率成倍提高。现代广告对标题越来越重视，广告标题也越来越新颖、醒目。要想在众多的广告中脱颖而出，广告的标题就更需要一些创造性手法。

（1）广告标题的写作原则。

① 体现广告主题："看报看题"，看广告也如是。大多数受众在无意识的阅读中，总是先看标题再决定是否阅读正文。在受众的阅读习惯面前，广告标题的写作要有两手准备，在尽量运用标题的魅力将广告受众的兴趣和视线转向广告正文的同时，也要考虑到由于各种不同因素造成的不阅读正文现象。因此，写作时，要尽量体现广告主题，使得广告读者能在标题中对广告的信息主题有所了解，在匆匆一览之中，就能得到广告的最主要的内容、最主要的利益承诺、整个广告表现的主题因素。

② 表现消费者利益：标题既要表现消费者心目中的商品消费利益，又要表现商品能给予消费者的利益承诺。如"35 岁以上的妇女如何才能显得更年轻"（某荷尔蒙霜广告标题）、"我们已突破了世界语言的障碍"（荷兰电信广告标题），表现了消费者对商品的消费期待和商品消费利益点，对应了消费者的消费心态，体现了商品满足消费的有效性。

在标题中表现消费者的利益，可以使广告抓住消费者的消费渴望和消费理想，诱使他们产生浓厚的兴趣，使目标消费者能对广告中的信息产生了解的渴望，继续自觉地阅读广告下文。

③ 诱发受众好奇：广告标题的一个重要的原则是要通过对标题的写作，诱发受众的好奇心理，使得他们在好奇心的驱使下，对广告产生追根究底的欲望。

诱发好奇有两种途径，可以是利益点上的好奇引发，也可以利用表现形式上的创意。

例如用新闻式引发好奇："'舒味思'的人来到此地"（舒味思奎宁柠檬水）；用反向诉求，引发好奇："长大了，我要当客户"（台湾南洋实业公司）；用设问的形式，表现好奇："今天你喝了没有"（乐百氏）。

④ 简洁明快的表现形式：为了让受众一看便知，广告标题的表现形式就要简洁、明快。一般不用长句子，因为长句子表现内涵太多，且出现关联词，会造成过分书面化倾向，使受众因怕累而自动放弃阅读。

（2）广告标题结构类型。

广告标题分为直接标题、间接标题和复合标题三种。

① 直接标题。即以简明的文字表明广告的内容，使人们一看就知道广告的信息内涵。

例如：

唯独这种煤气能向你提供一大桶热水，比普通快三倍——美国煤气联合协会广告标题

家中有万宝，生活更美好——万宝冰箱广告标题

星河音响，再创音乐新生命——星河音响广告标题

② 间接标题。这种标题往往不直接说明产品和产品有关情况，而是先用富有趣味性和戏剧

性的语言抓住人们的好奇心和注意力，使人们非弄明白不可，直到读了广告正文才恍然大悟。

例如：

"眼睛是灵魂的窗户，为了保护您的灵魂，请给窗户安上玻璃吧！"——美国眼镜广告标题

"工欲善其事，必先利其器。"——"常工牌"焊接切削工具广告标题

"发光的不完全是黄金。"——美国银器广告标题

③ 复合标题。把直接标题和间接标题复合起来，一则广告有两个或三个标题，形成复合标题。例如：

引题：考试的日子又到了！

妈妈天天好担心

我多想能拿到好成绩，开开心心回家啊！

但

正题：让孩子面露微笑地回家！

副题：太阳神口服液

与您共同帮助孩子渡过考试难关！

——太阳神口服液广告标题

引题：经验告诉我　家人总有吃坏了肚子的时候

正题：香港保济丸随时用得着

——香港保济丸广告标题

正题：密丽疤痕灵

副题：不知不觉　攻克病源

——某制药公司广告标题

(3) 广告标题的表现形式。

① 新闻式：为了加强广告的新奇性和可信性，把广告信息作新闻处理。采用新闻式标题的先决条件，是广告信息的本身必须具有新闻价值，必须是真实的、新的事物和事件的产生和发现。常用词汇有：新、最新、发现、推出、首次、目前、现在、消息等。例如"武汉市友谊公司举办友谊迎春购物节"。

② 问答式：它是一种通过提问和回答的方式来吸引受众的注意力的表现形式。具体表现有两类，设问式和反问式。设问式一般又呈现两种情形，或在标题中设问，在正文中回答；或在标题中自问自答。例如，"为什么还要苦熬另一个夏天呢？让通用空调机使您保持凉爽吧！"

③ 承诺式：也称许诺式、利益式。其主要特点是在标题中就向受众承诺某种利益和好处。常用词汇大致有：免费、定能、优惠、美丽、气派、方便、减价、附赠等。例如："一分价钱二分货，若是无效可退货。"——治疗仪

④ 建议式标题：这是用建议或劝导的语气，向受众提出某种建议的广告标题。例如："请喝可口可乐吧！"——可口可乐

⑤ 悬念式标题：这类标题利用人们的好奇心理，制造悬念，抓住消费者的注意力，使他们在寻求答案的过程中产生兴趣。例如："禁止抽各种香烟，连 555 牌香烟也不例外。"——香烟广告

⑥ 对比式标题：对比式广告标题是采用对比的方式写成的。通过对比的方式，为受众提出一个参照物，形象生动地传达广告信息。有同类商品的对比、同一商品新旧的对比、同一商品使用先后的对比、价格对比、功能对比等。例如："当您使用其他药物牙膏不理想时，请您试用蓝天六必治牙膏。"——蓝天六必治牙膏

⑦ 寓意式标题：这种标题多借助人的本身知识、修养、情操等，对广告标题给以合理的想象的发挥，提高广告的意境。例如："给大太一份'安全感'"——电饭锅广告；"与书为友，天长地久"——丛书广告

2. 财经广告正文的写作

正文是指广告文案中向受众传达主要广告信息、居于主体地位的语言文字部分。

(1) 广告正文的内容。

① 证实标题：对标题中提出的承诺或利益点给予解释和证实。

② 说明标题：对广告中企业、商品、服务、观念等的特点、功能、个性等方面进行说明和介绍。

③ 购买方式：也即获得商品或服务的方法，如购买方法、途径、打折、奖励等信息。

④ 介绍背景：介绍广告中企业、商品、服务、观念等的背景情况。

⑤ 促销活动：如果广告是针对促销活动撰写的，则一定要包括相关促销内容，如特别的优惠、奖励、折扣或需要吸引受众参与的活动等。

(2) 正文写作的基本原则。

条理清楚；重点突出；用词准确；简明易懂；号召力强。

(3) 广告正文的形式。

① 新闻体：用新闻报道形式写作的广告正文。例如：上海电冰箱厂双鹿牌冰箱新年广告

新春时节，京华传喜讯，新华社公布了轻工业部质量等级公报，中国家用电器工业质量检测中心对电冰箱几个指标测试，按国际标准划分等级。双鹿冰箱跃入国际先进水平 A 级（优良）行列。

② 说明体：用来说明产品的特点、性能和功效，通常采用正面介绍形式。

例如：北京康德 GBC 装订机广告文案。

一分钟文件装成书——康德 GBC

当阁下在对外交往中遇到文件交换，由于装订简陋、外型粗糙而倍感尴尬时，请使用康得 GBC 文件装订机。

康得 GBC 文件装订机，引进美国先进技术，可以在一分钟内将散页文件装订成一本华美、高档的精装书。那种高雅、庄重、整齐划一的外观，会使您的文件身价百倍，给人以美好的印象。

设计独特、美观耐用、操作简便、快捷方便，仅一分钟即可装订成册。

③ 陈述体：陈述体广告正文常用来陈述关于产品的一些事实情况，如产品荣获国际 ISO 认证，获得博览会荣誉称号，或者关于产品销售的一些情况等等。

饮水思源

上海市人民政府投资 4.57 亿美元，重点解决黄浦江水源污染问题，同时改进上海市及附近地区的废物收集和处理，以减少工业污染。

世界银行批准对上海贷款 1.6 亿美元，以帮助上海市人民政府解决饮用水净化问题。

上海天厨味精厂与亚洲矿泉水饮料有限公司，利用本地最好的矿泉水资源，引进世界一流加工工艺和设备，共同生产"天厨"牌矿泉水，形成年产 2 万吨的生产规模。

好水第一口。

④ 论证体：是以议论为主要表达方式写作的广告正文，包括论点、论据、论证三个部分。又有理论论证式、事实论证式两种。

两个特点：说理性和逻辑性

北极神海狗油

当您人到中年，年富力强，生活工作节奏紧张，您可能会得到两位客人的两份礼单。一是事业有成，成了社会中坚、家庭依靠； 二是脑动脉硬化。这第二张礼单是由头晕、头痛、耳鸣、眼花等信号兵送达的。如果您满不在乎，悄悄地会有更有分量的礼物奉上：手脚麻木发冷甚至颤动、心悸、失眠、记忆力减退以至痴呆。这时，集合起来的各种症状往往由在门外缓慢徘徊，变成向脑梗塞发展，瞬间就能致人残疾。并且，往往难以治愈。

追溯这病的起因，有相当宁静、温和、缓慢的渐进、发展过程。那是从青少年时就已开始积累了，是由于高脂肪、高胆固醇、高糖盐这“三高”食品引发的，它使血脂超高，血液黏稠度高，从而沉淀、附着在血管壁上，引发了血管硬化的形成和加重……

⑤ 证言体：证言体是以消费者为诉求主体写的广告正文。以消费者的第一人称，传达对产品的使用感受和评价，为商品作证明。

嘿！我叫肮脏的 Marlin

我之所以得了这个“美名”，是因为不管我怎么使劲儿，我的衣服和房间总是乱糟糟的。直到有一天，妈妈带回来一瓶稠稠的、浓浓的姜味 Hershey 巧克力酱，用塑料瓶装着，手一挤就出来，不会弄得到处都是。当我做出了最好吃的巧克力奶时，我还不知道它是什么呢！这次我可没把巧克力酱洒得到处都是，我只是打开瓶盖把它挤出来就行了，不会乱滴乱溅，可逗呢！

现在，妈妈高兴了，我也一样高兴。我的房间和衣服还是乱糟糟的，可至少已经有点希望了。

⑥ 自述体：这是以产品为诉求主体写作的正文。它将产品拟人化，使产品以人性的表达来与受众产生共鸣。

肥 城 桃

我叫肥城桃，这次来香港，还是生平第一次。所以也难怪各位看见我直叫“啊呀”了（谁叫我生得体大惊人呢）！在咱们家乡——山东，我可是早与莱阳梨、烟台苹果齐名了。人们只要一提起山东水果的三绝，总不会忘记提到我。

我所以迟迟不出“闺门”，并不是因为我架子大，更不是因为我丑见不得人，不是说大话，我可比莱阳梨好吃得多了。就是比香甜吧，我也不比那两位差。讲内在质量呢，在某些方面，我还比他们强得多，什么维生素 A、B、C……我都有，而且含量丰富。只有一样，我始终没法跟他们比，那就是我生来皮肤单薄，而且越到好吃的时候，皮越薄，汁越多，谁要用指头一挑，我的甜汁就会流个涓滴不剩……

⑦ 诗歌体：用诗歌形式写成的广告正文。诗歌具有音韵美、形式美、语言美、意境美四大特征，适合表现产品的文化韵味和附加价值。

例如：豆腐诗

传得淮南术最佳，
皮肤褪尽见精华。
一轮磨上流琼液，
百沸汤中滚雪花。

瓦缸浸来蟾有影，
金刀剖破玉无瑕。
个中滋味谁得知，
多在僧家与道家。

⑧ 歌曲体：即以歌曲形式写的广告正文。

例如：草珊瑚含片

掌声响起，回味你的深情，
经久的关怀与温馨，
悉心的爱护与保养，
无论掌声是否响起，
草珊瑚含片都一往情深。
清爽在喉，滋润在心，
——草珊瑚含片，
抗菌消炎，止血止痛，
中央人民广播电台播音员护嗓专用。
草珊瑚含片，治疗咽喉炎有特效。
画面：某歌星手执话筒的大幅头像。

⑨ 相声体：相声体广告是以相声的艺术表演形式传递商品、劳务信息的广告文体。

例如：

爱“嘉陵”

唐杰忠：老马，您在等谁呀？

马季：我的那个“嘉陵”。

唐杰忠：“嘉陵”是您“爱人”呀？

马季：我太喜欢“嘉陵”了，它有许多优点，容貌长得盖世无双，绝代佳人，风度潇洒、帅气，平地走路像仙女腾云驾雾，爬坡就如嫦娥奔月，唱歌优美动听。与“嘉陵”结为“伴侣”太幸福了。追求“嘉陵”的小伙子太多了，连姑娘们也都在追求嘉陵哪！

唐杰忠：什么，姑娘们也向您“爱人”求爱？！

马季：什么呀？瞧，它来了。

唐杰忠：呵，原来是嘉陵牌摩托车呵！

⑩ 对话体：采用对话形式写成的广告正文。

例如：男：你没搞错吧？筑业那么好的房，就咱俩一个月1000多点的工资，能供得起吗？

女：嗨，甭担心，我算过了，咱俩买筑业的房，绝对绰绰有余。

3. 财经广告口号的写作

广告口号，也叫广告语、广告主题句、广告中心词、广告中心用语、广告标语等。它是企业为了加强受众对企业商品的一贯印象，在广告中长期反复使用的简明扼要的、口号性的、表现商品特性或企业理念的句子。它是基于企业长远销售利益，向消费者传达一种长期不变的观念的有效形式。

(1) 广告口号的写作原则。

① 简短易记，口语风格。

“雀巢咖啡，味道好极了”

② 用词朴素，合于音韵。

“喝孔府宴酒，做天下文章。”——孔府宴酒

③ 突出个性，观念超前。

“保养皮肤，做个有味道的男人。”——某男性护肤品

“我的眼里只有你。”——娃哈哈纯净水

“无论何时何地，我们与你同在。”——中国移动

④ 情感亲和渗透力强。

“晶晶亮，透心凉。”——雪碧

⑤ 适应媒体，长期运用。

“挡不住的感觉。”——可口可乐

“农夫山泉有点甜。”——农夫山泉

（2）广告口号的表现形式。

① 比较式。

“七喜：非可乐。”——七喜饮料

② 承诺式。

“如果有人发现“奔驰”牌汽车发生过故障，被迫抛锚，我们将赠送您 1 万美金。”

——奔驰牌汽车广告

③ 设问式。

“借问酒家何处好，东湖乐园酒家优！”——东湖乐园酒家

④ 描写式。

“静谧的气氛，舒适的装饰，上海宾馆带您进入悠闲的世界。”——上海宾馆

⑤ 叙述式。

“山亲水亲不如‘老地方’亲，千好万好还是‘老地方’好！”——老地方酒店

⑥ 对偶式。

“喝汇源果汁，走健康之路。”——汇源果汁

⑦ 俗语式。

“千里之行，始于足下。”——鞋

4. 财经广告附文的写作

所谓广告附文，是指在正文之后用来介绍企业名称、地址、电话、购买方法等信息的文字。其内容大致包括：产品品牌、企业名称、企业标志、企业地址、联系方式、购买方法、权威机构证明标志、必要的表格等内容特别的信息。附文的写作技巧有以下几种：

（1）明确联系方式：如品牌名称、企业标志、企业的全称、地址、邮编、电话、传真号码、网址及联系人，经销商及其地址、电话，负责安装、维修的服务部门的电话、联系人等。

例如：小天鹅集团

地址：中国无锡惠钱路 67 号

邮编：214035

本地服务热线：（020）8442××××

总部监督电话：（0510）370×××

（2）写明附言：可以将附文写成简短的附言，为了使附文具有亲切感和人情味，还可以在附文中使用比较个人化的语句。

例如：

凡购买 DVD840 影碟机一部，附送宝丽金精选珍藏 DVD MTV 卡拉 OK 碟一张，数量有限，送完即止。

如有垂询，请致电飞利浦顾客服务热线：

（021）6517×××× 或 广州办事处电话：（020）8732××××

（3）突出促销措施：在附文写作中，如果有赠物、抽奖、赠券等促销内容。

例如：

我们的特别优惠活动在以下店铺中进行，欢迎您就近光顾。

如果您在……日以前购买……产品，我们将有特别的礼品奉送。

三、写作要求

（1）广告必须以事实为基础，绝不允许弄虚作假，蒙骗消费者。

（2）广告文案条理清晰，主题单一，做到重点突出。

（3）研究和了解消费者的心理，掌握各种不同类型、不同层次的消费群体特征，使广告具有较强的针对性。

（4）广告用词准确，简明易懂。

（5）创意新颖，分割独特。

第四节　商品说明书

一、文体知识

（一）商品说明书的概念

商品说明书是一种以说明为主要表达方式，用平易、朴实、易懂的语言向用户等消费者通俗地介绍商品（包括服务等）的性能、特征、用途、使用和保养方法等知识的文书材料。商品说明书又称使用说明书。其写作目的是教人以知，教人以用。

（二）商品说明书的特点

客观性、实用性、条理性、通俗性。

（三）商品说明书的种类

（1）以内容为标准，说明书可以分为解说阐述性说明书和介绍简述性说明书。

（2）以篇幅的长短为标准，说明书可以分为完整性说明书和简约性说明书。

（3）以表达的形式为标准，说明书可以分为文字式说明书，图表式说明书和音像式说明书。

二、写作格式

商品说明书的结构一般由标题，正文，落款三部分组成。

（一）标题

商品说明书常见的标题有三种：

（1）直接以文种作标题。例如《商品说明书》《产品说明书》《使用说明书》《使用指南》等。

（2）以商品名称作标题。例如《三九胃泰》《紫光扫描仪》等。

（3）以商品名称加文种作标题。例如《盖中盖口服液产品说明书》《步步高 DVD 使用说明书》等。

（二）正文

正文是商品说明书的核心部分，各种商品不同，需要说明的内容也不同，有的说明商品的用法，有的说明商品的功能，有的说明其构造，有的说明其成分等，千差万别，各有侧重。例如食品说明书重在说明其成分，使用方法及保质期限；药物说明书重在说明其构成成分，基本效用及用量；电器说明书重在说明其使用和保养方法等。一般情况包括以下几个方面的内容。

（1）产品的概况（如名称、产地、规格、发展史、制作方法等）。

（2）产品的性能、规格、用途。

（3）安装和使用方法。

（4）保养和维修方法。

（5）附件、备件及其他需要说明的内容。

以上的内容，可以根据实际需求取舍详略和变动前后顺序。正文的写法有多种多样，常用写法如说明文式、条文式、对话式、表格式、故事式、解释式等，比较常见的有概述式、短文式、条款式、图文结合式。

（1）概述式。一般只有一两段文字，简明扼要地对商品作概括介绍。

（2）短文式。对商品的性质、性能、特征、用途和使用方法作简要介绍，多用于介绍性的内容说明，常用商品多采用这种方法。

（3）条款式。这是详细介绍商品的说明书的写法。它分成若干个部分，将有关商品的规格、构造、主要性能和指标参数、保养方法、维修保修方式更逐一分条列项介绍给消费者。常用的家用电器说明书多采用这种方式。

（4）图文综合式。即图文并茂地介绍商品。既有详尽的文字说明，又有照片和图示解说，辅之以电路图、构造图、分子式（医药）等。这种商品的说明书往往印成小册子作为商品附件。

（三）落款

落款要写明产品的制造厂家的名称、地址、邮编、E-MAIL 地址、电话、传真及产品的批号、生产日期、优质级别等。不同的商品说明书，落款的项目有所不同，应根据实际需要落款。

三、注意事项

（1）好的说明书应起到指导消费的作用，但有些说明书却未能做到这一点，如介绍使用方法太简单，或不得要领；有的把功效写得很笼统，欠具体分明。

(2) 说明商品，应把重要的。关键的内容告诉消费者。但有些商品介绍只是泛泛而谈，未能在关键、重点问题上多加笔墨。

(3) 用词不恰当，常因语义含混而影响表达效果。

(4) 商品说明书要求行文简洁，但不少说明书惟恐用户不明白，不厌其烦，赘赘而谈，语句重复。

(5) 食品不标明出厂日期或保质期。这种商品，顾客会因疑其过期而不加购买，影响商品销售。

课后练习

一、简答题：

1. 财经消息与财经通讯有什么区别？
2. 什么是复合式标题？找一份报纸，在其中找出属于复合式的标题。
3. 经济消息和经济通讯各有哪些种类？
4. 经济通讯写作应注意哪些问题？
5. 商品广告的标题有哪些类型？
6. 商品广告正文的形式有哪些？
7. 请简要回答广告口号的写作原则。
8. 商品说明书与广告有什么共同点和不同点？

二、实训题

1. 根据下面提供的材料，完成消息和通讯各一篇。

柳传志，联想集团董事局主席，从 1984 年创业至今，他领导的联想集团尝试了一系列改革试验，使企业的规模和效益均迈上崭新的台阶。用柳传志的话说，主要做好了以下四件事情：第一件是高科技产业化。现在联想控股正在与中科院合作做“联想之星”项目，培养科技创业企业的 CEO，帮助他们转变观念，学习技能，推动他们与社会资本结合，希望能够为中国的高科技产业化趟出一条路来。第二件是联想在跟外国企业竞争的时候，拔了头筹、打了胜仗。第三件是股权激励。企业本来是科学院投资的 100%的国有企业，在科学院的大力支持下，通过一些途径，最后实现了员工持股 35%，这个机制的实现对联想的发展是极其重要的。第四件，是为年轻的同事提供了舞台。联想不仅有杨元庆、郭为、朱立南、陈国栋、赵令欢、吴亦兵，还有像陈绍鹏、刘军等更多的人。现在他们很多人甚至都站在了国际舞台上。现在的联想控股，下面有联想集团、联想投资、弘毅投资、神州数码和融科智地，有一个比较贴切的比喻，就好像我是一个制片人，代表股东利益来拍电影，选择拍武打片还是言情片，然后选一个好的导演，支持导演的工作，并且决定这个电影拍好了以后给导演付多高的工资是我的主要工作。而更具体的，比如选什么演员，这部戏具体怎么拍则更多的是导演的工作。

2. 阅读下面这则报刊广告，存在哪些问题，并修改。

销售广告

我厂生产以下文化用品：各种作业本、文具盒、各类笔、各种墨水、各种纸张、多种日记本等。上述产品，质量优良、装帧美观、价钱合理、颇受国内用户好评。

欢迎来人来电来函订货。

本厂地址：××省××市

电话号码：××××××××××××

邮政编码：××××××

3. 根据所提供的材料，写一则报纸广告文案。要求广告标题、口号、正文、附文格式完整，正文字数不少于200字。

洁净电器有限公司是美国水质协会会员单位 TOYEAR TECHNOLOGY INC 在中国的独资公司。公司的专利产品拓野纯净水机直接安装在水管上，利用反渗透原理五级过滤将水中污染物全部去除，并保存水中对人体有益的微量元素，使水变得更新鲜、更卫生，起到保健的作用。该净水机有两种规格：双温纯净水机和单温纯净水机。洁净电器有限公司地址：三江市文苑路116号；电话：666-77777。

4. 就正在使用的某一件商品，试着写一份说明书。

第七章 财经论文

学习目标：

（1）了解财经论文的概念、作用、特点和种类。

（2）知晓财经学术论文的选题方法、结构特点及常用论证方法。

（3）掌握财经毕业论文的基本格式和具体要求。

（4）能写作和修改简单的财经论文。

本章主要介绍财经论文的概念、种类、作用、特点；讲解财经学术论文和财经毕业论文的结构、论证方法、写作要求、选题原则；重点是怎样选题、如何搜集和使用材料以及结构特点，为将来的工作、学习、研究，以及个人更好的发展打好基础。

第一节　财经论文概述

一、财经论文的概念和作用

（一）财经论文的概念

财经论文是以国民经济中带有普遍性或局部性的问题为论述对象，揭示经济规律，提出并阐述加快经济发展、提高经济效率的见解和主张，对经济工作和生产经营具有直接指导意义的文章。

经济学界和从事经济工作的专业人员宏观、微观的科研文章，经济类大学生的毕业论文都属于财经论文的范畴。

财经论文是用来表述研究课题的新观点、新思想和新理论的，是为经济理论研究、应用研究、开发性研究——新兴经济学科服务的。所以财经论文的写作，既是经济科研的一种手段，又是总结经济科研成果、进行学术交流、发展经济理论的一种工具，它对于党和国家制定经济方针政策，对于人们探索和运用经济规律，指导促进经济发展，培养和造就经济人才，都具有十分重要的意义。

对于财经专业在校大学生、研究生来说，财经论文写作是财经专业学生本科、硕士或博士阶段学习的重要环节，是基础理念学习深化与升华的重要阶段，是全面检验学生综合素质与实践能力培养效果的主要手段，是学生毕业及学位资格认证的重要依据。因此，做好财经论文，对提高自己的全面素质具有重要意义。它是课程学习的总结与延伸，是学生开展规范学术研究的起步，有利于学生创新思维的培养，为将来的工作或学习培养独立思考、独立解决问题的能力。

（二）撰写财经论文的作用

社会经济生活是社会生活的核心部分。从事财经研究的专家学者通过调查研究，对可能出现和已经出现各种问题进行分析、研究，提出解决方案，从而为社会经济发展提供智力保障。财经论文水平反映了一个国家的经济研究水平，也侧面反映了一个国家的经济发展程度。

财经论文的作用主要有三点：

1. 具有宣传党的经济工作方针、政策的作用

一般来说，财经论文分为宏观、微观和经济评论三种。宏观财经论文和微观财经论文论述经济问题，既要符合客观经济规律，又要体现党的方针政策，特别是微观财经论文，要具体贯彻党的方针政策。因此宏观财经论文和微观财经论文在论述经济问题、揭示经济规律的同时，对党的方针政策就起到了宣传作用，而经济评论基本上是用党的方针政策来评论经济现象和经济问题，可以直接宣传党的方针政策。

2. 对经济工作、生产经营起到指导作用

因为财经论文针对经济工作、生产经营中的具体问题提出和阐述符合客观经济规律、符合党的方针、政策的见解和主张，所以他们在实践中就具有指导作用。宏观财经论文对于整个国民经济的发展具有指导作用，微观财经论文对于个别企业和生产单位的生产经营具有指导作用。

3. 对经济工作者学习和研究经济理论具有帮助作用

经济工作者通过阅读和写作财经论文。可以熟悉经济理论的概念，学习和钻研经济理论知识，理解和把握客观经济规律，从而准确地分析和认识现实生活中的各种经济问题。作为经济管理工作者，可以自觉地运用经济理论，搞好决策和管理工作，作为一般经济工作者和企业职工，可以提高自觉性，减少盲目性，搞好工作。

二、财经论文的特点和分类

（一）财经论文的特点

撰写财经论文除了要遵循一般学术论文写作要求以外，还要注意财经论文自身的特点。

（1）财经论文写作要具备一定的相关经济学知识和理论水平，对国家政治、经济政策有比较深刻的了解；

（2）财经论文主要是解决现实经济生活中的一些实际问题，特别是当前经济发展中出现的一些热点、难点问题；

（3）财经论文不仅要有质的论证还要有量的分析，有时还要用统计数字、数学模型来说明；

（4）财经学术论文往往需要用多学科知识，如政治学、社会学、经济学、数学等，其综合运用知识的要求比较高。

（二）财经论文的种类

财经论文的类别很多，依据不同的标准往往可以有不同的类别，如：按写作目的分，可分为学术论文和学位论文；按研究对象分，可分为宏观、微观财经论文和经济评论；按写作方法分，

有战略对策型和理论探索型财经论文；按立论方式分，可分为立论文和驳论文，等等。

(1) 宏观经济论文是带有整体性和普遍性的研究国民经济成果的理论文章。有关国民经济布局、经济体制改革、市场机制等论文都属于这一类。如：《试论我国会计信息系统的发展对审计的影响》《我国农民社会养老保险影响因素的定量分析》《中国公共事业民营化管理论略》等。

(2) 微观经济论文是带局部性的、以国民经济中某部门的生产或管理为研究对象的理论文章，如：《广东劳动就业运行趋势和近期对策》《安徽省黄山市利用外资研究》《北京农民工工资状况调查》等。

(3) 财经专业学位论文，是学位申请者为申请学位而撰写的学术论文。要求严格遵守学术规范，从一定的理论高度观察和分析带有学术价值的问题，阐发道理。学位论文分学士、硕士、博士三个级别。

第二节 财经学术论文

一、财经学术论文的选题

论题就是财经学术论文论述的问题。财经论文的作者，要确定选择论题的恰当角度，选择有意义、有价值的论题。

（一）财经学术论文选题的方向

(1) 宏观财经论文的选题，要从国民经济发展的宏观角度出发，选择那些关系整个国民经济发展、部门经济发展、地区经济发展的重大理论问题和实践问题进行论述。

(2) 微观财经论文，要从微观经济角度出发，密切结合企业或其他经济部门的生产经营实际，选择那些关系企业发展、影响经济效益的问题进行论述。

(3) 经济评论论题的确定，必须具有针对性，就是依据党和政府制定的经济工作方针和政策，选取和评论当前经济工作中出现的急待解决的问题，以便引起社会的广泛关注，使问题得到尽快解决。

（二）财经学术论文选题应遵循的原则

不管哪一种财经论文，选题都应遵循以下原则：

(1) 选择当前亟待解决的问题。要从社会需要和经济学科建设本身的需要出发选题，尤其注意选择那些亟待解决的问题作为论题。

(2) 选择有价值的问题。我们强调选题要为当前的经济生活、经济工作服务，同时还强调选题要有战略眼光，最好选择那些对经济科学的基础理论建设有重要意义的问题，对当前经济科学发展有迫切现实意义的问题。

(3) 选择有创造性的问题。创造性是科研的命脉，也是选题的根本原则。或理论上有所创新，或方法上有所创新，或应用上有所创新。

(4) 选择适合自己情况的课题。要求对预期完成论题的可能性，即主客观条件加以周密准确的估计。主观条件指研究者的学识知识、研究经验和能力素质。客观条件主要指实验手段、资金等是否具备。

（三）财经学术论文选题的范围

一般来讲，写作财经论文的选题可在下列范围内进行挖掘：

（1）经济理论中的空白区；

（2）现实经济活动中亟待解决的问题；

（3）经济学科与其他学科交叉的部分；

（4）对基础经济理论、经济史的考证与发掘；

（5）解决传统经济理论和新经济事实之间的矛盾和冲突；

（6）扩展原有理论及其应用范围；

（7）在原研究成果的基础上进行深入研究。

二、财经学术论文的结构

财经论文的结构形式是多种多样的，从宏观上来看，大体有七个部分：标题、摘要、关键词、引言、正文、结论、参考文献。

（一）标题

标题是论文的“眼睛”。标题的拟定要考虑三个方面的问题：第一，标题与论题的范围、中心、论证角度是否一致。一般来讲，学术论文的标题是根据论文主要内容确定的，是从中心内容提炼出来的，论文的论点、论据和结论，往往都在标题中有不同程度的反映；第二，要考虑标题词语的组织和搭配、限定等。论文的标题切忌空泛、笼统，在语言朴实的基础上，还要能引起读者的兴趣；第三，标题不能像小说、散文、诗歌那样含蓄、委婉，而应该让人看了一目了然，尽量做到简洁、准确。例如：《我国加工贸易的现状、问题和对策》《企业内部冲突的实证研究》《中小企业融资策略分析》等。

（二）摘要

摘要位于标题和前言之间，是文章主要内容的摘录，起报道和检索作用。国家标准对论文的摘要作了如下规定：摘要是报告、论文的内容不加注释和评论的简短陈述。摘要的撰写要做到：短、精、完整。“短”即摘要篇幅短小精悍，字数少的可以短到十几个字，长的可达千字，但一般以200～300字为宜；“精”要求摘要内容精炼，应筛选文章的精华；“完整”即摘要可以独立成篇。

（三）关键词

关键词是从论文的题名、提要和正文中选取出来的，是对表述论文的中心内容有实质意义的词汇。关键词是用作计算机系统标引论文内容特征的词语，便于信息系统汇集，以供读者检索。每篇论文一般选取3～8个词汇作为关键词，另起一行，排在“摘要”的左下方。

（四）引言

论文的引言，又称为绪论。一般要概括地写出作者的意图，说明选题的目的和意义，并指出论文写作的范围。引言部分要求突出作者所要解释的内容，因此，引言一定要紧扣论文研究的核心问题。一般引言要做到言简意赅，有较强的吸引力。引言往往包括如下几点：选题的由来；国内外对此选题研究的现状；选题所要提出的问题、解决的问题以及解决的方法。

（五）正文

正文是论文的主体，是作者科研成果的具体反映和表述。正文应该包括论点、论据、论证过程以及结论。正文的写法可以有各种写法，不拘一格，但财经论文正文的内容基本包括以下几个方面：提出问题—论点（论题）；分析问题—论据和论证；解决问题—论证方法与步骤。

（六）结论

结论是学术论文正文的最后部分，是分析论证的必然结果，它往往是本论部分重点的提示和强调，它的内容应该与绪论相呼应。对某些前述研究的综合概括，或提出解决问题的途径，或提出进一步要解决的问题。这部分的主要问题大致有三种情况：一是结论性结尾，这部分是作者对论文研究课题作出的答案；二是探索性结尾，这部分是作者未经证实的结论，是一种展望或理想；三是设想性结尾，这部分是作者在研究和实验中一时尚未解决，提出一种设想性意见，以引起当代或后代的兴趣，加强对这一课题的研究。

（七）参考文献

参考文献是指本篇论文在研究和写作中可参考或引证的主要文献资料。其目的在于向读者提供充分、可靠的信息，使读者可以追踪溯源查到有关的文献，同时也可以看出论文作者提出独到见解的依据，并使研究相同课题的同行从论题和参考文献中得到某种启示。列举参考文献的要求是：

第一，所列举的参考文献应是正式的出版物，以便读者考证；

第二，所列举的参考文献，要标明序号、作者姓名、著作或文章的名称、出版单位、出版时间（或版次），章节与页码也都要标明；

第三，所列举的参考文献应按文章参考或引证的文献资料的先后顺序，依次列出。不应以文献重要与否或名人名家、非名人名家的顺序排列。

三、财经论文的论证方法

论证的方法有很多，从论据的选择来看，有用理论分析来加以论证，也有用事实依据来加以论证；从论证的层次来看，有先分后总式论证，也有先总后分式论证；从论证的方向来看，有顺证，也有反证等。在此我们不对其一一详述，主要谈谈财经论文当中常用的两个论证方法。

（一）引用论证

首先应该明确的是，我们在搞研究、做论文时，经常会碰到引用他人观点来进行论证的情况。如果一篇文章通篇都是自己的观点，那是不合实际的，如马克思在《资本论》中就引用了很多他人的观点。其次需要强调的是，引用并不指为了拼凑文章而去抄袭照搬，它应当是出于以下三方面目的的考虑：一是赞成他人的观点，并在他人基础之上建立自己的观点时，需要引用。如赞成财务是一种货币关系的观点，但同时又认为这种货币关系的本质就是利益分割、价值分配关系，这时就可以引用他人的观点来阐述自己的观点；二是赞成他人的观点，但从另一个角度去对其加以论证时，需要引用。如他人从保护投资者利益的角度论述了公司财务信息披露的重要性，而你又准备从规范公司财务会计行为的角度去就此进行论证，这时可以引用他人结论来发展自己的观点；三是不赞成他人的观点，并准备对其进行批判或修正时，需要引用。如有人认为会计准则的制定是一个政治过程，但你却认为它在中国不是政治过程，而是行政过程，这时可以引用他人的观点并对其加以反驳来形成自己的观点。最后，在引用他人的观点后，还有必要将出处、作者、时间等一一交待清楚，这既是以备他人查考的需要，也是一种严谨、负责的研究态度的体现。引用论证包括引用他人观点、引用相关材料和数据等，其中引用数据材料要特别注意材料是否准确，是否具有权威性，是否被绝大多数机构所认同，不然将降低论文的质量。在引用他人材料的同时应当注明材料拥有者、材料来源等信息，以便人们查证。

（二）定量分析论证

近年来，随着我国经济的发展和对外学术交流的开展，定量分析论证被越来越多地引入国内理论研究中来，这应该被看作是一种进步。一方面有利于我们提高研究准确性、科学性，另一方面，也可以改变我们传统的思维模式，促进新的思维模式的建立。但运用定量时，还要考虑到以下几点：一是要考虑研究对象，适合于定量分析研究的，坚决运用，反之就不用。二是要考虑论文是写给谁看的，不同的受众对定量分析的接纳程度和理解程度是不同的。三是财经论文中的定量分析模型处理要灵活运用。如果模型是个人首创的或需要大量推导才能得出结论，若推导过程全放在正文中这容易造成读者的阅读困难，大量舍弃细节又不能令人信服，那就可以在正文中概括性地总结，把比较复杂的推导过程放在文后的附录部分另行交待。

（三）举例论证

举例论证就是列举一个与论题关系度很大的实际例子来论证自己观点，这与普通论文的举例论证是一致的。但财经论文中举例论证有自己的特点，一是不能用简单的枚举法，必须用事实说话。这个“事实”不是一般的新闻报道，而是数据材料。一般来说，这样的论文喜欢进行个案分析，论文经常还有一个副标题“以 XX 为例”，例如“中部地区村社经济研究——以凤阳小岗村为例”。二是对“事实”要作充分的剖析，因为数据是死的，人必须揭示这数据后面包含的道理。例如我们认为迪士尼乐园进入上海不会造成本土主题公园的大规模倒闭，我们可以用迪士尼进驻香港为例。数据表明，深圳的华侨城在香港迪士尼营业以来，客流量、营业收入双双幅度提高，华侨城集团不但没有倒闭，反而迎来快速发展期。这是为什么？第一，由于当国人亲睹了迪士尼之后，原来对主题公园神话般的期望值降低了，于是对国内主题公园的水平认同度提高了；第二，香港迪士尼乐园，带来一股主题公园消费热，热捧主题公园的人群扩大了。如果不给出这两个理由，那么数据仍然是数据，为什么华侨城旗下的主题公园客流量不降反升就说不通了。

（四）比较论证

比较论证就是将一个或者一个以上性质相同、相近、相反的事例拿来与要论证的事例进行比较以证明自己的观点是成立的。选择的是性质相反的材料，称为反面论证，或者称为反证；性质相同或相近的称为类比论证。比较论证的好处是彰显事物的特点，提高说服力。例如，关于“苏南模式”与“温州模式”经济发展方式的研究，就有很多学者从多个角度进行了比较，通过利润、政府收入、个人可支配收入、资金利用率、单位能源消耗比等方面的比较彰显两种模式的差异性。

（五）综合论证

综合论证本身不是一种论证方法，它是将多种论证方法放在一起综合运用。在大多数情况下，财经论文不可能只是使用一种论证方法，例如，在引用论证中有分析论证、归纳论证、演绎论证，甚至包括例证法、定量分析法和反证法，这是因为经济现象十分复杂，往往一种论证方法不足以证明问题的本质。综合论证有两种情况：第一种，以一种论证方法为主，兼及其他论证方法。例如我们撰写农村居民消费方面的文章，可以将定量分析论证作为主要方法，辅之以引用论证、举例论证和比较论证。第二种情况是根据文章结构，在某一部分主要使用一种论证方法，其他部分主要使用别的论证方法。

总之，在研究过程中需要掌握的论证方法很多，需要解决的问题也很多，这些都有待于通过实践来细细体会、慢慢摸索。

四、财经学术论文的语言

财经学术论文表述的是一种科学研究的成果，它运用的语言必须体现科学语体的特征。所谓科学语体，就是各种科学文献使用的一种语言体系，是一种有别于文学语体、生活语体的语言。

（一）财经论文的语言特点

（1）概括、严密：财经论文是以说理为主要内容的文章，它运用的是逻辑思维，因此，它的语言必须具备各种逻辑因素，必须具有逻辑性。这种逻辑性表现在语言的表达上就是概括和严密。

（2）精确：科学研究就是要精确反映事物的真实面貌和本质。精确的内容必须用精确的语言才能反映出来。

（3）平易：就是平实自然、通俗易懂的意思。科学研究是实实在在的工作，而不能装腔作势，故弄玄虚，科学论文的语言也必须体现这种特点。

（4）庄重：科学研究是一件严肃的事，科学论文的写作也必须用严肃的态度对待，说出的话也必须庄重得体。

（二）学习财经语言的途径

（1）要学好与财经有关的各门学科，掌握好系统的财经类知识，熟悉财经研究的基本方法。这样在撰写论文的时候，财经术语的使用才会比较准确，才会避免概念范畴的错误。

（2）要多关心中国社会经济生活的现实问题。书本知识是已有的知识，而现实中正在发生的问题才是新知识产生的源泉，这是一个学习知识的过程，也是一个学习财经语言的过程。

（3）要多读财经类论著。随着改革开放的深入，我国经济活动日益频繁，人民的经济生活也越来越丰富，加上信息传播的发达，各种出版业的发展，出现了许许多多的财经论文和论著，它们是实践的经验和总结，是学习经济语言的“教科书”，反复地看，不断地学，从模仿到创造，日久天长便可以在无法中求得法，在有法之后求其化。

五、财经学术论文的写作要求

（一）熟悉党的经济工作方针、政策，掌握经济规律

这是财经学术论文写作的方向和基础，如果不了解党和国家的财经路线、方针和政策，不仅起不到应有的作用，达不到撰写论文的目的，甚至会犯路线方针方面的错误。

其次，财经论文的作者要掌握经济规律。经济规律是社会经济现象间内在的、本质的必然的

联系，这种联系是在一定的经济条件基础上形成的，是不以人们的意志为转移的，人们只能认识它、利用它，而不能改造或者创造、消灭它。财经论文的作者应当认真学习经济理论知识，深刻地理解和准确地把握经济规律。不仅要掌握一般经济规律，而且要懂得企业管理的各项基础法则。否则，就可能违背经济规律而使财经论文失去意义甚至产生错误。

（二）多方收集资料，恰当选择和组织材料

财经论文写作，在选择了论题以后，就要多方面收集有关论题的各种材料。

一是马列主义经典言论，这是我们研究经济问题的理论指导，也是我们论述观点的重要论据。

二是党的方针和政策，它在财经论文写作中也具有指导作用和论据作用。

三是事实材料，即国民经济发展的历史情况和现实情况，企业经营部门的生产经营情况，包括采取的措施、做法和取得的实效等。

收集和掌握大量材料以后，就可以进入确立论点、选择、组织材料阶段。

确立论点，要以马列主义基本原理和党的方针、政策为指导，分析、研究材料，从材料中提炼论点。论点一经确定，又对材料的选择和组织起统帅和制约作用。一般要求材料应具备三性：一是适应性，二是预测性，三是实用性。

第三节　财经毕业论文

一、财经毕业论文写作的意义

财经毕业论文写作的意义，主要表现在以下几个方面：

（一）撰写毕业论文是财经类各专业毕业作业的主要形式

进行社会调查，完成毕业作业，是高等学校应届毕业生在毕业前必须完成的具有总结性的集中实践性教学环节，是一项“指令性”的学习实践任务。

（二）撰写毕业论文是实施学位管理的要求

按照《中华人民共和国学位条例暂行实施办法》的规定，高等学校本科学生只有在完成教学计划的各项要求，其课程学习和毕业论文（毕业作业或其他毕业实践环节）的成绩，表明确已较好地掌握本门学科的基础理论、专门知识和基本技能，并具有从事科学研究工作或担负专门技术工作的初步能力的，才能授予学士学位。

（三）撰写毕业论文是对学生在以往学习过程中所学有关知识理解和掌握程度的一次综合检验

按照高等财经院校本科层次学生培养目标，在财经专业本科教学计划中开设了多门课程，这些课程所涉及的内容虽各有不同，但构成了一个完整的学科知识体，毕业论文的写作过程，正是对学生是否真正理解所学知识，是否能完整把握真个知识体系，综合运用相关专业理论和技能的检验。例如：要写一篇关于“内部会计控制”的论文，就要综合运用企业管理、控制原理、会计核算、财务管理、审计等方面的专业知识。所以，论文的写作过程，既是一次对以往学习的质量、水平的综合检验，更是一次很好的学习过程。

（四）毕业论文的写作过程，还是一次动员学生积极参与社会实践，提高动手能力和综合素质的全面训练

论文的写作，要求学生具有对社会经济现象的敏锐的观察能力和一定的社会调查和分析能力、具有一定的逻辑归纳、概括和综合能力和的语言文字能力，因此，毕业论文的写作实现培养目标的一个重要手段和重要过程。

二、财经毕业论文的类型

财经毕业论文的性质是经济论文，属议论文的范畴。它的研究范围较广，类型也可以多样式。按论文的体式分类，可以有以下几种：

（一）纯理论性论文

这类论文是对财经类专业某专业领域的基本理论进行系统分析、论证的论文。这些论文一般是从某一专业基本原理为出发点或以某一理论为基础，对研究课题进行分析、推理、论证，从而期望得出新的结论或对某原有理论进行修正。例如：有关会计专业的论文中“关于会计理论结构”“关于会计的性质”“关于会计学的学科范围”“知识经济对传统会计假设的冲击”“关于财务管理目标的认识”等就属这类。

（二）经济实证性论文

这类论文主要是要回答或解决“是什么”的问题。它的特点是通常运用大量的历史考证资料或现实的调查、分析数据去说明或证实某一观点。例如：会计专业的论文中“会计的起源与发展”“会计环境与职业道德”“现代会计与会计的职能”“知识经济与人力资源会计”“关于对商誉确认、计量的认识”“浅析会计委派制”等就属于这类。

（三）工作方法研究性论文

这类论文主要是对实际工作中遇到的问题或运用的方法依据有关法规、政策和理论进行分析、论证并提出意见或见解的论文。例如：会计专业论文中“对现金流量表编制方法的认识”“关于加强和完善内部控制的建议”“作业成本法在成本管理工作中的运用”等。

（四）调查报告性论文

这类论文是对社会经济活动中某一现象或问题，通过广泛、深入的调查，并以能反映事物发展内在规律的资料或若干具有代表性的典型案例来揭示、说明其发展现状、原因、发展趋势的论文。例如：“会计委派制在××地区实施情况”“当前会计信息失真的原因及其治理”等。

三、财经毕业论文的写作

（一）财经毕业论文的选题

财经毕业论文的选题非常广泛，既有理论与实践兼有的，也有单纯理论方面的选题和单纯实践方面的选题。选定一个合适的题目非常重要，一般来说要注意以下几个要点：

(1) 要掌握选题的原则。老题新写，要有新意，选新论题，要写出新见解，可根据本身的专业和所开设课程的偏向来选题。

（2）要确定选题的范畴。可根据本身的专业和所开设课程的偏向来选题，也可联合本身的兴趣偏好和社会实践的环境来选题。还可以联合以后工作取向来选题。

（3）要注意选题的方法。选题时还要注意避免平常化、陈腐化和类似化，绝对要有新意，有特点。也可在相关专业、相似专业，或边缘学科专业范围内选。

撰写财经毕业论文时，容易出现两个问题：

一是题目过大。一般来说，本科毕业论文要求万字以内，因此选题范围应当尽可能小一点。硕士论文也只要求三到五万字，题目范围可以略大一些。博士论文要求八万字左右，范围可以更大一点，可以进行宏观研究。但总的来说，大而空不如小而深。即使是博士论文，范围也不宜太宽。太宽了，一是研究时间不够，二是相关资料搜集难度大，三是用于研究的劳动量太大。

二是题目过。熟题目过熟也不好，原因是该选题别人已经研究得很充分了，留下可发挥的空间非常有限，因此写出的文章很难有高质量。

财经毕业论文选题的确定：

第一，在平时课程学习中多留意，培养自己对某些课程、某些学科方向的兴趣，在此基础上提炼出预备选题；

第二，关注社会经济领域的实际情况和实际问题，特别是结合自己的实习活动，在实际调查研究中发现问题。

（二）财经毕业论文的材料查找和搜集

选定课题之后，就要围绕课题搜集和查找相关的内容，特别是一些较有新意的观点和有争论的焦点。

搜集和查找资料一般有两种方法，一是大量的阅读各种文献资料和网络资料，查阅资料时不仅需要耐心、细致，还需要经过慎重的考虑，并按照一定的程式去搜集和查找资料，为我所用，为论文所用。二是广泛的社会调查，通过广泛的搜集资料，进行科学的分析、加工、整理和筛选，取其精华，为我所用。

查找和搜集材料时，常犯一个毛病：对资料的来源不加考证，把一些非权威的资料收集进来。为此，要注意收集如下四个方面的资料：一是各类《年鉴》上的数据资料。这类资料的全面性、综合性、权威性较强，具有较高引用价值；二是网上学术权威期刊资料。网上的信息容量大，更新速度快，获取便捷，是现代社会一条很重要的资料来源渠道；三是他人的文章或书籍后面摘录的参考资料。这类资料一般都是作者在研究过程中精选出来的，对于相关问题的再研究具有一定的参考作用；四是各级政府以及世界范围内的有关机构公布的材料。例如，我国各级政府一般都会在政府网站上公布当地社会与经济发展数据；各级和研究机构也有可能发布研究报告；联合国组织也会公布一些国际多方面的数据和资料等。

（三）财经毕业论文论点的确定

论点就是针对一件事、一种现象、一种认识发表对“论题”的最基本的看法，是对所要论述的问题提出的见解、主张和表示的态度，是作者在文章中所提出的最主要的思想观点，它是整个论证过程的中心。确定了论点，就表明了作者对“论题”的态度，不再模棱两可。论点要力求正确、有新意，财经类论文的论点最好是近三年的热点问题。明确论点之后，就可以整理、加工和筛选材料，提炼材料。

（四）撰写初稿

毕业论文是一项“系统工程”，在正式动笔之前，要对文章进行通盘思考，检查一下各项准备工作是否已完全就绪，论文的初稿是要根据确定的主题和提纲来写的，撰写初稿是一项最重要的工作，也是最需要花费心思的工作，撰写初稿原则上要按照提纲的顺序来写，一般按引言（引论）、本论（正文）和结论（结尾）的逻辑顺序来写。撰写初稿要做到：

(1) 行文上，要简明扼要、言简意赅。

(2) 论文结构上，要逻辑严谨、层次分明。

(3) 语言用词上，要用词准确、表述客观。字、词、句、段符合论文写作规范。

一篇学位论文的结构，一般分献辞、题名、摘要、关键词、正文、参考文献、谢词等部分。正文又有引言（或绪论）、论证、结论、注释等内容。

论文摘要是论文的有机组成部分，是为科研工作者提供在最少的时间内了解同行研究成果的机会。目前有相当一部分经济学论文摘要撰写不规范，最突出的问题是将摘要写成提要。摘要就是摘取原文中最能代表论文研究内容的原句，主要是各段的中心句。其次是论文一定要反映论文最主要的观点，最核心的内容，千万不要写成不着边际的写作缘起。

注释不同于参考文献，注释所包含的内容有对作者自己意见说明，对别人意见的评论和别人意见的出处等。有些看法有价值，但不便于在行文中提出，就可以安排在注释中说明，以保证行文的流畅；引用了别人的成果应当表明该成果出自什么地方，以便读者查证，或者作进一步研究。

参考文献是在研究和撰写论文过程中引用过的研究资料和研究成果。自己阅读过但行文中没有引用的资料就没有必要列上。参考资料说明研究比较深入，但不一定是越多越好，该不该列入的唯一标准是行文中是否用过、引用过。

（五）修改并定稿

初稿完成后，一定要反复修改、千锤百炼，认真阅读，反复思考，对整篇文章要字斟句酌，反复修改。修改主要有以下四个方面：

(1) 题目及标题的修改。

(2) 结构布局的修改。

(3) 行文规范的修改。

(4) 论述内容的修改。

四、财经毕业论文的写作要求

（一）要有创新

毕业论文的创新，可以从三个方面入手：材料、观点、方法。新材料、新观点、新方法三点俱全，是好的创新型论文；三者居其二，颇有创新价值；三者居其一，也有创新意义；三者一个不具备，就没有创新了，这样的论文不写也罢。

具体来说，要写出具有创新意义的论文，就要做到如下三点：

一是关注现实经济生活中出现的新现象。随着中国经济的发展和改革的深入，一系列新问题不断出现，成为社会热点问题。例如曾经出现的农民保险问题、城乡统筹问题等，这些问题在当时都是需要迫切解决的问题，现实意义大，研究成果不多，便于突破，甚至有可能填补空白。

二是研究前人已研究但尚未解决的问题。如果别人已经研究过，但研究不够深入，或者研究方法、观点、材料等方面存在漏洞，我们仍然可以继续研究，特别是对一些长期停滞不前的研究课题，如果你发现了问题症结可能存在于某处，你的研究就有可能打破原有格局。

三是关注重大分歧问题的讨论。学术界有些问题比较复杂，相应的观点也分成彼此对立的两派。这种情况下往往隐藏着被大多数人所忽略的因素。青年学子在学术上没有负担，没有过多的成见和学派藩篱，往往可能从新角度切入，从而有新发现。

（二）要符合财经论文的语言要求

语言在实际写作运用中，大致区分成两种：一种是实用性的，直接处理具体问题；另一种是文艺性的，从思想感情上感染别人，产生某种间接的影响。财经毕业论文写作的语言，运用的是前者，一般要求语言规范、准确、恰当、简练明快，同时还要具备专业倾向性。初学者常常出现如下问题，一是语言简练不足，套话废话多；二是句子逻辑混乱，喜欢用“但是”“而”“于是”这些套词，使论文显得比较幼稚。对于前者，该删掉的句子一定删掉，决不惋惜；对于后者，要多修改，适当调整语序，删掉过多的连接词。包含感情的词语和句子，尽可能不出现在行文中。

范例

原文	提示
道德风险与监管缺失：“高盛事件”的深层反思 莫兰琼 **摘要**：2010 年，全球金融市场尚未走出金融危机的阴影，高盛事件的爆发给原本脆弱的金融市场带来了极大的不确定性。“高盛事件”值得我们深入反思：华尔街的金融精英们出于贪婪的本性和道德的缺陷，借创新之名设计出各种金融衍生品，表面上是转移和分散风险，实际上是以更高的成本为代价提前透支未来无风险收益。金融中介的道德风险源于信息不对称和风险的“外部性”，而金融监管的严重滞后导致金融机构道德风险行为失控，最终导致危机爆发。 **关键词**：道德风险　监管缺失　反思 一、“高盛事件”的概况及后果 作为全球顶级投行，拥有 140 多年历史的高盛集团在世界各地资本市场都赫赫有名。在来势汹汹的金融风暴中，高盛不仅从哀鸿遍野的危机中挣脱出来，而且凭借卓尔不群的业绩为自己能够提前归还美国财政部的援金作出了佐证，一度被誉为“华尔街屹立不倒的灯塔”。然而，一向以“华尔街模范生”著称的高盛却陷入了欺诈丑闻。 2010 年 4 月 16 日，以“客户利益第一”为宗旨的高盛因涉嫌欺诈遭美国证券监督交易委员会（SEC）起诉。据 SEC 的指控，高盛于 2007 年 2 月应美国大型对冲基金保尔森公司委托，推出一款基于住宅次贷的抵押债务债券，向多国银行、基金和保险企业等投资者推销。保尔森公司本身看空美国抵押债务债券市场，但高盛在向投资者推销时隐瞒了保尔森公司参与这款金融产品的设计并意图做空这一产品的关键信息，其结果是保尔森公司通过做空交	标题简练地介绍了研究范围和对象。 摘要以最少的文字尽可能全面地反映出论文的观点。 关键词反映了研究范围和研究方法。 绪论点出研究意义，提出研究的问题，介绍事件的原委，由此引出研究的思路和研究的目标。

易赚取暴利高达 10 亿美元，并向高盛支付 1500 万美元的设计和营销费用，而买入该产品的投资者在不足一年的时间里蒙受了超过 10 亿美元的损失。这批投资者也正式成为继希腊政府后遭受高盛“道德风险”的受害者。

“高盛事件”的最终结果是高盛与 SEC 达成和解，高盛承认在一项次级抵押贷款产品的推销材料中没有向投资者披露关键信息，同意向美国财政部和几家潜在受害方支付 5.5 亿美元的罚款和赔偿。

区区 5.5 亿美元的罚款对于华尔街投行大鳄高盛公司根本无足挂齿，正如美国一位观察家所说的“此次和解协议是以一种很小的代价，就平息了曾经撼动美国最强大金融企的冲突”。但“高盛事件”对高盛乃至华尔街的影响都很大，国政府对金融危机进行“秋后算账”说明它找准了这场危机形成的根本原因——金融机构的道德风险，也意识到了自己监管的缺失，这意味着美国监管层将加强对金融机构的监管。

本论部分将中心论点分解成 2 个分论点，运用引用论证、分析论证等多种论证方法，分析研究高盛事件的深层原因。

二、高盛事件的深层原因解析

高盛问题的严重性，在于已经看到市场的系统性风险在积聚，却还在不断设计做多环境下的金融衍生产品，甚至为了展示自己的公正性，用第三方的判断来包装自己，为做空投资者牟利而设计产品（孙立坚，2010）。正如 SEC 执法部门主管罗价特 · 库扎来在起诉书所陈述的：“这种全新的金融产品很复杂，但其中的欺诈和利益冲突却是简单和老旧的。高盛错误地允许一位能深刻影响其投资组合中抵押贷款证券的客户对抵押贷款市场做空，高盛还向其他投资者提供了虚假陈述：该证券的投资内容由一家独立客观的第三方机构进行选择。”在这里我们可以清晰地看到：金融创新的深入加剧了市场的信息不对称，诱发了市场各参与主体的道德风险行为，因而通过现代金融衍生工具所开发出来的、貌似“科学”转移风险的方法来掠夺社会财富的“阴谋”，在监管缺失的情况下合法地得逞了。

（一）金融衍生化过程中金融机构的道德风险

为了更好地了解金融机构在金融衍生化过程中的道德风险，我们有必要先分析美国次级住房抵押贷款及其衍生产品的金融结构。

美国住房抵押贷款市场主要分为优级货款、Alt-A 贷款和次级住房抵押货款三种级别。……

次级货款经过 MBS（抵押支持债券）-CDO（担保债务权证）-CDS（信贷违约掉期）的层层衍生，其风险逐步转移到购买各级金融衍生产品的投资者身上，而抵押贷款公司则可以迅速回收现金，持续发放次级抵押贷款。在这一复杂的金融创新过程中涉及各类金融中介机构，包括抵押货款公司、投资银行和评级机构，它们在彼此分工、相互合作的过程中，迫于利益的驱使，存在着不同程度的道德风险问题。

论文材料翔实，结构严谨，条理清晰，论证周密，逻辑性强。

首先，商业银行和抵押贷款公司的道德风险。在“证券化”这一金融创新工具出现之前，商业银行和抵押贷款公司作为信用中介，通过利差获得收入同时承担贷款风险，因此，商业银行和抵押贷款公司注重货款质量，贷款之前会严格审查借款人的资信和财务状况，贷款之后会实时眼踪贷款去向和借款人的还款能力，一旦出现违约现象，商业银行和抵押公司将会采取行动，以减少市场的信用风险。“证券化”出现后，次级贷款的基础资产经过层层衍生化后，贷款的最终信用风险不再由商业银行和抵押贷款公司承担，而是由购买各级金融衍生品的机构投资者承担。商业银行和抵押貸款公司的身份也由信用中介人转变成服务中间人，在获取收益的同时却不用承担风险。在这种收益与风险不匹配的情况下，极易出现道德风险问题，隐藏着自我膨胀式的风险逃避机制。商业银行和抵押贷款公司不再那么在意借款者能否按时还款，而把更多的注意力放在贷款利率、贷款种类和贷款规模上。商业银行和抵押贷款公司明知向次级信用的借款者贷款存在很大的风险，但在利益的诱惑下还是铤而走险，降低借款人的市场准入门槛、放松对借款人的审查，并通过资产证券化把次级贷款的基础资产转化为 MBS 出售给投资银行，实现风险转移。资产证券化不仅为商业银行和抵押贷款公司实现了风险转移，而且使商业银行和抵押贷款公司能够迅速回收现金用以继续扩大放贷能力。这就相当于在同样的自有资本和准备金下，商业银行和抵押贷款公司能够提供更多的贷款。

其次，投资银行的道德风险。作为金融产品创新的设计者，投资银行把从商业银行和抵押贷款公司买入的次级抵押贷款打包设计成 MBS（抵押担保债券）以增强流动性，并在 MBS 的基础上衍生出 CDO、CDS 等各类金融衍生产品。贷款证券化可以分散和转移风险，但无法消灭风险。在没有贷款证券化时，贷款的信用风险仅仅存在于商业银行和抵押贷款公司。在实行贷款证券化后，次级抵押贷款经过层层衍生，基础资产的信用风险也从商业银行和抵押贷款公司转移并扩散到更大的空间，从银行体系逐步流向债券市场，并进而扩大到股票市场。在次级抵押贷款衍生化的过程中，涉及对抵押货款池的结构化分离和重组，未来 CDO 债券的现金流只能通过复杂的金融计算模型来估计，各级金融衍生产品的风险溢价也难以确定，这必然使得商业银行和抵押贷款公司、投资银行以及证券的真实持有人之间不可避免地存在信息不对称。他们彼此之间的信息不对称则容易诱发信息占优势方的道德风险问题。比如高盛公司在已经看到市场的系统性风险积聚的情况下，却还在不断设计做多环境下的金融衍生产品，甚至为了展示自己的公正性，用第三方的判断来包装自己，为做空投资者牟利而设计产品。

论文语言概括、严密、精确、庄重，精确反映事物的真实面貌和本质。

随着衍生产品创新链的不断延伸，各类衍生产品与基础资产之间的联系被割裂，产品结构变得更加复杂，证券的最终持有人与次级抵押贷款人之间的距离也越来越远，市场信息越来越不对称，正确评估风险的难度也在不断加大。金融市场的信息失灵导致投资银行无法发挥信用强化的功能。在创造各级金融衍生产品的过程中，投资银行并不是不知道这些衍生产品所隐藏的巨大的风险，但是在利益的驱动下，为了获取更多的佣金和手续费收入，从而达到自身利润最大化，它们仍然不断设计出各类衍生产品。这些产品表面上是为了增加信用评级和转移风险，实际上是希望更多的投资者心甘情愿地购买这些产品，从而为自己谋利。

第三，评级机构的道德风险。在贷款证券化之前，投资者的融资过程，包括从办理到后期服务都由商业银行和抵押贷款公司完成。贷款被证券化后，原本由商业银行和抵押贷款公司一个主体能够完成的过程被分为多个独立的环节共同完成，其间涉及商业银行和抵押贷款公司、投资银行和评级机构等金融中介。而且随着次级抵押贷款的层层衍生化，金融产品之间的关系变得难以理清，信用关系更加复杂，投资者无法判断这些资产的质量，只能以评级机构的评级结果作为投资决策的依据。正是因为这样，评级机构能否客观公正地评估各级衍生产品的投资价值和信用风险就起着生死攸关的作用。

然而，评级机构和贷款的质量并不存在利益纽带，其收入来自于评级收费，每笔收入约收取 7 个基点的评估费，评级规模越大收入越多，而评级规模又取决于投资人的多少。为了让更多的人购买各级金融衍生产品从而增加自己的收益，靠佣金生存的评级机构很有可能人为地提高信用评级。据相关部门统计，评级机构 90%的收入来自发行方支付的评级费用（中国人民银行驻美洲代表处，2008），同时，由于发行方为寻求获得较高评级的方式，在构建结构性融资产品时会购买评级机构的咨询服务，以获取评级机构的建议或运用其评级模型进行预构建，这样一来，评级机构不仅评估信用风险，而且还参与结构性融资产品的构建过程，即在收取佣金的同时又对这些产品进行信用评级。这必然存在道德风险——评级机构有动机也有手段支影响最终的评估值，因此，难以确保它在评估过程中能够保持客观性和独立性。次级抵押货款在证券化和衍生化的过程中，随着信息越来越不透明，市场和监管当局对评级机构的约束作用也在不断减弱，这也是评估机构容易出现道德风险的重要原因之一。

由上面的分析，我们可以发现：在次纵抵押贷款的各个环节充斥着金融中介的德风险行为，发行商和承销商由于只收取佣金而不承担风险，因此他们是整个次级贷款证券化和衍生化的受益者，也正是受这一利益的驱动，各投资银行和贷款机构乐此不疲地进行金融创新，创造出各种结构性金融产品。

从本质上来说，各金融中介的道德风险行为源于信息不对称和风险的“外部性”。信息不对称是现实经济活动中的普遍现象，贷款证券化和衍生化则人为地加剧了市场参与者之间的信息不对称问题，信息不对称的加剧又为金融中介提供了道德风险行为的空间，而风险的“外部性”则刺激了金融中介道德风险行为的动机，激励其通过增加风险来提高盈利水平。具备了进行道德风险行为的空间和动机，金融中介必然会增加道德风险行为，这样金融市场的系统性风险也随之增加。如果因为这样的系统性风险所引起的传染效应和由此形成巨大的潜在损失，会迫使政府部门不得不注资救市的话，那么，我们完全可以怀疑“次级按揭贷款机构当初发行次级债的动机，就是有意识地扩大风险分担的范围，通过这种绑架效应，迫使政府为自己造成的系统性风险买单”（孙立坚，彭述涛，2007）。

（二）金融外部监管的缺失

美国监管当局一向信奉自由市场竞争理论，其理念是：“经济个体自由选择竞争方式来实现其经济利益的最大化，政府对自由市场竞争的干预尽量降到最小限度，因为过多的权力干预会导致市场被扭曲。”如前FED主席格林斯潘曾明确说过：“金融自我监管比政府监管更为有效。”以他为代表的美国金融家们认为“最少的监管就是最好的监管”。在这典型的自由市场经济思想的影响下，金融监管者逐渐放松了对金融领域的控制，降低了金融监管的标准，放任金融业自由发展。

…………

三、结论与启示

金融创新是一把双刃剑，虽然能够转移和分散风险、活跃交易并且带来巨大利润，但它无法消除风险，而且随着金融衍生化的深入，其风险随着杠杆效应的扩大而不断扩大。称霸华尔街的投资银行的研究能力与金融创新能力堪称世界一流，他们并不是不知道衍生品的风险，但是，出于贪婪的本性和道德的缺陷，它们借创新之名设计出各种各样的金融衍生品。这些金融衍生品表面上是分散和转移风险，实际上是为了短期利润不断把风险押后，提前透支无风险收益，而且是以高成本和金融系统风险的提升为代价的。同时，金融创新与金融监管失衡，政府部门对金融创新的监管严重滞后，监管模式还停留在《巴塞尔协议》的资本和风险管理的水平上，忽视信息不对称所引发的道德风险，对各类金融机构的同类型业务缺乏统一监管和统一标准的监管，存在监管的真空和盲区，从而使得政府部门无法对新的金融工具及金融衍生产品进行有效监管，金融创新工具的风险越来越大。

结论部分与绪论相呼应，从正反两方面提出了自己对金融创新的见解。

金融创新没有错，它不仅提高了金融市场的效率而且还改善了市场风险的管理作用，错的是利用金融创新和政府监管缺失而上演道德风险闹剧的华尔街的精英们。美国监管部门在高盛“欺诈门”上做对了，因为市场的玩家就是认为只要风险的牵涉面足够广，政府一定会履行“大到不能倒”的规律来挽救经济，否则，政府一定会陷入更尴尬的局面。而如果投机者这种道德风险的行为事后被宽容下去，那么，今后金融市场靠“特殊的智慧”甚至是“内幕信息”，就可以更加肆无忌惮地进行财富掠夺，最终大众也会对这种所谓的“精英市场”深恶痛绝，对欺诈行为治理不力的政府部门失去信赖（孙立坚，2010）。

参考文献：

[1]孙立坚，彭述涛．从“次级债风波”看现代金融风险的本质[J].世界经济研究，2007（10）：26-33.

[2]白钦先，蔡庆丰．金融虚拟化的道德风险及其市场影响：次贷危机的深层反思[J].经济学家，2009（5）：34-40.

[3]雷良海，魏遥．美国次贷危机的传导机制[J].世界经济研究，2009（1）：24-31.

参考文献实事求是，不漏标，也不虚标。

[4]贾玉革．金融机构“大而不倒”中的道德风险及其防范[J]．中央财经大学学报，2009（8）：40-43．
[5]周小川．保持金融稳定　防范道德风险[J].金融研究，2004（4）：1-7.
（资料来源：《中央财经大学学报》2010年第12期，略有删改）

课 后 练 习

分析下面这篇文章运用了哪些论证方法?

目前我国电子商务主场诚信状况及诚信问题严重。宋光兴、杨德礼把B2C电子商务市场信用风险划分为技术信用风险和交易信用风险，并认为目前B2C电子商务市场的信用问题主要集中在交易信用风险上。通过电子商务市场信用和传统信用的比较，他认为影响B2C电子商务企业交易信用的主要因素有企业信誉度、过往交易诚信度、消费者的个性、知识文化背景。他提出了通过制定法律法规、改进平台技术、建立虚拟社区等方式解决电子商务市场的信任问题。熊于宁把信用分为两个方面，一个是道德层面，一个是制度层面，与国外注重制度不同，目前我国主要依靠道德来约束。他认为信用监督机制缺乏、评价体系存在严重漏洞、网上支付存在安全隐患、消费者自身素质较低等都造成了巨前信用问题比较突出，因此应该从建立信用制度机制法律、提高市场准入门槛逐步实行收费制、完善平台的监管等方面入手着力解决电子商务市场的诚信问题。岳鹤运用信用博弈分析了电子商务市场诚信的严重性:认为在单次博弈情况下网络的虚拟性增大了交易的不确定性，这样交易各方必然选择失信，而在重复博弈下，交易双方再次交易的概率大大减少，失信的可能性大大增加，尽管第三方干预可以加大对失信行为的严惩，但目前我国信用体系尚不健全，全社会还未形成良好的诚信风气，缺乏有效的可操作性措施。为此他建议可以通过两种模式促使交易双方选择诚信，一是促使一次博弈向多次博弈转换，二是通过第三方干预增加失信成本来约束双方采取诚信行为。

第八章 求职类应用文

学习目标

（1）了解求职类应用文写作的内涵，掌握求职类写作的基础知识。

（2）知晓求职类应用文写作的常识。

（3）掌握求职类应用文写作的基本格式和具体要求。

（4）能够写作和修改求职类应用文。

求职类应用文具有很强的目的性、实用性和竞争性，包括求职信、个人简历、竞聘辞等，旨在用简练、动人的语言推销自己，以便用人单位了解自己的能力及特长，从而达到就职的目的。现代社会充满竞争，也充满机遇，无论是应届毕业生还是在业人员，除了积极地储备知识和能量，积累工作经验，还要能做到目标明确、准备充分、技巧恰当地去竞聘，这样成功的把握才会更大。学习求职类应用文的写作，掌握各种求职应用文的写作技巧与方法，是当代大学生、每位求职者发展自身事业、提升自我水平的必要手段。

第一节 概　　述

一、求职类应用文的概念

求职类应用文是大、中专院校毕业生、无业、待业人员求职、以及在职人员谋求转换职业和工作时使用的文书种类，也称为“应聘文书”。对求职应聘来说，主要把握好求职信的书写、个人简历的制作、竞聘辞的写作与演讲三个重要环节。

二、求职类应用文的特点

（一）自荐性

求职，是自己主动去“谋求”一个职位，发出“就职请求”，而不是用人单位来找你，自我推荐的信心、礼貌、技巧都要精准地把握好。

（二）针对性

求职类文书是为了谋求某一职位而写，目标明确，所以要针对应聘的职位的具体要求有针对性地介绍自己的情况，展示自己的优势。

（三）竞争性

一个职位往往有不同类型的竞争者，"优胜劣汰"的自然法则会让最会展现自我者成为最终的优胜者，求职类应用文必须学会如何在一群各有所长的求职人里自信、清楚地突出自己优于他人。

三、求职类应用文的分类

从表现形式来讲，主要可以分为三大类一是以求职信为代表的书信类；二是以个人简历为代表的表格类；三是以竞聘辞为代表的讲稿类。

第二节　求　职　信

一、求职信的概念

求职信又称自荐信或自荐书，它是求职者以自我推荐的方式向用人单位表达求职意愿，展现自身才华，提出求职请求以达到就职目的的专用书信。

二、求职信的特点

（1）自荐性。求职信就是自荐信，求职者要毛遂自荐，善于展示自己、推销自己。

（2）针对性。求职信要针对用人单位的不同岗位、不同职务的不同要求来展示自己相应的知识与能力。如竞聘秘书，求职者一般要注重突出自己的细心与严谨，具有较强的写作能力、交流沟通能力。那么求职信在语言的表述上、材料的使用上便要围绕以上种种要求有针对性地进行组织。

（3）真实性。就业竞争激烈的现代社会，要在竞争中胜出，就要突出自己的优势。但这些优势应该来自求职者自身的积累，不是为了达到求职目的而编造出来的，为了突出真实性，求职信要附上能证明自己能力与优势的各种证明材料。

三、求职信的分类

（1）按求职者的社会成分划分：一是应届毕业生求职信；二是下岗、待业人员求职信；三是在岗者求职信。

（2）按求职对象的情况划分：一是应聘信，求职者通过招聘广告等渠道清楚了解用人单位招聘的岗位及相关要求，针对明确的目标岗位写的应聘信；二是自荐信，指求职者没有确定的求职单位，根据自己的专长与技能，凭借用人单位通常的用人标准来进行自我推销、毛遂自荐的求职信。

四、求职信的结构格式

求职信的写作遵守书信体的格式，主要由标题、称呼、正文、结语、落款和成文日期构成。

（1）标题：一般直接写“求职信”或“应聘信”即可，也可以省略标题。

（2）称呼：求职信一般的读信人为用人单位的负责人，求职者不知其姓名，一般可以用“尊敬的领导”“尊敬的××局局长”“尊敬的××厂厂长”“尊敬的××公司经理”等称呼，能事先打听到招聘领导的姓氏职务当然更显求职者用心。

（3）正文一般应该包括以下内容：

① 引语。说明求职的缘由，如果是应聘信应该说明消息来源，比如“近日在《××晚报》上看到贵厂招聘广告，获悉贵公司正在拓展业务，招聘新人，我有意角逐经理助理一职”，如果不知道对方是否招聘新人，也可以投石问路，如“久闻贵公司实力雄厚，声誉卓著，故冒昧写信自荐，希望加盟贵公司”。

② 个人背景介绍。根据应聘职位要求列举有关的学历、经历、成绩等，关键在于打动对方，引起对方的兴趣。

③ 能力展示。表明自己具有的专业知识与社会实践经验，与工作要求相关的特长、兴趣、性格与能力等，让对方感到你能胜任这个工作，不谈与招聘条件无关的。

④ 结语。主要是以诚恳的态度提出自己的愿望与要求，一是希望对方能给自己一个面试的机会，静候回音等，二是表示敬意、祝福，如“祝贵公司生意兴隆”“谨祝工作顺利”等。值得注意的是，对公业务的祝福语要使用正式的社交祝语，一般不涉及私人生活，如“身体健康”“家庭幸福”等，不使用口语化的祝词，如“天天开心”“越来越好”，不使用美好但唯心的祝词，如“万事如意”“心想事成”等。

（4）落款和成文日期格式同普通信件。

一般求职信还有附件，在信后附上有关材料，包括简历和能够证明自己身份和能力的证明材料，如身份证、学历证书、职业资格证书、各种获奖证书等复印件。

基本格式

原文	提示
求职信 尊敬的领导： 您好！ 感谢您百忙之中浏览我的求职信，为一位满腔热情大学生开启一扇希望之门。 我叫张××，湖南××大学广告系广告专业2017级本科毕业生，中共党员。我出生于湘西农村，从小性格开朗，热爱生活，能吃苦，有梦想，对学业、事业有执着的追求。经过四年大学苦读，我在德智体各方面都取得了较全面的发展。 一、学习方面：成绩一直在年级前三名，综合积分专业排名第一。2015年通过国家计算机二级等级考试，2016年通过全国大学英语六级等级考试，具有良好的英语写作与会话能力。连续三年获得校一等奖学金、2015年获国家奖学金、2016年获省级优秀三好学生荣誉称号。 二、能力方面：大学四年，我先后担任班长、系学生会主席、校广	这封求职信开头简洁明了，第一句话既表达了感谢又很好地过渡到正题。接着他介绍了自己的政治面貌、所学专业以及性格品行。然后从学习和能力两方面来展示自己的优势。最后表达求职愿望。 层次清楚，内容充实，是一封优秀的求职信。

播站播音员，多次组织校级、院级大型活动，“2014年××学院迎新晚会”“星空杯文学创作大赛”等多项校园活动。业余时间我主要做了两方面的努力，一是特别注重计算机能力培养，自学了各类计算机课程，通过计算机××考试，能熟练使用电脑；二是积极参加社会实践，利用2015、2016年暑假分别到××日报和××电视台实习获得好评，并利用周末时间在××市××教育培训机构担任培训师，不仅赚到零花钱，更重要的是积累了教育、销售等各方面的经验，培养了吃苦耐劳、敢闯敢拼的精神，为日后的工作打下了良好的能力基础。

贵公司从事广告策划与营销，正是我向往的工作单位，如能到贵公司工作，我相信我的工作能力一定不会让你们失望，我一定会珍惜这一难得的机会，努力作出自己的贡献。

此致

敬礼！

求职人：张××

2017年3月11日

五、求职信的写作要求

(1) 目的要明确。求职人要根据用人单位的需求选择陈述内容，不要泛泛而谈，缺乏针对性，切忌出现“本人爱好广泛，能胜任各种工作”之类的话语。要注意突出技术专长，根据用人单位的选拔条件，抓住重点，有的放矢，否则只会弄巧成拙。

(2) 内容要真实合理。求职内容必须实事求是，不能夸大其词，更不可虚构材料，伪造荣誉、成绩等。且列举荣誉、成绩的真正目的是突出自己的能力和品行。

(3) 语言表述要谦诚。求职者应充满自信地推销自己，但要注意态度谦和、言词恳切、不卑不亢、情真意切。往往具有真才实学，又言词得体的求职者最受人欢迎，易被录用。

第三节　个人简历

一、个人简历的概念

求职个人简历，又称简历。是求职者给招聘单位发的一份简要介绍。它反映求职者个人生活、学习、工作经历以及成绩的概括和简要总结。简历包含个人的基本信息如姓名、性别、年龄、民族、籍贯、政治面貌、学历、联系方式、自我评价、学习经历、工作经历等。用人单位从求职者的简历中，能够看出该求职者在业绩、能力、性格、经验方面的综合表现，从而决定求职者能否参加下一轮的面试。所以从某种意义上来说简历决定着求职者能否打开职场之门。

二、个人简历的特点

(1) 目的性。求职简历的写作目的很明确，就是希望通过求职者学识、能力、业绩的展示，以博得用人单位的青睐，为最终被录用打下良好的基础。

(2) 针对性。个人简历要针对用人单位的需求有的放矢地写，使得自己的优势、强项与用人单位的条件契合。

(3) 精简性。个人简历贵在简单而有力，写作要求简单明了、重点突出、条理清楚，最好不要超过 2 页，遵循“尽简”原则。

三、个人简历的分类

个人简历种类繁多，有不同的分类方法。

(1) 按照格式来分，个人简历有表格式和文字式。表格式是把求职者的相关信息通过表格反映出来。其优点是简便，使人一目了然。文字式是把求职者的信息分类，用文字表述的方式罗列出来。其优点是能最大程度地展示求职者的个性和优势。

(2) 按照载体来分，个人简历有纸质简历、电子简历和网上简历。纸质简历，顾名思义，就是用纸张把求职者的有关信息抄写或打印出来。电子简历，是利用声音、图画、影像、文字等多媒体技术，把求职者的简历制成光盘、录像材料等。网上简历，就是制作网页或电子邮件利用网络把求职者的简历发布出去。

(3) 按照内容排序来分，个人简历有时序型、功能型、复合型、业绩型和目的型等。时序型简历是以时间为次序列举出个人工作经历。一般先列出最近的工作经历，然后按逆时间次序将过去的工作经历依次列出。时间次序型简历对于那些想找一份与自己以前从事职业相同种类工作的人是最合适的。它能够突出你在相关领域的丰富阅历。工作经历能很好地反映出相关工作技能，一段可靠的工作记录表明你获得不断的调动与提升。功能型简历一般包括目的、成绩、能力、工作经历以及学历等几个部分。它强调资历与能力，对专长和优势加以一定的分析和说明。工作技能与专长是功能型简历的核心内容。可根据自己的实际情况选择使用功能型简历，它一般适用于个人的部分工作经历及技能与求职目的无关，突出那些与应聘职务相关的内容。复合型简历其实是时序型和功能型的复合，既以时间顺序列举个人信息，又刻意突出个人成绩与优势。业绩型简历以突出个人业绩为主，目的型简历完全根据求职目的来安排，适用于特定职业的求职，对工作在特定领域的求职者较为有用，如教师、计算机工程师、律师等。

四、个人简历的结构格式

（一）表格式简历的制作

表格式的简历一般没有统一的模式，由求职者根据求职需要而制作。表格一般包括以下内容求职者的基本情况、爱好特长、求职意向、奖励情况、社会实践或工作业绩、自我评价、技能情况、联系方式等。

（二）文字简历的制作

这种求职简历的基本内容包括个人资料、求职意向、教育背景、主要工作业绩、相关荣誉、技能特长等。

以毕业生为例，一般来说一份文字式简历应该包括以下主要内容。

(1) 个人资料姓名、性别、出生日期、民族、出生地、政治面貌、身体状况（如身高、体重、视力、健康状况等）、家庭所在地、兴趣爱好及特长、联系方式等，这部分一般写在简历的最前面。

（2）求职意向简明地表达“我希望从事××××工作”。

（3）教育背景最好以时间的倒叙来写。

（4）对于高校毕业生来说，简历重点要写明自己的学业成就和课外活动，如参加过的社团、担任的职务及主要经历，参加社会实践及实习的时间、地点和效果，参加勤工助学的经历和效果等。

（5）所获荣誉如三好学生、优秀团员、优秀学生干部、各种奖学金及各类比赛获奖等。

（6）相关能力与特长写明外语、计算机、文体等方面的等级与水平。

基本格式

<table>
<tr><th colspan="6">个 人 简 历</th></tr>
<tr><td>姓　　名</td><td>刘××</td><td>性　　别</td><td>男</td><td>出生年月</td><td>1986 年 1 月 17 日</td></tr>
<tr><td>籍　　贯</td><td>湖南新邵</td><td>民　　族</td><td>汉族</td><td>健康状况</td><td>良好</td></tr>
<tr><td>毕业院校</td><td>湖南××大学</td><td>专　　业</td><td>广告</td><td>身　　高</td><td>184cm</td></tr>
<tr><td>知识结构</td><td colspan="5">1．主修课程：广告史、广告经营管理、媒介经营管理（略）。
2．选修课程：大学语文、应用写作、公关礼仪（略）。
3．实习经历：××电视台记者、××贸易有限责任公司广告策划部策划。</td></tr>
<tr><td>专业技能</td><td colspan="5">接受过全方位的大学基础教育，受到良好的专业训练和能力培养，在广告、物流、营销等各个领域，有扎实的理论基础和实践经验，有较强的研究分析能力。</td></tr>
<tr><td>外语水平</td><td colspan="5">通过国家大学英语六级考试，有较强的阅读、写作能力，口语好。</td></tr>
<tr><td>计算机水平</td><td colspan="5">通过国家计算机二级考试，熟悉 DOS、Windows 操作系统和 Office，掌握 C 语言、FORTRAN、Quick－Basic 等。</td></tr>
<tr><td>任职情况</td><td colspan="5">先后担任团支书、系团总支副书记、校篮球队队长、校国旗班班长、校广播站编辑。</td></tr>
<tr><td>兴趣特长</td><td colspan="5">1．喜爱文体活动，热爱自然科学。
2．受过专业二胡训练、校乐团成员，多次参加市级演出。
3．喜爱篮球运动，曾担任中学校队、大学校队队长，并率队参加多次比赛。曾率领校队在株洲市大学生篮球联赛（大学组）中获第一名。</td></tr>
<tr><td>个人荣誉</td><td colspan="5">校优秀学生干部、校演讲比赛二等奖、省二等奖学金 1 次、校一等奖学金 3 次（略）。</td></tr>
<tr><td>主要优点</td><td colspan="5">1．有较强的组织能力、活动策划能力和公关能力。如在大学期间曾 5 次领导组织大型体育赛事、文艺演出、并取得良好效果。
2．有较强的语言表达能力。如多次作为班、系、校学生代表，在大型活动中发言，参加演讲赛、辩论赛各获 2 次二等奖。
3．有较强的团队精神。如有良好的人际关系；在同学中有较高的威信，担任校篮球队队长善于分工协作，带领球队打好比赛。</td></tr>
<tr><td>自我评价</td><td colspan="5">活泼开朗、乐观向上，兴趣广泛、适应力强，勤奋好学、吃苦耐劳，善于合作，勇于挑战。</td></tr>
<tr><td>求职意向</td><td colspan="5">可胜任广告营销与策划及相关领域的工作，也可以从事记者、编辑及行政管理等方面工作。</td></tr>
<tr><td>联系方式</td><td colspan="5">邮箱……
手机……
通信地址……</td></tr>
</table>

简历的写作大同小异，但实际上不同的公司有自己的选择喜好、侧重点不一，以知名外企为例，如柯达，简历符合职位要求的易通过；微软，简单明了的简历易通过；NEC，中英文对照的简历易通过。所以，制作简历最好能事先尽可能多地了解应聘公司和职位的情况。

五、个人简历的写作要求

（1）文字要精炼，要惜墨如金。避免使用长句，少用形容词，多用动词，并省略第一人称，如确需表述第一人称用“本人”而不用口语化词汇“我”。

（2）表达要适度，侧重于优势。不要简单罗列自己干过的职务，要注意用事实、数据说话。事实、数据能说明自己的能力，而最终的目的则是通过能力来展现自身的美好品质。

（3）设计要精美，制作要精致。但切忌华而不实，喧宾夺主。

第四节　竞　聘　辞

一、竞聘辞的概念

竞聘辞，又称竞聘演讲稿，或称竞聘讲话稿等。它是竞聘者为了实现竞争上岗，展露自我具有足够的应聘条件的讲演稿。一般是在竞聘会议上向与会者阐述自己竞聘条件、竞聘优势，以及对竞聘职务的认识，被聘任后的工作设想、打算等的工作文书。

二、竞聘辞的特点

（1）目标的明确性。讲清自己的应聘条件，突出自己足以担任某一职务或完成某一工作的优势，阐述好“若在其位，如何谋其政”。

（2）内容的竞争性。竞聘除了要具备应有的基本素质外，更要在工作思路、工作作风、工作能力、工作方案等方面体现出明显的创新性、可行性等优势。

（3）语言的演讲性。竞聘辞一般要进行公开演讲，要胜出往往需要考虑听众的心态、喜好，对手的风格与实力，自己本身的演讲条件与能力，按照演讲稿的写作要求在保证内容充实的基础上去注意它的语气语调、抑扬顿挫。如普通话不够标准，竞聘辞切忌使用长句和自己发音不标准的字词。

三、竞聘辞的分类

（一）根据单位性质的不同分类

可以分为机关单位竞聘辞、事业单位竞聘辞、企业单位竞聘辞、社会团体竞聘辞等。

（二）根据竞聘岗位的性质分类

（1）管理岗位竞聘辞，一般是指竞聘某个具体的管理干部岗位，往往带有衔级，如主席、局长、处长、厂长、班长，包括学校里的文艺委员、团支书等都是。

（2）普通岗位竞聘辞，一般是指竞聘某个部门的普通工作职位，如秘书、科员、技工、干事等。

四、竞聘辞的结构格式

竞聘辞由于要考虑多种临场因素与竞争对手因素，它的结构可以灵活多样，但其基本内容是标题+称呼+正文。

（一）标题

(1) 文种式标题，简单标明，如《关于竞聘××厂生产部经理的演讲》。

(2) 公文式标题，事由+文种名称，如《××竞聘宣传部部长演讲词》。

(3) 文章式标题，也可根据正文内容拟制（如正副标题形式），如《明明白白做人，踏踏实实做事——办公室主任竞聘词》。

（二）称呼

即对评委或听众的称呼。一般用“各位评委”“各位听众”即可。

（三）正文

正文是全文的重点和核心，主要分三个层次。

1. 开头

(1) 诚意致谢。

(2) 开门见山叙述自己竞聘的职务和竞聘的缘由。

(3) 概述竞聘辞的主要内容。

2. 主体

(1) 简介本人竞聘的基本条件，如年龄、政治面貌、学历、现任职务等自然情况。

(2) 展示自己优于他人的竞聘条件，如政治素质、业务水平、工作能力等，并适当地谈谈自身存在的不足。

(3) 阐述自己任职后的打算，指施政目标、施政构想、施政措施等。

3. 结尾

(1) 简述对待竞聘成败的态度。

(2) 表明自己竞聘上岗的信心。

(3) 表达获得评选者支持的竞聘请求，也可在结束时表达自己对在场领导、观众良好的祝愿。

（四）落款

基本格式

原文	提示
财务处处长竞聘演讲稿 尊敬的各位领导、各位评委： 　　大家好！ 　　今天，能够站在这里参加竞聘，我感到十分荣幸。首先对各位领导、同志们给了我这次展示自我、回顾自我的机会表示感谢。 　　我今年××岁，本科学历，中共党员，会计师职称，现任我厂出纳，兼工会出纳、文建印刷器材经营部出纳和文建印刷厂青年服务部主管会计。这次我选择竞聘厂财务处处长岗位。在参加竞聘之前，我曾经问了自己三个问题：1. 我为什么要参加此次竞聘？2. 我凭什么参加此次竞聘，我的竞争优势在哪里？3. 如果竞聘成功，我能为厂里做些什么？我想只要解决了这三个问题，我就可以胜任这个岗位，就能在这个岗位上为我厂做出更大的贡献。下面，我就向各位汇报一下我是如何看待这三个问题的。	这是一个关于财务处长的竞聘辞，中心突出，层次分明，用回答三个问题的方式朴实而清楚地展示自己的竞聘优势。结尾凝练，“请为梦想加油”短短六个字既富有激

第一个问题我为什么要参加此次竞聘？

首先，我热爱这份工作，并且有做好这份工作的强烈信心。

爱因斯坦说“兴趣是最好的老师，信心是成功的源泉”。我想，要想做好任何事情，兴趣和信心都是不可或缺的。从 19××年参加工作开始，我有××多个年头在从事财务工作，对财务工作有着一种很深的感情，始终热爱着这份在外人看来虽然枯燥，但在我看来却充满了挑战的工作，并且在自己的岗位上有出色的表现。我所以参加这次竞聘，原因之一就是，我相信自己在新的岗位上会给我厂的发展做出给更大的贡献。

其次，我具备做好这份工作所必备的专业知识。

在竞争愈演愈烈的现代经济大潮中，员工的素质成为企业核心竞争力的重要组成部分。作为一名财务处的负责人，专业素质更是必须过硬。我于××××年本科毕业于中南大学财务会计专业，××××年又攻读了××大学的工商管理在职研究生，取得硕士学位，多年的学习生涯使我掌握了扎实的理论基础和丰富的专业知识。××××年，我参加助理会计师全国统考一次过，××××年参加全国会计师统考一次通过，××××年又考取了注册会计师证，截至目前我厂仅有注册会计师两人。

再次，我拥有做好这份工作所必需的工作经验。

俗话说“姜是老的辣，酒是陈的香”。丰富的工作经验是一笔十分宝贵的财富。在我看来，它同样也是一个人工作能力的重要体现。我于××××年毕业后被分配到××省××无线电厂工作，先后担任工厂出纳、材料会计、成本会计、综合（主管）会计；××××年调入××××印刷厂，××××年调厂财务科，干过出纳，主管会计，××××贸易公司主管会计。在这××年的工作中，我一直是在与财务打交道，这使我积累了丰富的工作经验和资源，无论是实际工作，还是组织管理，都能够做到游刃有余。

第二个问题我凭什么参加此次竞聘，我的优势在哪里？

众所周知，既然是竞聘必然会“有上有下”，而只有对我厂的发展作用最大的竞聘者才应该最终留下来。那么，我的优势在哪里呢？“事实胜于雄辩”，我将结合自己的工作经历，从以下三个方面进行汇报。

1．财务工作经验丰富，具有很强的应对及处理各种问题的能力。

工作××年来，我所从事的工作基本上都是企业财务工作。作为一名在企业财务战线上工作了××多年的财务工作者，我对企业财务工作已经是非常熟悉，不管是一般纳税人工业企业会计核算，还是小规模纳税人商业企业会计核算，等等，我都能够做到得心应手，碰到比较难处理的问题我也都能够凭借自己扎实的专业知识和女性所特有的耐心、细心等特点，使问题得到有效解决。

2．具有较强的内外部沟通和协调能力。

作为一名部门领导人，必须具有很强的沟通和协调的能力，只有这样才能充分调动部门员工的积极性，最大效率地整合企业的各项资源，从而为企

情，又富有感染力，是一篇较好的竞聘辞。

业的发展创造最为优越的环境。由于工作关系，最近几年我负责跑银行和税务部门，跑外的工作比较多，这就使我形成了一个较好的社会各界关系网。以往的工作中，我本着以心交心，以心换心，真诚对待每一个朋友，使我与银行、税务等部门的关系处得很好。在厂内部，我以身作则，随和坦诚，工作有条不紊，也相当愉快并有一定的成就感。

3．具有较强的工作能力，能出色完成我厂交给的各项任务。

对于企业来讲，一个人的能力最终要落实到工作中去。我认为，一个员工或一个领导，是否能在特定的岗位上，对企业做出了出色的贡献，还要看他在工作中的实际表现。过去工作的经历证明了我的工作能力是出色的，同时也给了我参加本次竞聘的强烈信心。入职以来，××年我从未出过任何财务事故，并本着“以人为本”的理念进行了系列财务制度改革，开源节流改善了财务管理现状，获得了领导的高度评价，精简程序加快了报账速度，赢得了广大职工的一致认可。先后××次我被评为“年度优秀个人”、××次被评为“优秀共产党员”。

第三个问题如果竞聘成功，我能为我厂做什么？

虽然我认为自己具备一定的优势，但我深知，不管干什么工作，尤其是做一个部门的负责人，最重要的是要善于团结大家，发扬团队协作精神，发挥群体的智慧和力量。因此，如果我这次能够得到大家的支持，光荣当选。我将抓好以下七大工作：

1．发挥自身优势，争取更多企业发展资金……

2．强化财务管理，提高资金使用效益……

3．做好会计核算，防止各种违纪违规……

4．强化成本意识，加强成本管理……

5．做好对外协调，创建和谐发展环境……

6．以科技为先导，加强财会电算化建设……

7．以人才为根本，加强队伍建设……

会计人员的素质包括职业道德和知识技术素质，不仅要有过硬的专业技能，更应该有良好的职业道德。我将以品德、责任、业务技术三方面的结合为加强队伍建设的根本内容，采取走出去和互帮互学等多种方式，最终提高会计人员的整体素质。同时，要加强团结，弘扬团队精神，努力把我们财务处建成一个团结、务实、高效、廉洁的团队。

各位领导，各位评委，以上是我在长期的财务工作中总结出来的一些想法，也可以说是我的施政目标，我的职业梦想。但我知道，没有经过实践的理论永远不能被认为是正确的，在此，我衷心希望大家给我一个以实践检验理论的机会。假如我这个从基层走出来的财务工作者能够荣幸的成为财务处处长，我将以求真务实、廉洁奉公的态度，真抓实干、改革创新，为××××厂××××名员工更好的工作、更美的生活努力。

请为梦想加油，谢谢大家（鞠躬）!

五、竞聘辞的写作要求

（一）态度诚恳。竞聘演讲是向听众毛遂自荐，展示才华、德行，但要把握好尺度，做到态度诚恳，实事求是，切忌夸夸其谈，让听众心生反感。

（二）充满自信。自信是一种气场强大的体现，这是在平时的学习、工作和生活中培养和积累的，演讲要表情自然，善于微笑，与听众有良好的眼神交流，态势语运用恰当。好的竞聘演讲应该是自信而不妄自尊大，自谦而不妄自菲薄。

（三）语言质朴。竞聘辞的语言表述要质朴亲切，不宜刻意追求气氛的烘托和渲染，要避免使用夸张的抒情方式，多使用符合口语表达习惯的句子。展示优势时，忌报流水账，要善于归纳，在段首简明提要，再以事实和数据佐证。

（四）篇幅恰当。竞聘辞要根据演讲时间要求，确定行文篇幅。竞聘演讲一般是 5 至 15 分钟，因此撰写竞聘报告应把握好字数。一般演讲者的语速控制在 150～230 字之间，建议写作时根据自己的语速做相应的调整。不宜字数太少，难以说明问题；不宜字数过多，显得冗长啰唆，容易使听众产生厌倦情绪。

课后练习

一、判断题，对的打√，错的打×

1. 为了求职成功，求职信写作所需材料可以适当善意地进行“包装”与“美化”。(　　)
2. 求职信的称谓可泛称为“尊敬的领导”。(　　)
3. 简历如果以时间为顺序，就应该逐年做简单交代，不应有年份断档。(　　)
4. 竞聘辞的写作要客观真实，为了达到竞聘目的可稍作渲染和夸张。(　　)

二、简答题

1. 简历的主要特点有哪些？
2. 求职信一般应包括哪几个部分？

三、实训题

1. 某贸易公司现面向社会公开招聘销售人员 7 名，性别不限，年龄在 20～45 岁之间，本科以上学历，营销专业为佳，有工作经验者优先，要求能吃苦耐劳、富于创新意识，能随时出差。假设你即将毕业决定去求职，请撰写一封求职信。

2. 假设你是校学生会宣传部的一名学生干部，拟参加一周后宣传部部长的竞聘演讲，演讲时间为 7 分钟以内，请撰写一则竞聘辞。

3. 某教育培训学校招聘暑期工担任国学学习班班主任，性别不限，主要工作任务是全天住校，负责全班 20 个小学生在培训学校为期 30 天的正常学习、生活秩序，扮演“学生辅导员”“生活保姆”的角色，包食宿，工资为 4000 元一月，假设你去应聘，请根据你的实际情况撰写一份表格式简历。

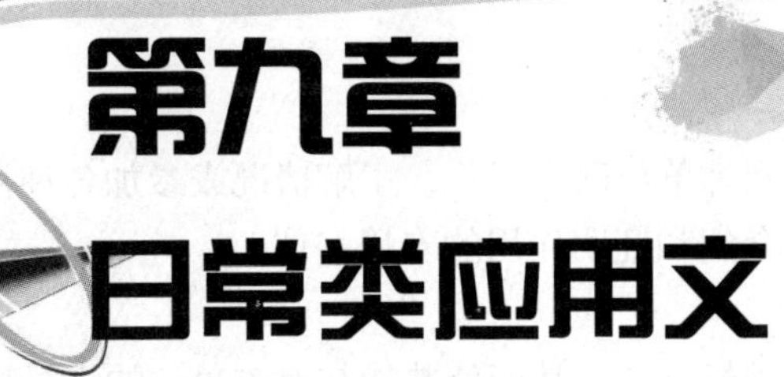

第九章 日常类应用文

学习目标

（1）了解日常类应用文的基本类型。

（2）知晓日常类应用文写作的常识。

（3）掌握日常类应用文写作的基本格式和具体要求。

（4）能够写作和修改日常类应用文。

应用文是人们在日常的工作、学习和生活中，办理公务、处理私事时所使用的一种实用性文体，由于其通俗易懂，实用性强，也有人把它称作实用文。日常应用文是将应用文中最为常见，人们经常使用的应用文集中起来进行介绍。这类应用文是平民百姓日常交往中常用的，一般不具备专业性、官方性等特性。本章主要介绍书信、条据、启事和声明。

第一节 书　信

一、书信的概念

古汉语里，书指函札，信指送信的使者。书信是我国古代人们最主要的信息交流方式之一。从应用写作的角度，我们称书信是一种向特定对象传递信息、交流思想感情的应用文书。

二、书信的分类

（一）一般书信

一般书信主要有家庭成员之间的家书类书信，朋友和同事之间的问候类书信、请托类书信、规劝类书信、借贷类书信、庆贺类书信等。这类书信多用于个人和个人之间。

（二）专用书信

专用书信主要有表扬信、感谢信、邀请信等。这类书信多用于单位与个人、单位与单位之间。

本节我们主要学习大学生毕业后参加工作常用的专用书信，包括介绍信、证明信、感谢信、表扬信、慰问信、推荐信、邀请函、辞职信等（求职信的写作见第 8 章求职类应用文）。

三、书信的写作

（一）介绍信

1. 介绍信的概念

介绍信是机关团体、企事业单位派人到外单位联系工作、了解情况或参加各种社会活动时使用的一种用于介绍所派人员相关情况，起介绍和证明作用的专用书信。

2. 介绍信的特点

(1) 推介性。把所派人员向对方单位进行介绍，从而使其能与对方单位的人员接洽，达到了解情况、开展工作或参加社会活动的目的。

(2) 证明性。机关团体、企事业单位开具介绍信需客观介绍所派人员的真实情况并加盖公章。这样持介绍信的人员，可以凭借此信同有关单位或个人联系以商洽工作、处理公务等，而收介绍信的一方则可以从介绍信中了解来人的职业、身份、要办的事情等。介绍信最重要的作用就是证明持信人的身份，一是以防假冒，二是便于获得对方的信任与配合。

(3) 时效性。介绍信一般都开列出一定的时日期限，只在一定时间内有效，相当于一个临时身份证件，它可以帮助对方了解所派人员的身份、来历，同时也赋予了所派人员一定的责任和权利。

3. 介绍信的分类

一般根据书写形式分为手写式和印刷式两种。

(1) 手写式介绍信一般采用公文信纸书写或书写在机关、团体、单位自制的信笺上，书信格式，只要加盖公章即可。这种方式比较便捷，但因其用纸、书写无严格要求，极易被人伪造，所以管理规范的大型单位、正规场合一般不用。

(2) 印刷式介绍信内容格式等已事先印刷出来，使用者只需填写姓名、单位，加盖公章即可。这种是更正式和常用的介绍信。

印刷式介绍信又可以细分为两种，一种为有存根的介绍信，一种为无存根的介绍信。

带存根的介绍信通常一式两联，有份数编号，存根联由开介绍信一方留档备查，正式联由被介绍人随身携带。格式统一制作的介绍信使用简便，只需填写相关内容后盖章即可，利于提高工作效率，是公用介绍信使用较多的一种。

无存根的介绍信内容格式同带存根的介绍信正文的印制基本相同，也是随用随填，加盖公章，只是未留存根。但一般情况下单位都会登记好介绍信份数和去向。

4. 介绍信的结构格式

介绍信一般应包括标题、称呼、被介绍者简况、事由、署名日期和有效期等内容。不同形式的介绍信的写法，其格式内容也略有差异。

(1) 手写式介绍信的格式：手写式介绍信包括标题、称呼、正文、结尾、落款和成文日期。

第一是标题，直接用文种做标题，信纸的第一行居中书写，字体可比正文字体略大。

第二是称呼，信纸的第二行顶格书写，写明所联系的单位或个人，单位名写全称或规范式简称，个人一般是“姓名”+“同志”“姓名（姓氏）”+“职务”“姓名（姓氏）”+“职称或职业”，后加冒号。

第三是正文，另起一行，空两格书写。常用“兹”“今”“现”领起正文，具体内容包括被介绍者的姓名、年龄、性别、政治面貌、职务等。如被介绍者不是只有一人还需注明人数。其中，年龄和政治面貌有时可省略。

写明被介绍者此行要接洽或联系的事项。

向接洽单位或个人提出希望和要求。最常用的表述有“请接洽”“敬请大力支持”“请予接洽为盼”“请接洽并予协助”、“请给予方便”等。

第四是结尾，要写上“此致　敬礼”等表示祝愿和敬意的话。

最后是落款和成文日期，在结尾右下方写出具介绍信的单位名称，并在下一行与单位名称平行居中处署上成文日期，在两者居中处加盖单位公章。最后在左下角注明本介绍信的使用期限。

这种介绍信写好之后，一般装入公文信封内。信封的写法同普通信封的写法相同。

基本格式

原文	提示
介绍信 ××××大学： 　　兹介绍我单位人事科科长××同志等五人，前往贵校参加××省包装设计巅峰论坛并联系人才招聘事宜，敬请接洽。 　　此致 敬礼！ ××有限责任公司（章） 2017 年 5 月 1 日 （有效期 5 天）	手写式介绍信，不带存根，与带存根的介绍信在内容上无甚差别，只是手写的方式使得介绍信不如印刷式介绍信正式。

(2) 印刷式介绍信的写法：不带存根的印刷式介绍信印刷的内容、格式同手写式介绍信大体一样，这里主要介绍带存根的介绍信。带存根的印刷式介绍信一般由存根联、正式联和间缝三部分组成。

① 第一是存根部分。

存根部分的第一行正中写有“介绍信”三个字，字体较大，紧接“介绍信”之后，用括号注明“存根”。

第二行在右下方写有“××字×号”字样。如是市教委的介绍信就写“市教字×号”；如是县政府商业局的介绍信可写“县商字×号”。其编号方式与公文发文字号相同，一般是介绍信的页码编号。

正文，要另起一行写介绍信的内容，主要包括被介绍者身份内容，前往何处何单位办理何事情、有何要求等。

结尾，注明成文日期即可，不必署名，因为存根仅供本单位在必要时查考而已。

② 第二是介绍信的间缝部分。

存根部分同正文部分之间有一条虚线，虚线上即有“××字第××号”字样。这里可照存根第二行“××字×号”的内容填写。数字要大写，如“壹佰叁拾肆号”，字体写大一些，便于从虚线处截开后，字迹在存根联和正文联各有一半。公章加盖在虚线正中，便于日后查证。

③ 第三是正式联部分。

第一行正中写标题。写法有一是可直接用文种做标题，即“介绍信”；二是出具介绍信的单位的全称+文种，如“湖南××大学介绍信”；三是事项+文种，如“中国共产党党员组织关系介绍信”。字体要较正文字体略大。

第二行在右下方有“××字××号”字样，内容照存根联填写。

首先是称呼。顶格写明所联系的单位或个人后加冒号。

然后是正文。正文应另起一行，空两格起再写介绍信的具体内容。内容同存根内容一样，主要写明持介绍信者的姓名、人数、要接洽的具体事项、相关要求等。

第三是结尾。写明祝愿或敬意的话，一般要写些诸如“请接洽”“请指教”“请协助”之类的话，后边还要写“此致　敬礼”。最后要注明该介绍信的有效期限。

最后是落款和成文日期。在右下方要署上本单位的全称，另起一行署成文日期，两者居中处加盖公章。

这类介绍信写好后，也应装入公文信封内，信封的写法同普通信封相同。

基本格式

原文	提示
介绍信 ××字××号 ××处： 兹介绍×××等同志××人，前往贵处联系×××事宜，敬请接洽。 此致 敬礼！ ××局（章） ××××年×月×日 （有效期×天）	这种印刷无存根式绍信确定框架格式事先印刷好，具体内容手工填写，既方便又实用，被人们广泛使用。

5. 介绍信的写作要求

（1）内容要真实，信件内容不得弄虚作假。

（2）格式要规范，既然是书信的范畴，必须讲究社交的礼仪性。

（3）表述要清楚，简明扼要地交代所接洽办理事项。

（4）逻辑要严密，存根联和正式联要内容完全一致，且存根要保存以备今后查考。

（5）书写要工整，不得涂改。特殊情况下涂改，须在涂改处加盖公章，否则此介绍信将被视为无效。

（6）盖章要规范，在单位名称与成文时间正中盖上公章，公章的下边缘“骑年盖月”，确定介绍信的有效性。

（二）证明信

1. 证明信的概念

证明信是单位或个人为证明某些人员的身份、职务、经历等情况，或者证明某个事件原委、真相的专用书信。证明信具有法定凭证的作用，单位开具的必须盖章，出自个人的必须亲笔签名。

2. 证明信的特点

(1) 证明性，是持有者用以证明自己身份、经历或某事真实性的一种凭证。

(2) 真实性，单位或个人开具证明信必须建立在充分了解被证明人或事的真实情况的基础上。

(3) 严肃性，出具证明信的单位和个人意味着对证明信的内容作证，在法律上来讲必须严肃认真，尊重事实。

(4) 针对性，证明信是就具体的人、事进行证明，必须针对性强，做到有的放矢。

3. 证明信的分类

从作者来分，可分为以组织名义出具的证明信和以个人名义出具的证明信；从用途来看，可分为作为材料存入档案的证明信、证明丢失证件等情况属实的证明信和作为身份证件使用的证明信；从书写形式上可分为手写式和印刷式两种。(1) 手写式证明信一般都是单位的负责人或文秘人员根据真实的档案或调查得来的材料，组织书写的一种证明信。(2) 印刷式证明信事先印好格式框架，只需手写相关内容。一般有存根备今后核查。

4. 证明信的结构格式

证明信一般由标题、称呼、正文、结尾、落款和成文日期组成。

(1) 标题：第一种直接用文种做标题。在第一行居中写“证明信”“证明”；第二种“文种+事由”。如“关于××同志××情况的证明”。

(2) 称呼：在第二行顶格写上受文单位名称或受文个人的姓名称呼加冒号。如果是供有关人员外出活动证明身份的证明信，则没有固定的收文者不用写称呼，但需要在正文前用引导词“兹”引起正文。

(3) 正文：另起一行，前空两格，写清需要证明的事项。

(4) 结尾：另起一行，前空两格，以“特此证明”结束全文。

(5) 落款：在正文右下方先写明证明单位名称或亲笔签署证明人姓名。

(6) 成文日期：在落款的下方写明具体的年、月、日，在两行居中处并加盖公章。

如果是以个人的名义出具的证明信，出具证明者所在单位须签署意见，说明出具证明者的一般表现，并对证明信上所写的材料做出表态，以供需要证明信的单位鉴别证明信的可靠程度。在签署意见的右下方，写上单位名称和日期，并加盖公章。

基本格式

原文	提示
证明信 ×××局人事处： ×××同志，女，现年41岁，一九六五年九月考入我校汉语言文字学攻读硕士研究生，系×××教授的学生，一九六八年九月毕业。由于历史原因，毕业时未能发给研究生毕业证书，即予补发。	这是一则以组织名义所发的证明信。是由一所大学发给×××局人事处用以证明×××同志硕士研究生

特此证明。 ××大学（章） ××××年×月×日	身份的证明信。这则证明实事求是、严肃认真、语言准确、篇幅短小精悍。

基本格式

原文	提示
证明信 ××日报社： 贵报××××年×月×日第一版《×××××××××××》一文我已看到，我就是当时目睹大卡车肇事和××女士（此前我并不知道她的名字叫××）热心救人的“绿衣人”，现将我当时目睹的情况证明如下。 ××××年×月×日晚11时，天正下雨，我披一件绿色雨衣（该雨衣是一位外国朋友送的，国内没有生产，所以特别醒目）从朋友处回家，我当时由南向北在福安路上走，行至××银行门口，一个中年妇女站在屋檐下向我招呼，并用东北口音问我附近有没有柜员机。我俩正说话，一辆大卡车从北向南飞快地开过来，随后只听到一声怪异的急刹车声，我们回过身，发现那辆车在离我们大约20米处撞倒了什么东西，在我们急忙赶过去的时候，那辆大卡车已经匆匆发动起来开走了（我留意到车牌号码的尾数好像是“37”），我们过去一看，路上躺着一位老人，身边一辆手推车被汽车轧烂了。此时正好有一辆出租车过来，××女士就招呼我一起将那个老人扶到车上，我因为要赶回家准备第二天一早飞往加拿大出差，心里很急，又看看老人不至于有什么生命危险，就拿出100元钱交给那位女士，随后就自己回家了，万没料到××女士因此而蒙冤含屈。 ××日报社，我因业务忙碌，近期又将飞往加拿大，谨以此信证明：一、“8.7”交通肇事案的肇事者是某大卡车司机，车号尾数大约是“37”；二、在此案件中，××女士是一个热心救人的好人。 请贵报代我向××女士致以崇高的敬意，如有必要，我愿出庭作证。 特此证明。 证明人刘××（亲笔签名） ××××年×月×日	这是以个人名义发出的证明信，主要是说明情况，还原事实真相，笔者态度严肃，语言准确，立场客观。值得注意的是，个人出具的证明信无论正文是手写还是打印，落款必须是亲笔签名。

基本格式

原文	提示
个人工作情况证明 ××局人事处： 兹证明××同志为本单位职工，已在本单位工作××年，最高学历为××，目前在本单位担任××职务。	这是一则以组织名义所发的证明信。是由一所大学发给××

特此证明。 单位公章或人事部门章 ××××年×月×日	局人事处用以证明×××同志硕士研究生身份的证明信。这则证明实事求是、严肃认真、语言准确、篇幅短小精悍。

5. 证明信的写作要求

（1）态度要实事求是，不能掺杂个人感情，更不能隐瞒真相、弄虚作假。

（2）表述要言之有据，要准确，切忌含糊其辞、模棱两可。

（3）格式要标准规范，且手写证明信只能用黑色或蓝色笔，不能随意涂改。

（4）用作身份证件的证明信，须在正文左下角注明有效期限。

（三）感谢信

1. 感谢信的概念

感谢信是集体单位或个人对于关心、帮助、支持本身的党政机关、企事业单位、社会团体或个人表示衷心感谢的专用书信。感谢信既能用于对公业务，也能用于日常生活，同时它也是一种礼仪文书，它与表扬信有许多相似之处，不同的是感谢信有表扬信的意思，但是重点在感谢上，目的是“感谢做出关心、帮助、支持的单位或个人”，表扬信则重在表扬某种实际行为上，目的是“表扬从好行为展现出来的好品德”。

2. 感谢信的特点

（1）公开性感谢信除了送给对方或对方的所在单位之外，也可以寄到报社、电台、电视台播报。

（2）情感性感谢，是有感于对方的好的行为而发自内心的一种道谢。因此，感谢信除了具有感谢的意思之外，还有表扬的功能，要体现有感而发，写得真挚、诚恳，不矫揉造作。

（3）礼仪性感谢信是一种礼仪文书，良好地表达谢意，往往能加强与对方的友好合作关系。为了体现真诚，感谢信最好采用手写，做到工整、规范，用于公开张贴的感谢信必须用大红纸抄写。

3. 感谢信的分类

（1）按感谢信的存在形式来分：公开感谢信包括在报社、电台或电视台等媒体公开的感谢信，在单位、小区等公共场合公开张贴的感谢信，邮寄给感谢对象的上级领导部门、单位、集体、家长、学校等第三方的表示公开感谢的信。秘密感谢信直接寄给感谢对象。

（2）按感谢对象来分：写给集体的感谢信一般是个人处于困境时，得到了集体的帮助，摆脱了困境从而写信表达自己的感激之情。写给个人的感谢信一般为了感谢某个人曾经给予的帮助或照顾而写，作者可以是个人、单位、集体。

4. 感谢信的写作格式

感谢信的结构一般由标题、称呼、正文、结语、落款和成文日期构成。

（1）标题：一是直接以文种为标题。只在首行居中写“感谢信”。二是感谢对象+文种。如《致×××的感谢信》《关于×××的感谢信》。三是感谢双方+文种，如《湖南××大学关于××的感谢信》《××致××的感谢信》。

（2）称呼：顶格写感谢对象的单位名称或个人姓名，然后加冒号。

（3）正文：主要写两层意思，一是写感谢对方的事由，即“为什么感谢”，用陈述的方法交代清楚人物、时间、地点、事迹、过程、结果等基本情况，然后在叙事基础上对此事作中肯的评价，以揭示其精神实质、肯定对方的行为。二是真诚地表达谢意。重在态度诚恳、言语实在，根据情况也可表达将以实际行动向对方学习的态度。

（4）结语：一般写上表达敬意、感谢的话，如“此致敬礼”或“再次表示诚挚的感谢”等。

（5）落款和成文日期：正文右下方署发文单位名称或发文个人姓名，再下一行与落款居中用阿拉伯数字署成文日期。写信的是单位的要在落款处盖章，写信的是个人则落款必须亲笔签名。

基本格式

原文	提示
感谢信 尊敬的××支行领导： 您好！ 我叫×××，湖南××大学的一名大三学生。写这封信的目的是向你们表达我对贵支行及两位员工的感谢。 2017年6月11日上午，我在贵支行办理自动存取款业务，因为有电话接入，就坐到大厅的连椅上记录相关内容，顺手把钱包放在了身旁，离开时将钱包遗落在贵支行。钱包里有我所有的证件、2张银行卡以及1500元生活费。十几分钟后才发现，便心急火燎地跑到贵支行找寻。保安同志见我气喘吁吁地这般着急，便主动问是不是有东西掉了，还询问了我的姓名及相关信息，然后将我遗落的钱包完好地交给了我。原来是贵支行当天的前台助理捡到的。因为急着回学校考试，我简单地向贵支行两位好心的员工表达了感谢后便急匆匆地离开了，也没有来得及询问他们的名字和工号。 今天，我特向贵支行写来感谢信，一是表示对贵行对客户负责任的优质服务表示衷心感谢，二是向两位我还没有问姓名的贵支行的员工表示崇高的敬意。 此致 敬礼！ 湖南××大学学生：××× 2017年6月13日	这封感谢信对事情经过描述清楚，语言朴实，措辞礼貌得体，充满感激之情。

5. 感谢信的写作要求

（1）叙述对方对自己或本单位的帮助，一定要把人物、时间、地点、原因、结果以及事情经过叙述清楚，便于组织了解和群众学习。

（2）信中要洋溢着感激之情。在叙述事实的过程中，除了要突出对方的好思想和表示谢意外，行文要始终饱含着感情。这感情要真挚、热烈，使所有看到信的人都受到感染。

（3）表示谢意要得体，既要符合被感谢者的身份，也要符合感谢者的身份。

（4）感谢信以说明事实为主，措辞要恰当，文字要朴实、精炼，篇幅要短小，切勿不着边际地大发议论。

（四）表扬信

1. 表扬信的概念

表扬信是用来表彰某个单位、组织或个人的先进事迹、高尚品格的专用书信。一般是作者在日常工作、生活中受益于被表扬者的高尚品格或被其品行所感动，特向被表扬者所在单位或其上级领导致信，以期使其本人受到相关的表彰、奖励，品格能得到肯定和发扬。

2. 表扬信的特点

(1) 真实性表扬信中的事件必须是真实的，不得杜撰，不得添油加醋，必须客观描述，对其表现出来的精神品格也要评价中肯，不得盲目夸大。

(2) 褒扬性对某个单位、组织或个人的先进事迹、高尚风格、无私奉献、乐于助人的精神等予以肯定性的表扬，“褒”的情感色彩十分明显，倡导正能量，发扬好品格。

(3) 公开性表扬信是一种公开信，可直接将表扬信寄给被表扬人或其所属单位，也可以用大红纸抄写张贴，也可以寄给报社、电台、电视台等媒体。

3. 表扬信的分类

(1) 从表扬双方的关系来看，表扬信可以分为两种。

一是以领导机关或群众团体的名义表扬其所属的单位、集体或个人。这种表扬信可以在授奖大会上由负责同志宣读，也可以登报、广播、上电视等。

二是群众之间的表扬。这种表扬信不仅赞颂对方的好品德、好风格，也有感谢的意思。这种表扬信可直接寄给本人或所属单位；也可将表扬信寄给报社、电台，请新闻单位帮助在报纸、广播、电视台进行宣传。

(2) 从被表扬者的身份来看，表扬信又可分为两种。

一是对集体的表扬。对集体的表扬可以是上级领导，同级单位，也可以是群众团体。

二是对个人的表扬。由于个人在工作中取得了优异的成绩，或为单位作出了巨大贡献，或者帮助别人解决了某些困难，因此受到单位或个人的表扬、表彰。

4. 表扬信的结构格式

表扬信通常由标题、称呼、正文、结尾、落款和成文日期构成。

(1) 标题：一般单独由文种做标题，位置在第一行正中。

(2) 称呼：开头顶格写上被表扬的机关、单位、团体或个人的名称、姓名。写给个人的表扬信，应在姓名之后加上“同志”“先生”“女士”等字样，后边加冒号。若直接张贴到某机关、单位、团体的表扬信，开头可不必再写受文单位。

(3) 正文：另起一行，空两格写，主要内容有两个。

一是交代表扬的理由，真实、精炼地叙述人物事迹的发生、发展、结果及其意义。二是指出行为的意义，客观、中肯地对人物事迹进行评价、议论，颂扬其高尚品格。

(4) 结尾：郑重提出对对方的表扬，或者向对方的单位提出建议，希望对某某给予表扬。如“某某同志无私奉献的精神值得大家学习，建议予以公开表彰”。写给本人的表扬信，则可表达执笔方“深受感动”“值得我们学习”等内容。最后写上“此致 敬礼”等结束语。

(5) 落款：正文右下方写明发文单位名称或个人姓名，个人有单位的可在姓名前署上单位名称或单位名称及身份，如“××市教育局××”“××大学学生××”。

（6）成文日期：落款下方居中用阿拉伯数字注明成文日期。

基本格式

原文	提示
表扬信 ××领导： 2018 年 3 月 17 日傍晚 6 点半，我商场采购员×××同志携带 2 万多元现金采购食品时在××市场突发疾病，呕吐不止，晕倒在地，你校高××级 4 班×××、×××、×××三名同学将他扶到中医院治病，一直陪伴到晚上 9 点半，晚饭都没有吃，确保了×××同志人身和财产的安全。 这种无私奉献、助人为乐的精神使人敬佩，我们全体员工都深受感动，在此恳请贵校能弘扬美德，对这三名同学的善行进行公开表彰。 此致 敬礼！ ××××商场（章） ××××年×月×日	这封表扬信是单位发给学校的，语气热情恳切，文字朴素精炼，篇幅短小精悍。交待人物事件清晰自然，条理分明，评价恳切，抒情恰当，表彰请求合乎情理。

5. 表扬信的写作要求

（1）叙事要实事求是。对被表扬的人和事的叙述一定要准确无误，既不夸大，也不缩小。

（2）评价要客观中肯。在真实叙述的基础上进行客观评价，不做空泛的说理，也不夸大其词，做到以人事见精神。

（五）慰问信

1. 慰问信的概念

慰问信是以组织或个人的名义，向在某方面作出特殊贡献、遇到意外损失和遇到巨大灾难的群体或个人表示关怀和慰问，或在节假日向对方表示问候关心的一种专用书信。

2. 慰问信的特点

（1）发文的公开性：慰问信大多是以公开张贴，在报纸、杂志、电台、电视台等媒体上展播的形式出现，也可以直接寄给慰问对象，但公开发文更能体现对慰问活动所透露出的真挚情感的肯定。

（2）情感的沟通性：无论是对有突出贡献者的英雄的慰问还是对遭遇困难的弱者的慰问，崇敬、关心、同情、支持等情感都是建立彼此良好沟通的基础。如汶川大地震后国家主席和总理对灾区人民的慰问让大家感受到党和国家时刻关心着他们，全国人民永远与他们在一起，这种精神的慰问远比物质的支援更有力量更能凝聚人心。而三八妇女节、教师节、重阳节等各种节日的慰问，更是起着相互沟通情感的良好作用。

3. 慰问信的分类

从慰问的对象和内容上来看，慰问信可以分为有三种类型。

（1）对作出贡献的集体或个人的慰问：这类慰问主要针对那些承担艰巨任务、作出巨大贡献甚至牺牲了自己的生命，取得突出成绩的先进个人或单位。如对抗洪抢险的解放军战士的慰问、对保家卫国的边防军人的慰问、对春节期间仍坚守岗位的铁路工人的慰问。

（2）对遭受困难或蒙受损失的单位或个人的慰问：这类慰问信通常是针对那些由于某种原因（如车祸、火灾、地震、暴雨等）而遭到暂时困难或蒙受严重损失的集体或个人，对他们表示同情、安慰鼓励他们克服暂时的困难而加倍努力。如对灾区人民的慰问、对边区群众的慰问等。

（3）节日慰问：在节日之际上级对下级，机关对群众的一种慰问。一般表示对他们以前工作的肯定和赞扬，并鼓励他们在未来的工作中作出更大的成绩，同时表达节日良好的祝愿。

4. 慰问信的结构格式

慰问信通常包括标题、称呼、正文、结尾、落款和成文日期。

（1）标题：通常有以下三种方式单独由文种构成，只在首行居中写“慰问信”；由慰问对象和文种构成，如《致××的慰问信》；由慰问双方和文种构成，如《××致××的慰问信》。

（2）称呼：标题下空一行顶格写上受文者的名称或姓名称呼。如果是写给个人的，应在姓名之后，加上“同志”“先生”“女士”或其职务等，后加冒号。如“××市人民政府”“鲁迅先生”“袁隆平院士”等。

（3）正文：正文要另起一行，空两格写慰问的内容。正文一般由发文目的、慰问缘由或慰问事项等几部分构成。

首先，说明写慰问信的背景、原因。常用的表述如“值此2014年新春佳节即将到来之际”、“正当你们与全国人民一道为实现祖国的富强而努力奋斗时，突然遇到了×××自然灾害”，在介绍背景和形式之后接着写表示亲切慰问的话，如“致以节日的祝贺”“致以亲切的慰问和崇高的敬意”等。

其次，慰问缘由或慰问事项本部分要概括地叙述对方的先进思想、先进事迹，或战胜困难、舍己为人、不怕牺牲的可贵品德和高尚风格；或者简要叙述对方所遭受的困难和损失，以示发信方对此关切的程度。要表现出发信方的钦佩或同情之情。

（4）结尾：一般表示共同的愿望和决心。如“让我们携起手来，为建设和谐稳定的幸福株洲共同奋斗”“有志者事竟成，最大的成功一定属于我们”等。接着表达祝福，如“祝你们百尺竿头更进一步”“祝新春愉快”等，正确的格式是“祝”写在正文下一行左空两字，祝福的内容应另起一行，顶格写。

（5）落款：正文右下方署发文单位的名称或发文个人姓名。

（6）成文日期：落款下方居中用阿拉伯数字注明成文日期。

基本格式

原文	提示
致全国双拥模范的慰问信 全国双拥模范城（县）、双拥模范单位和个人： 　　中华民族的传统节日春节即将来临。全国双拥工作领导小组、民政部、中央军委政治工作部，向全国双拥模范城（县）党委政府、驻军领导机关和广大军民，致以新春的祝福！向在拥军优属、拥政爱民工作中创造佳绩的全国双拥模范单位和个人，表示崇高的敬意！ 　　刚刚过去的2016年，华章续写，岁物丰成，极不平凡又非常难忘。以习近平同志为核心的党中央团结带领全党全军全国各族人民，把握国际国内	这封慰问信亲切而温暖，全面地肯定了全国双拥模范城（县）、双拥模范单位和个人

两个大局，开启全面建成小康社会决胜阶段的伟大进军，打响供给侧结构性改革的攻坚之战，吹起脱贫攻坚战的冲锋号，团结一心，攻坚克难，推动经济建设、政治建设、文化建设、社会建设、生态文明建设和党的建设取得新的成绩。这一年，全军和武警部队坚持以党在新形势下的强军目标为引领，按照“五个更加注重”战略指导，持续做好古田全军政治工作会议下篇文章，大力推进政治建军、改革强军、依法治军和备战打仗，出色完成党和人民赋予的各项任务，开创了强军兴军新局面。 在建设中国特色社会主义新的长征路上，亿万军民不忘初心、携手奋进，双拥优良传统薪火相传，军政军民团结坚如磐石。这一年，新一届全国双拥模范命名表彰大会隆重召开，习近平总书记亲切会见与会代表并发表重要讲话，对在新的起点上推动双拥工作创新发展提出明确要求，为当前和今后一个时期双拥工作指明努力方向，推动兴起了爱国拥军、爱民奉献的新热潮。双拥模范城（县）和单位倍加珍惜政治荣誉、珍视军民情谊，支持国防和军队改革倾心尽力，解决官兵“三后”问题积极主动，关爱优抚对象务实有为，惠民助民活动丰富活跃，双拥工作水平不断提升。双拥模范个人关心国防、热爱军队、服务人民，在军爱民、民拥军的火热实践中勇立潮头，引领和带动社会各界支持双拥、参与双拥，“爱我人民爱我军”社会氛围更加浓厚。 军民同心，其利断金。2017 年，是实施“十三五”规划、决胜全面建成小康社会的重要一年，是国防和军队改革拓展深化的重要一年。全国双拥模范城（县）、双拥模范单位和个人，要更加紧密地团结在以习近平同志为核心的党中央周围，牢固树立政治意识、大局意识、核心意识、看齐意识，深入贯彻党中央、国务院、中央军委和习近平总书记关于加强军政军民团结的决策指示，大力推动双拥工作改进创新、与时俱进，汇聚起军民一心、奔腾向前的磅礴力量，为实现中国梦强军梦作出新的更大贡献，以优异成绩迎接党的十九大胜利召开！ 全国双拥工作领导小组　民 政 部　中央军委政治工作部（章） 2017 年 1 月 13 日	所做的突出贡献，行文诚恳，充满关怀和盛情，措辞恰当，充分表达了对双拥模范的褒扬和对“爱我人民爱我军”的社会正气的弘扬。

5. 慰问信的写作要求

（1）表述要亲切得体。语言朴实、精炼、措辞要恰当，篇幅要短小。

（2）感情要真挚充沛。如对方遇到困难或遭受灾害，应该向对方表示关心和支援，使对方得到精神上的安慰，增强战胜困难的信心和勇气；如对方是在承担艰巨任务中作出了巨大贡献或遭受伤害，就应该着重赞扬、歌颂对方的功绩，体现出发自内心的钦佩和关心。

（六）推荐信

1. 推荐信的概念

推荐信是一种向用人单位荐举人才的书信。有向某单位自荐的，也有第三者荐举的。

2. 推荐信的特点

（1）荐举贤能，推荐信是向用人单位介绍、荐举自己或自己了解的优秀人才，能够使有才能的人可以为用人单位所用，造福社会。

（2）公私兼顾，推荐信无论是以单位名义发文，或是以个人名义向组织推荐或向个人推荐人才，从某个角度来说都可以认为是一种私人之间的通信。凡是写举荐信的单位和个人均希望自己的举荐可以成功，得到承认。

3. 推荐信的分类

（1）从推荐者的情况分“自荐信”和“推荐信”两种。所谓自荐信实际上是“自我推荐信”的简称，指写信人为了在某单位谋求一份工作或在自己原有的单位谋求更好的职位而写的一种推荐自己的信件。推荐信则是写信人（通常是有声望地位的人）向某单位或个人推荐别人的一种推荐信。

（2）从推荐信的受文对象可分为针对性推荐信和广泛性的推荐信。所谓针对性推荐信是指写信人明确自己推荐信的投发对象，根据受文对象的用人情况目标明确地行文的一种推荐信。而广泛性的推荐信则指写信人只是推荐被推荐人的才能而暂时并无明确的推荐单位的一种推荐信。这种推荐信，往往可以同一内容一式多份，向各用人单位广泛投寄。

4. 推荐信的结构格式

推荐信一般由标题、称呼、正文、结语、落款和成文日期组成。

（1）标题一般由文种名称构成，即在首行正中写上“推荐信”三个字，也可以写“事由+文种”，如“实习推荐信”。如果写信者与收信者熟知也可以不用标题。

（2）称呼第二行顶格写上用人单位名称或负责人姓名，也可以只写对方领导人的职务，如“尊敬的×××公司经理”。如果推荐人与收信人是熟人朋友，也可以用通常的私人信件的称呼，如“王兄”之类。

（3）正文一般应该包括如下内容 介绍被推荐者的基本情况，姓名、性别、年龄、学历学位，职业、业务水平、工作能力、身体状况等；说明推荐的理由，主要介绍学业成绩、专业特长、业务能力、工作实绩等方面。如果是自荐信，则应写明本人在原岗位上未能发挥的潜能和特长；表达推荐愿望。恳请对方给予被推荐人工作或晋升机会，常用“特此推荐”“本人力荐此人任××一职”等表达。

以个人名义写的推荐信，一般在正文开头应先自我介绍，说明自己的姓名、职称、职务、成就、与被推荐人的关系、通信地址等，以增加可信度。推荐人的身份、资历可以从一个侧面说明推荐意见的分量，所以一般应该尽量请社会名人、权威专家教授及其他有影响力的人写推荐信。

（4）结语：一般用祝颂语作为结语。

（5）落款和成文日期：在正文右下方署上推荐者的姓名及成文日期，有印鉴的盖上印鉴。

推荐信根据需要可以附上被推荐者有关简历、业绩方面的材料，并注明联系方式。

基本格式

原文	提示
推荐信 ×台长： 我院舞蹈专业本科大四学生×××，女，22岁，××本地人，是我校××教授的得意门生、我院2018级优秀毕业生。该生专业成绩优秀，连续4年均拿校级一等奖学金；舞蹈功底扎实，曾在××电视台舞蹈编导岗位实习、××舞蹈学校担任2年的兼职舞蹈教师均获好评，具有良好的舞台表演	该推荐信措辞得体，表达清晰，对被推

经验和舞蹈采编能力；性格开朗，善于社交，对待工作认真负责，能吃苦耐劳，有创新意识。各方面条件均符合贵单位舞蹈编导的招聘要求。 特此推荐。 谨祝 夏安！ 湖南××大学××学院院长：××× 2018年6月2日	荐学生的情况介绍全面而得当，是一封十分优秀的推荐信。

5. 推荐信的写作要求

（1）介绍情况要实事求是。写推荐信的人应该本着对用人单位、被推荐者负责的态度，客观公正地介绍被推荐人的真实情况，不得言过其实。

（2）推荐理由要重点突出。推荐的理由要根据对方单位的岗位要求有针对性地确定，介绍被推荐人不能面面俱到，应该突出其适合该岗位的优势、专长，越充分、事实越具体、推荐的意见越容易被重视。

（3）推荐语气要礼貌周全。向用人单位推荐人才，实际上是有求于人，因此要格外注意文明礼貌，态度要诚恳谦虚，切忌用命令的语气。

（七）邀请信

1. 邀请信的概念

邀请信，也称“邀请函”“邀请书”，是行政机关、企事业单位、社会团体或者个人邀请知名人士、权威专家、亲朋好友或工作业务往来的相关人士于某个时间前往某地参加某项活动时所发的约请性书信。

2. 邀请信的特点

（1）礼仪性。同请柬一样，邀请信也具有邀请的功能，邀请有一些礼仪色彩。但相比较而言，邀请信更恳切、热情、朴实一些。它没有请柬那么庄重严肃，但也具有礼仪色彩，讲究礼貌周全。

（2）简约性。邀请的事由、活动的时间地点等必须交代清楚，但是务必简单明了。

3. 邀请信的分类

根据内容的不同，邀请信可以分为三类。

（1）纪念活动邀请信，为了纪念某个重大的节日，举行重大活动而发出邀请对方前来参加活动的书信。

（2）仪式邀请信邀请对方参加开业、揭牌、竣工等仪式性的活动，商务上使用较多。

（3）会议邀请信，邀请对方参加某个会议的书信。

4. 邀请信的写作格式

邀请信通常由标题、称呼、正文、结语、落款和成文时间组成。

（1）标题一般有两种形式单独由文种构成，在首行居中用大于正文的字体书写；由事由和文种构成，如《关于出席××活动的邀请函》。

（2）称呼标题下空一行顶格写被邀请单位的名称，被邀请者是个人的应写其姓名并加上表示尊敬的称呼语，一般是其职位、职称、职业，如“××局长”“××教授”“××编辑”等。

（3）正文包括前言与事项两部分，前言主要说明活动的内容、活动的目的、活动的时间、活动的地点、活动方式，并向对方提出邀请。

事项部分可以分项列出，包括交通路线、接送方式、经费开支形式、是否准备材料和安排节目发言等。如果有验证身份用的入场票券等，应该同邀请信一并送给主送对象。

(4) 结尾

写上礼节性的问候语。如“恳请莅临指导”“敬请光临”等。

(5) 落款和成文日期

右下方署上发文单位名称或个人姓名，再下一行与落款居中用阿拉伯数字署上发文日期。单位邀请的应该加盖公章，个人有印鉴的加盖印鉴，以示慎重。

基本格式

原文	提示
邀请信 尊敬的×××总经理： 2018年××市民营经济发展论坛定于2018年×月×日在××××大酒店举行，恭请您就有关××市民营经济发展的现状与对策发表高见。敬请拨冗出席！ 谨祝 商祺！ ××市民营经济研究会 2018年×月×日	这是一封邀请企业家参加经济论坛活动的书信，清楚交代了相关信息，言简意赅，简单明了，且态度诚恳热情、措辞讲究，从“恭请”“高见”“敬请拨冗出席”等敬语体现出浓厚的尊敬之情。

5. 邀请信的写作要求

(1) 邀约要清楚。邀请信是除了有通知的功能之外，还有其他功能，它是被邀请人考虑是否接受邀请和进行准备的依据，活动的各项事宜务必在邀请信中交代清楚，便于受邀请人决定是否要来，做到有备而来。

(2) 措辞要讲究。邀请信的内容类似于通知，但通知是下行文，可以用命令的态度或语气，而邀请信是礼貌邀约，不能用命令语气，只能是商量和恳请，要使用“请”“敬请”等，避免使用“务必”“必须”之类的强制性语气。事实证明，适当地使用古文和敬语能增加邀请函的礼仪性，而有的邀请信还应该在信的开头解释不能亲自面邀的原因，以示尊敬。

(3) 制作要精美。邀请信装帧尽可能美观、大方。

(4) 场合要分清。现实生活中，隆重的礼仪场合多用请柬，参加学术研讨会、纪念会、订货会等多用邀请信，一般的会议发通知即可。邀请的事项单一，用请柬；邀请的事项复杂或需要向被邀请者说明有关文体，则用邀请函。

（八）辞职信

1. 辞职信的概念

辞职信，又称辞职书或辞呈，是辞职者向原工作单位辞去职务时写的书信。辞职信是辞职者在辞去职务时的一个必要程序。

2. 辞职信的特点

(1) 严肃性。辞职是一件很严肃的事情，绝不是一种走过场的形式。辞职者辞职前要认真、全面考虑辞职利弊、辞职时机和条件，不能说辞就辞，更不能不辞而别。

(2) 理智性。不管是出于什么原因辞职，都要有端正的态度和良好的心态，辞职信的语言要礼貌、得体。

（3）诚恳性。辞职原因要如实说明，即便有时不便直白，但也要让对方明白辞职的真实原因，不能虚伪、敷衍，同时，对于以往合作，该道歉处要道歉，该致谢处要致谢，要光明磊落、真诚实在。

（4）简明性。辞职者与供职单位已有合作，彼此许多情况都互相了解，辞职信里的内容基本上是点到为止，极为简约。

3. 辞职信的结构格式

（1）标题一般以文种命题，写“辞职书”或“辞职信”。

（2）称呼写辞职信送达的单位名称、领导姓名或职务。

（3）正文一般包括以下内容：

第一，辞职意愿，一般写“我请求辞去××职务”。

第二，辞职原因，一般写得简约些，但要真实，对不便明说的原因可以含蓄表达，如跳槽去了更好的单位，可表述为“为了开阔眼界，提高自己”等。

第三，辞职时间，应该明确说明离职时间，让原单位做好人员调剂准备。

第四，致谢，感谢对方对自己过去工作的支持和帮助。并诚恳地希望对方谅解自己的辞职。

第五，辞职请求。

第六，敬语。

（4）落款和成文时间同普通信件一样在右下方，落自己的部门、姓名、年、月、日。

基本格式

原文	提示
辞职信 尊敬的×经理： 您好！ 我请求辞去仓库管理员一职，现向您说明情况如下： 因家中父母年事已高，多病痛，无人照顾，我欲回乡创业，一方面对自己是个良好的锻炼，一方面便于照顾父母尽孝道。我与公司所签的劳动合同将于下月到期，手头工作也基本完成，本岗位人员充足。鉴于此，我准备本月底辞职。 四年来，公司给予我极大的支持和信任，使我由一名从未在外打工的务农人员变成了仓储行业的业务行家，对此，我万分感激，如有机会，来日必当回报。 此致 敬礼！ 仓管部：×××× ×××年×月×日	这封辞职信，言辞得体，态度诚恳，理由充分。

4. 辞职信的写作要求

（1）态度恳切。辞职信也是信，写作时必须注意礼貌，表达出恳切的态度，以感恩的心对待即将辞职的单位是一个从业人员良好素质的表现。

（2）理由充分。辞职往往会打乱单位原来的工作秩序，对单位带来或大或小的影响。但辞职是辞职者慎重考虑的结果，一般都事出有因，在写作时要将辞职理由陈述清楚而合理。

（3）措辞委婉。不管何种原因辞职，在表达上宜含蓄而委婉，即便有意见、含恨离职也不能将情绪体现在辞职信上，切忌批评对方。这是辞职信写作最基本的要求之一。

（4）表达简洁。为什么要辞职、辞职的具体时间等都要简明扼要地列出。

第二节　条　　据

一、条据的概念

条即便条，据即单据，所谓条据类应用文指人们在借到、领到、收到或归还钱物时写给对方作为凭据的便条或单据。有时候，通过简单书面条子的形式要向有关人员托付事情说明情况，这样的条子也属于条据类应用文。

二、条据的特点

（1）凭证性：条据的主要功能就是凭证作用，条据类作为钱物借还的重要凭据，应该严加保管，供日后核对情况甚至可以作为档案保存起来。

（2）说明性：条据内容涉及钱物的名称、用途、时间、数目、去向等重要信息，具有说明事实的性质，其语言要遵守说明文语言的规范。

（3）简便性：条据类应用文一般在熟悉的人员间使用，运用起来灵活、方便，文小功能大。

三、条据的分类

根据内容和性质，条据可以分为两大类

（1）说明性条据：如请假条、便条、留言条等。

（2）凭证性条据：如借条、欠条、收条、领条等。

四、条据的结构格式

（一）说明性条据

说明性条据主要是向有关人员说明情况、托付事情、传递信息用的条子。其写作的结构格式为：

（1）标题。请假条一般都有标题，留言条、便条一般省略。标题要居中。

（2）称呼。因为条据一般是在熟人之间使用，称呼一般可以用简称，如张老师、小王等。称呼要顶格写。

（3）正文。一般需要交代清楚原因、时间、具体事情或者有关要求等。行文要注意语言简洁、礼貌周全。

（4）致敬词一般写给领导、老师、长辈等的说明性条据用致敬词，平级（平辈）、下级（晚辈）则不用。

（5）落款包括署名和时间两个内容。

基本格式

原文	提示
请假条 尊敬刘老师： 您好！ 我因爷爷去世，需回广西参加葬礼，坐火车来回的时间加上办丧礼的三天，特申请事假五天（2018 年 5 月 12 日至 16 日）。恳请批准！ 此致 敬礼！ ××班×× 2018 年 5 月 11 日	该假条简洁明了，请假理由充分，期限清楚，用语礼貌得体，注意细节，如用需要的“需”说明理由，比“须”更能体现礼貌性，“须”是必须，有不容商量的意味。

基本格式

原文	提示
留言条 亲爱的女儿： 我今天晚上值班，明天早晨八点下班，爸爸外出与同学聚会，大约晚上 9 点才能回家。饭菜在电饭煲里热着，记得饭后休息一下再做作业。一个人在家注意安全！ 永远爱你的妈妈 2018 年 5 月 2 日	该留言条是母亲写给女儿，属于亲人间的交流，不用问好、不用致敬词，清楚交代去向、简单说明事由并表明关心即可。

基本格式

原文	提示
便条 欧阳老师： 我到财务处报账，大约 2 小时后回办公室。如果有学生来还球拍，请帮忙代收，登记本在我办公桌中间的抽屉里。谢谢！ ××× 2018 年 5 月 7 日	该便条是写给同事的，属于平级间的交流，不用问好、不用致敬词，清楚交代去向、简单说明事由并表明感谢即可。

（二）凭证性条据

凭证性条据一般涉及借、欠、收、还、领个人或公家现金、财物，它往往起到日后的凭证作用，钱物归还后，条据要回收作废或撕毁。凭证性条据主要有借条、欠条、收条（据）、领条等。其通常写作格式为：

（1）标题可以直接用条据的种类“借条”“欠条”“收据”或“领条”作为标题，标明条据的性质内容。标题要居中。

（2）正文开头惯用语为“今收到”“今借到”“今领到”等，涉及钱物数量数字要大写。

（3）落款和成文时间格式同普通信件。如果是单位名称，除了写明单位名称外，还应写明经办人姓名。

借条和欠条在工作和生活中经常用到，需要重点学习。

第一，借条是指借个人或公家的现金或物品时写给对方的条子，就是借条。钱物归还后，打条人收回条子，即作废或撕毁。它是一种凭证性文书，通常用于日常生活以及商业管理方面。从法律的角度看，借条是表明债权债务关系的书面凭证，一般由债务人书写并签章，表明债务人已经欠下债权人借条注明金额的债务。欠条是个人或单位在欠款、欠物时写给有关单位或个人的凭证性应用文，也有人称作“白条”。欠条也是在日常生活中常见的为证明一方欠另一方财物而立下的字据，一种凭据类应用文体。

第二，完整的借条或欠条一般应包括以下内容欠款、借款（物）的原因；欠款、借款的准确数额，借物的名称、数量，金额应用大写表示；借款（物）的归还时间、欠款的付清期限应明确；违约责任要写清楚，如利息等；立据时，可找第三方见证人；必要时，应当由担保人签字，并写明担保期限、责任。

第三，借贷是最容易产生和法律纠纷的，因此要特别注意细节。

一是借贷手续要齐全。借款人和贷款人人关系再好，借钱时也一定要打借条。不打借条是最大的法律风险。《最高人民法院关于人民法院审理借贷案件的若干意见》第 4 条规定，法院审查借贷案件时，应要求原告提供书面借条，无书面借条的，应提供必要的事实根据，没有证据的请求，人民法院不予受理。因此，在借贷时，借款人应主动写出书面借条，出借人也应提醒对方写出借条，借条要当面亲笔书立，如遇特殊情况，当场无法定出借条的，应有第三人作证，事后补上借条。还款时贷款人应当将借条还给借款人，特殊情况下借条丢失或损毁，借款人还款最好请第三方作见证，并要求贷款人亲笔书写收到还款的收据。另外，贷款人要妥善保管借条。借条是索要借款的合法证据，一旦借条损毁或遗失，碰上不诚信的借款人很可能追不回借款，因此要特别注意防止借条被盗、丢失或受污染，保管的地方要安全、可靠，不易潮湿，也不能与化学物接触。同时，最好复印几份，在以后催款时，可先向借款人出具复印件，以确保原件的安全。

二是语言使用要准确。打借条时不要使用多音、多义字，以免造成歧义产生纠纷。我国的许多汉字存在一字多音，一字多解的现象，在借条中一旦使用这些汉字，就有可能造成纠纷。江西卫视曾播出一个真实的案例，李先生三年前借给朋友 3 万元，一年后朋友还了他 5000 元，于是朋友重新立据“原欠款 3 万元，还欠款 5000 元”，后来李先生需要用钱向朋友催还剩余借款 25000 元，朋友居然说只欠李先生 5000 元了。“还”是多音字，读“huán”时意为“交还，归还”，借条里的“原欠款 3 万元，还（huán）欠款 5000 元”指所借的 30000 元还掉了 5000 元，还剩下 25000 元未还；读“hái”时意为“仍旧，依然”，借条里的“原欠款 3 万元，还（hái）欠款 5000 元”意味着朋友只欠了李先生 5000 元。朋友死死咬定是“还（hái）”欠款 5000 元，李先生没有直接有效的证据，法院也不能判李先生胜诉，于是一个多音字就害李先生白白损失了 20000 元。

三是利息计算要清楚。要说明有无利息，有的话怎么计算，计算时是月利率还是年利率要说清楚，而且利率要合乎国家相关的法律规定。最高人民法院《关于人民法院审理借贷案件的若干意见》第六条规定，民间借贷利率可适当高于银行利率，但最高不得超过银行同类贷款利率的四倍（含利率本数），否则，超过部分的利息不受保护。

第四，需注意借条和欠条的区别。

随着市场经济的发展，民间资金流动日渐频繁，私人借贷成为一种现象。民间借贷的案子在民庭案件中占的比例也正逐渐变大。当事人甚至一些法官常常把欠条和借条这两种重要的民事证据弄混淆，因此很有必要对二者进行区别理清。

一是产生的原因不同。借条主要是因借款而产生的；而欠条产生的原因是多种多样的，任何能以金钱为给付内容的债都能产生欠条。

二是性质不同。借条反映的是当事人之间借款合同关系，借条本身是借款合同的凭证，每一个借条背后都是一个借款合同；而欠条则是当事人之间的一个结算结果，反映的是当事人之间单纯的债权债务关系。

三是诉讼时效不同。对于注明了还款期限的借条和欠条，诉讼时效均从其注明的还款期限之日起 2 年。没有注明还款期限时，两者的诉讼时效是有区别的，对于没有注明还款期限的借条，出借人可以随时向借款人要求还款，诉讼时效从借条出具之日开始计算，时间为 20 年，如果出借人在借款人出具借条的 20 年内不主张权利，则丧失胜诉权；没有注明还款期限的欠条，出借人也可以随时要求返还，诉讼时效从欠条出具之日起 2 年，适用诉讼时效中断的规定。但是从出具欠条之日起，2 年内不主张权利的，丧失胜诉权。

四是证明力不同。举证时，借条持有人一般只需向法官简单陈述借款的事实经过即可；欠条持有人必须向法官陈述欠条形成的事实。如果对方否认，欠条持有人必须进一步举证证明欠条形成的事实，否则法院很可能不予支持其诉求。

基本格式

原文	提示
借　条 今借到××学院××系课桌伍拾张、笔记本电脑壹台（联想 G470.黑色），用于“2018 美丽工大”迎新晚会，会后立即归还。此据。 ××学院：×× 2018 年 9 月 21 日	清楚交代所借物品的名称、数量、型号、原因及归还时间，数量要大写，机器之类的物品要注明品牌、型号、颜色等，为单位所借须盖单位公章并写上经手人，也可以个人名义去借，直接署名“××学院××”。

基本格式

原文	提示
借　条 兹因〈原因〉，向〈贷方法定名称〉借款，共计人民币（〈小写〉）元（〈大写〉万〈大写〉千〈大写〉佰〈大写〉拾〈大写〉元整）。上述借款约定于××××年×月×日前还清，借款期间年利息为（写清利率），若借款逾期不还，借款人应承担违约金〈明确违约责任〉。口说无凭，特立据为证。 附：借款人身份证复印件、住址、联系电话 借款人〈亲笔签名并按手印〉 ××××年×月×日	此借条写得全面而清楚，交代了借款原因、所借币种、准确数额（金额大写）、利息、归还时间、违约责任等，并将借款人的身份证复印件、住址、联系电话等一并附上，最后亲笔签名并按手印。

基本格式

原文	提示
欠　条 兹因（事由）欠（债权人）币种（金额大写）元，于××××年×月×日前付清。特立此为据。 立据人：〈亲笔签名并按手印〉 ××××年×月×日	欠条要写明产生原因和付清期限，否则易产生纠纷。此欠条格式规范，将各要素交代得清清楚楚，是一则标准的欠条。

五、条据的写作要求

（1）条据必须由当事人当面亲笔书写。接收方不能代笔，要交代清楚各项要素，谁写给谁，因为什么事情，约定的具体内容，什么时间所写，必须一一写明。

（2）字里行间应当紧凑，不能留有多余的空间。条据涉及的钱物数量要写清楚，数字要大写，数字前不能留空白，后面要写明计量单位，以防恶意添加或篡改。

（3）尽量避免使用容易产生分歧的语言，以免造成纠纷。

（4）内容不可涂改，文面保持整洁。如万不得已确实需要改动内容，改动处必须加盖手印或公章。

（5）用墨应用蓝色或黑色钢笔或圆珠笔。不要用铅笔、易褪色的墨水或红色墨水。字迹应该工整、清楚，不要用草书，以免误认。

（6）最好附带在借条和欠条中体现贷款人和借款人的身份证号码。同名同姓的人很多，但是身份证号却是每个人身份的区别，即便借条遗失，被同名同姓的人拿到也无用处，这样可以避免不必要的纠纷。

第三节　启　　事

一、启事的概念

启事的“启”带有陈述的意思，“事”指事情，启事简单的说是指公开陈述、声明某事的文字，多刊登公布出来。具体来讲，启事是机关团体、企事业单位或公民个人就某项事情向公众进行说明，或请求有关单位、人员予以帮助时使用的实用文书。

二、启事的特点

第一，周知性。启事是向社会大众公开陈述有关事项，因此常采用报纸刊登、媒体播放、公开张贴等各种途径和形式进行传播，往往要达到众所周知的效果。例如，遗失启事就是越多人知晓越利于寻回失物、招工启事越多人知晓越利于招聘。

第二，商洽性。启事不是国家法定公文，它在向社会公众告知有关事项时，没有法定效力，也没有强制性，不能硬性规定人们必须知晓和参与执行，而只能是陈述、告知事项，期盼、商洽和请求人们协助办理。如征婚启事面向整个社会，但征婚者只能期盼和等待有意者前来应征，却没有任何权利干预和强制别人。

三、启事的分类

启事按用途分类主要分三大类：

（1）征招类——招生启事、招聘启事、招工启事、招领启事、征婚启事、征订启事、征文启事、征稿启事、征地启事等。

（2）寻领类——寻人启事、寻物启事、招领启事等。

（3）声明类——开业启事、停业启事、歇业启事、庆典启事、更名启事、迁址启事、出租启事、改期启事、挂失启事等。

四、启事的结构格式

启事一般由三部分组成：标题、正文和落款。

（一）标题

（1）文种直接用作为标题。第一行居中写“启事”。

（2）“内容+文种”作为标题。如“招生启事”“寻人启事”“招聘小学教师启事”等。

（3）“单位名称+内容+文种”作为标题。如“湖南××大学招聘启事”“703 厂聘请会计师启事”等。

（二）正文

第二行空两格写正文。正文要求陈述清楚，富有条理，内容简明扼要。正文后也可以写上“此启”“特此启事”作为结束语以示礼貌。

（三）落款

正文下一行靠右（右空四个字符为佳）写上启事单位名称或者个人姓名，同位置下一行处署时间。联系地址、联系电话、联系人、通信地址等信息可以附在文后，也可以写在正文里，或者附在正文后。

基本格式

原文	提示
开 业 启 事 ××大厦装饰工程顺利完工，百货商场、餐饮酒店定于××××年 10 月 1 日正式开业，欢迎各界人士光临惠顾！ ××大厦 ××××年×月×日	该开业启事属商务文书，要求一文一事，措辞得体，清楚交代时间、地点等，内容具有吸引性。

五、启事的写作要求

(1) 措辞郑重严谨。启事面向社会大众公开陈述，这是绝对严肃的事情，要对启事内容真实性、语言的恰当性负责，陈述要平实客观，注意使用礼貌用语，但不能盲目夸张，更不能别出心裁、标新立异。

(2) 内容简洁准确。启事与国家法定公文一样一文一事，内容单一完整。在语言的使用上要简明扼要，陈述事情要层次清楚、富有条理，切勿烦琐啰唆。

课 后 练 习

一、判断题，对的打√，错的打×

1. A为B跑车3个月未结清工资，为保障A的合法权益，B应该要给A亲笔写一张借条。(　　)

2. A生病在床，他要与B签订一份租房合同，可以请他人代拟合同并担任见证人，A摁手印合同即生效。(　　)

3. 启事是机关团体、企事业单位或公民个人就某项事情向公众进行说明，或请求有关单位、人员予以帮助时使用的实用文书，也写作“启示”。(　　)

4. 证明信必须以单位名义出具，且要加盖公章。(　　)

二、简答

1. 借条与欠条有什么不同？

2. 我国对借条的诉讼时效是怎么规定的？

三、实训题

1. 2018年×月×日A按照合同向房东B缴纳了2018年第二季度的房租3000元人民币，假设你是B，请写一张收条给A。

2. 湖南××大学校团委的学生干部A、B等7位同学将要到2018年寒假××装饰公司参加社会实践活动，请你代表湖南××大学团委为他们写一封介绍信。

3. ××公司因工作需要，特面向社会招聘办公室秘书1名、广告策划部助理2名、厂报编辑1名，要求本科以上学历，能吃苦耐劳，富有创新精神与强烈的工作责任心，性别不限，有工作经验者、专业对口者优先考虑。年薪5～25万。请你根据自己的专业和兴趣选择一个职位竞聘，撰写一封有竞争力的求职信。

参考文献

[1] 霍唤民．财经写作教程[M]．2 版．北京：高等教育出版社，2013．
[2] 高雅杰．应用文写作[M]．北京：清华大学出版社，北京交通大学出版社，2004．
[3] 霍唤民．财经写作教程[M]．北京：高等教育出版社，2005．
[4] 韩富军．应用文写作[M]．北京：高等教育出版社，2009．
[5] 张耀辉．简明财经写作．北京：高等教育出版社，2010．
[6] 杨润辉．财经写作[M]．2 版．北京：高等教育出版社，2011．
[7] 裴显生．应用写作[M]．3 版．北京：高等教育出版社，2010．
[8] 陈才俊．公文写作[M]．广州：华南理工大学出版社，2002．
[9] 高旭国．应用文写作[M]．2 版．北京：高等教育出版社，2011．
[10] 易小斌，蒋军凤．应用写作教程[M]．长沙：湖南人民出版社，2013．
[11] 张文英．新编应用文写作教程[M]．天津：南开大学出版社，2010．
[12] 赵玉柱．现代通用应用文写作[M]．2 版．北京：首都经济贸易大学出版社，2011．
[13] 俞纪东．经济写作[M]．上海：上海财经大学出版社，2012．
[14] 袁健东．应用文写作[M]．北京：北京邮电大学出版社，2012．
[15] 蓝常高，李晓芬．新编现代应用文写作教程[M]．北京：中国财政经济出版社，2013．
[16] 赵立，程超胜．建筑工程应用文写作[M]．北京：北京大学出版社，2011．
[17] 孟庆荣，任小平．财经应用文写作[M]．北京：电子工业出版社，2011．
[18] 程超胜，程启文．建筑工程应用文写作教程[M]．武汉：武汉大学出版社，2011．
[19] 梁基鹏．土木工程应用文写作[M]．成都：西南交通大学出版社，2010．
[20] 胡立和．新编财经应用文写作[M]．北京：中国时代经济出版社，2015．